Callwey

Gertrud Benker

Bürgerliches Wohnen

Städtische Wohnkultur
in Mitteleuropa
von der Gotik bis zum Jugendstil

Aufnahmen Helga Schmidt-Glassner

Callwey

Zu Seite 2:
Das Nürnberger Puppenhaus von 1639
zeigt Aufbau und Ausstattung
eines barocken Bürgerhauses:
Zwischen Keller und 2. Obergeschoß
sind Vorrats- und Arbeitsräume,
Küche, Diele, Wohnstube, Festsaal
und Schlafräume mit allen Details
zu sehen.
Nürnberg,
Germanisches Nationalmuseum

CIP-Kurztitelaufnahme der Deutschen
Bibliothek
Benker, Gertrud
Bürgerliches Wohnen: städt. Wohn-
kultur in Mitteleuropa
von d. Gotik
bis zum Jugendstil/ Gertrud Benker.
Aufnahmen Helga Schmidt-Glassner. –
München: Callwey, 1984.
ISBN 3 7667 0704 3
NE: Schmidt-Glassner, Helga:

Schutzumschlaggestaltung:
Baur + Belli Design, München,
unter Verwendung der Abb. 155
Satz, Montage und Druck:
Kastner & Callwey, München
Lithos: Brend'amour, Simhart GmbH
& Co, München
Bindung: Verlagsbuchbinderei
Hans Klotz, Augsburg
Printed in Germany 1984
ISBN 3 7667 0704 3

Inhalt

Einführung

Begriff und Material

Die Wohnungen der Bürger im deutschen Sprachraum sollen hier betrachtet werden, also das Schaffen von Wohnraum und seine Ausgestaltung durch eine bestimmte Menschengruppe. Wie hat sich das Wohngefühl und seine Umsetzung in bewohnte Umgebung gewandelt: das ist das zentrale Problem. Damit verbunden ist die Frage nach dem »Bürger«, die wir von verschiedenen Seiten angehen können: vom heute gängigen und vom etymologischen Wortsinn her, vom rechtlichen, sozialen, historischen Standpunkt aus.
Wenn wir einmal – ganz populär-gefühlsmäßig – das Wortfeld ableuchten, so erscheint uns der Bürger zunächst, im Gegensatz zum Bewohner des offenen Landes, der im umgrenzten, mauerumschlossenen Raum Seßhafte (Bauer – Städter). In diesem an sich neutralen Gegensatzpaar schwingt – von sozialen Verhältnissen der Vergangenheit herrührend – positive und negative Wertung mit. Vom Bürgerstolz war früher viel die Rede; das meinte Stolz auf Besitz und Ansehen der Kaufleute, auf hohe Leistung der Handwerker. Aber auch das harte Wort vom »satten Bürgertum«, das spöttische vom »Spießbürger«, steht im Raum. Und was ist von jenem Staatsbürger zu halten, dessen erste Pflicht zuzeiten die Ruhe war, zu anderen Zeiten aber die Loyalität gegenüber der kriegführenden Obrigkeit, also der Kampf? Existentiell in Frage gestellt wurde der »Bürger« schließlich in der umfassenden Analyse der bürgerlichen Gesellschaft Mitte des 19. Jahrhunderts durch Marx und Engels sowie deren Nachfolger im Bereich der Soziologie und Nationalökonomie, denken wir z. B. an Werner Sombart mit seinem Werk »Der Bourgeois«, 1913.
Das Wort »Bürger« ist aus der Zusammensetzung germanisch »wer« Mann (entsprechend dem lat. vir, fortlebend u. a. in Wergeld) und »burg« entstanden: »burgware, burgare« war im Mittelalter der in oder bei der Burg wohnende Mann. »Burg« meinte zu dieser Zeit nicht nur die befestigte Adels- und Ritterburg (in der Bedeutung lat. arx), sondern auch die Volks- und Fliehburg. Aus beiden entwickelten sich Städte, viele auf »burg« endend wie Lüneburg, Magdeburg, Merseburg, Würzburg[1].
Johannes Rothe, Notar aus Eisenbach in Thüringen (gest. 1434), schreibt in seinem »Ratsgedicht«:

»Von burgen kommen
Die burger, han ich vernommen.
Waz muren vmb sich hat,
Daz heißt eyn burgk oder eyn stat.«[2]

Dies trifft wohl die frühe Wortbedeutung am besten.
Darüber hinaus ist »der Bürger« auch Rechtsperson: Nur wer als Sohn eines in der Stadt bereits Ansässigen geboren war, durfte sich im Mittelalter Bürger nennen; ein Zuwanderer mußte erst nachweisen, daß er frei und ehelich geboren, christlich getauft, wehrfähig und nicht ohne ein bestimmtes Vermögen war, ehe er in das Bürgerbuch der Stadt eingetragen und zu Versammlungen zugelassen wurde. Sonst war er nur ein »Einwohner« oder »Gast« der Stadt, wie das oft bei Ärzten, Geistlichen und Künstlern aus fremden Regionen der Fall war[3] (erst im 19. Jahrhundert wird der Bürger als Rechtsstand beseitigt). Das deutsche Bürgertum der Städte bildete sich vom 11./12. Jahrhundert an heraus, ein historisch-soziologischer Prozeß, auf den hier nicht weiter eingegangen werden soll.
Während als Bauherren bedeutender Wohnhäuser zunächst nur Adel und Geistlichkeit in Betracht kamen, wird mit dem Anwachsen der Städte und dem zunehmenden Wohlstand seiner Kaufleute und Zünfte im 14. Jahrhundert auch das Bürgerhaus im Stadtbild tonangebend.
Als Problem tut sich uns hier der Begriff »Bürgerhaus« auf, und auch das, was man unter »Wohnung« versteht, ist nicht von Anfang an so fest umgrenzt wie heute, wenn wir z. B. durch ein Zeitungsinserat eine »3-Zimmer-Wohnung« angeboten bekommen. Soll nur die Wohnung des Vollbürgers betrachtet werden, oder sind die Wohnverhältnisse aller städtischen Einwohner mit einzubeziehen, also »alle Häuser von denen des einfachen Handwerkers bis zu denen des vornehmen Patriziers«[4]? Adolf Bernt, dem die Initiative zu dem großen, 30bändigen Werk »Das deutsche Bürgerhaus« zu verdanken ist, hat sich für einen umfassenden Begriff des Bürgerhauses entschieden, den er auffaßt als »geschichtliche Bezeichnung des städtischen Familienwohnhauses mit und ohne Werkstatt, Wirtschafts- und Geschäftsräumen seit der Bildung des Bürgertums«[5]. In Parallele dazu soll »Bürgerliches Wohnen« hier verstanden werden als das Wohnen der Städter vom Tagelöhner bis zum Ratsherrn.
In den Ackerbaustädten behielt das Bürgerhaus wesentliche Elemente des Bauernhauses der Region bei, so daß man regionale Haustypen in ihm erkennen kann. In den großen Handelsstädten aber hat sich das Stadthaus weitgehend von diesem Ursprung gelöst und Sondertypen entwickelt, was sowohl im Baumaterial, im Fassadenaufbau und in der Dachgestaltung, als auch in der für die eigentliche Wohnung wichtigen Grundrißeinteilung zum Ausdruck kommt.
Erst vom späten Mittelalter an wissen wir Genaueres über die Einteilung dieser Häuser, ihre Raumnutzung und Inneneinrichtung. Erst aus dieser Zeit haben wir – oft noch vage und punktuelle – *Nachrichten über bürgerliches Wohnen.* Verkaufsabschlüsse, Verlassenschaftsinventare (Nachlässe) und Testamente sind die ersten Belege zu diesem Thema; selten finden sich Illustrationen von Büchern, die Bescheid über das Aussehen der Räume geben, und noch seltener sind erhaltene Einrichtungsgegenstände aus der frühen Zeit städtischer Wohnkultur. Geschlossene Ensembles sind überhaupt nicht vorhanden. Erst für das 16./17. Jahrhundert ist ein annähernd identisches Bild eines lebendigen

Fig. 1 *Geräte für Arbeiten der Frauen in Haus und Küche: Reibeisen, Pfannenhalter, Teller und Löffel, Kessel und Hafen, Besen und Gabeln, Stoßbutterfaß; im Hintergrund ein schmaler gotischer Verwahrschrank. Illustration im »Straßburger Hausratgedicht«, Anfang 16. Jh.*

Fig. 2 *Geräte zur Arbeit (Bücher, Spinnrocken, Haspel) und zur Unterhaltung (zwei Brettspiele, Trinkgefäße). Illustration im »Straßburger Hausratgedicht«, Anfang 16. Jh.*

Wohnmilieus zu gewinnen und fotografisch zu dokumentieren. Auch zeitgenössische Beschreibungen mehren sich in der Folgezeit und fügen sich mit erhaltenen Objektgruppen, ja ganzen Zimmer- und Hauseinrichtungen, zu einem sprechenden Ganzen. Dies gilt aber erst etwa für die zweite Hälfte des 18. Jahrhunderts. Immer reicher werden nun die Möglichkeiten, Einblick in die Bürgerwelt zu gewinnen und Details zu erfassen durch die Vielzahl von Schilderungen, durch erhaltenes Mobiliar bzw. Ensembles im 19. und frü-

hen 20. Jahrhundert. So gleicht der Weg durch die Geschichte des bürgerlichen Wohnens – notgedrungen – einem schmalen Pfad, der sich allmählich zur Straße verbreitert, zum Boulevard, welcher trichterförmig in einen großen Platz mündet. Demzufolge ist dem »großen Platz« in Text und Bild am meisten Raum in diesem Buch gewidmet (18./19. Jahrhundert).

Immer aber zeigt sich, daß Wohnziele einer Epoche Idealvorstellungen sind, die nur selten verwirklicht werden. Viel leichter gelingt es dem Nachgeborenen, Maxime des Wohnens zu begreifen, als des tatsächlichen Milieus jener Menschen habhaft zu werden. Da sind Entwürfe, Aufträge, Musterbücher von Möbeln und Zimmern – aber wie sahen sie aus, wie wirkten sie, wenn einmal eine Generation sie bewohnt, zurechtgemacht und sich angeeignet hatte? Außerdem ging vieles durch Abnutzung, durch Verschleiß zugrunde, und nur dekorative Stücke behandelte man entsprechend pfleglich, bewahrte sie für die Nachwelt. Was Krieg und Plünderungen dazu taten – also Zerstörung durch Einwirkung von außen –, das muß man einer Generation, die den Zweiten Weltkrieg erlebt hat, nicht vorstellen. Daneben wirkte als zerstörender Faktor natürlich stets das Fortschrittsstreben, der Wandel des Geschmacks und der Bedürfnisse. Das Überkommene als Eigenes anzunehmen – welchem jungen und phantasiebegabten Geschlecht gelingt es oder scheint es auch nur wünschenswert? Das Alte muß dem Aktuellen weichen, und es bleibt eine Gunst des Augenblicks oder des Zufalls, wenn es durch eine Person oder eine Institution bewahrt werden kann.

Und so steckt in den über all diese Möglichkeiten der Vernichtung hinweggeretteten Räumen und Einrichtungen für den Interpreten ein ganzes Bündel Probleme: Was war denn die Ursache der Bewahrung? Vielleicht Armut, die Unfähigkeit zur Erneuerung zum ersehnt Zeitgemäßen bedeutete? Oder war es die Achtung vor dem Wert der Arbeit, vor Schönheit und Kostbarkeit des Materials? War es Liebe zu der vertrauten Umgebung der Kindheit, die Angst, sich selbst mit dem gewohnten sozialisierten Lebensstil zu verlieren? Immer ist also auch der Stellenwert des Mobiliars im Lebenszusammenhang zu betrachten.

Und dann: Wo – im Vergleich zum ursprünglichen Ort – stehen beispielsweise Ensembles des 17./18. Jahrhunderts heute? Welche Erben haben sie aufgeteilt oder bestenfalls geschlossen in eine andere Umgebung versetzt, die nie das originale Dasein völlig adaptiert? Wo die Einrichtungen in Museen wanderten, mußten sie sich den baulichen Gegebenheiten unterordnen, d.h. sie wurden in der Größe, in der Anordnung der Türen und Fenster usw. häufig verfälscht[6]. Decken und Fußböden sind meistens nicht erhalten, die Proportionen verändert. Weder die Geschoßhöhe noch die ursprünglichen Standorte der Möbel können genau beachtet werden. Immer sind es Kompromisse, Annäherungen, die wir vor Augen haben – zumindest für die früheren Jahrhunderte der Bürgerwohnungen. Eine Ausnahme bilden – aber dies auch erst in den letzten beiden Jahrhunderten – nur jene

Räume, die uns die Pietät bewahrt hat: Aufenthalte berühmter Persönlichkeiten, Künstlerstuben, Gedenkstätten. Dort hat man in manchen Fällen alles liegen und stehen lassen (hin und wieder auch diesen Anschein arrangiert!), so daß man den Hauch des Lebens darin zu spüren vermeint: Keplers oder Goethes Arbeitszimmer, Grillparzers Dichterstube u.a. solcher Stätten.

Wilhelm Raabe hat eine Straße in Berlin, die er als Student kennengelernt hatte, herausgegriffen und versucht, ihr Innenleben zu schildern. Über die äußere Gestalt der »Sperlingsgasse« und ihrer einzelnen Häuser drang er zu den Bewohnern vor: »Die Geschichte eines Hauses ist die Geschichte seiner Bewohner, die Geschichte seiner Bewohner ist die Geschichte der Zeit, in welcher sie lebten und leben, die Geschichte der Zeiten ist die Geschichte der Menschheit...«[7] Wie den Dichter des 19., so führt den Philosophen des 20. Jahrhunderts das Hineinhorchen in Begriff und Wesen des Wohnens zu Erwägungen, weit über das Vordergründige des Wortes hinaus: »Wenn wir von einer Wohnung sprechen, so können wir damit eine bestimmte Behausung meinen in einem ganz objektiven Sinn. Wir können sie überdies wissen als in einem bestimmten Hause, an einer bestimmten Stelle der Stadt. Wir können das, was in ihr ist, aufzählen, die Lage ihrer Räume angeben, ihre Größenverhältnisse usw. Wir können sie zweitens physiognomisch nehmen, als eine Wohnung von ganz bestimmtem Charakter. Sie hat für uns dann ein bestimmtes Gesicht, und wir können weiter, wo sie uns in dieser Weise gegenwärtig ist, finden, daß dies oder jenes nicht recht hineinpaßt, ihrem eigentümlichen Wesen widerspricht oder auch dem Wesen dessen widerspricht, der in ihr wohnt. Wir können sie drittens als Wohnung nehmen im funktionalen Sinn, d.h. als etwas, dazu da, bewohnt, und zwar von einem bestimmten Menschen bewohnt zu werden. Hier hat sie dann bestimmte Funktionen zu erfüllen, ist uns gegeben als ein funktionales Ganzes, das das, was es zu erfüllen hat, in bestimmter Weise und in bestimmtem Maße erfüllt. In jedem dieser drei Fälle ist die ›Wohnung‹ etwas anderes.«[8]

Wohngefüge

Es soll nun der Versuch gemacht werden, sich über mehrere Stufen dem Wohngefüge anzunähern, wobei diese Systematik nicht unbedingt den einzelnen Kapiteln als Schema auferlegt werden muß. Je nach den Verhältnissen wird der Akzent diesem oder jenem Teil des Wohnbereiches zufallen, je nachdem, was für eine bestimmte Zeit oder Region neu bzw. wichtig war.

Die Außenwelt – vor allem naturgegebene Verhältnisse wie Klima, Geologie, Vegetation – spielt oft eine Rolle für die Bauart des Hauses. Ein Beispiel: Teile der Lübecker Altstadt stehen auf wasserstauendem Grund (Lehmschichten), weshalb die meisten Häuser auf Unterkellerung verzichten mußten, was sich wiederum auf die Anlage der Wohn- und Arbeitsräume auswirkte, da ja die sonst im Keller verwahrten Vorräte im Haus untergebracht werden mußten[9]. Ein klimatisch bedingtes Bauelement sind zum Beispiel die bei den meisten Bürgerhäusern Schleswig-Holsteins nach außen aufgehenden Zargenfenster: Bei den häufig sehr starken Winden werden die Fenster bei dieser Konstruktion fest zugedrückt[10]. Zu den Bedingtheiten der Natur treten die ökonomischen, sozialen und regionalen Vorgegebenheiten. Es gilt zu untersuchen: Welche Voraussetzungen bot die historische Situation ihren Bürgern sich einzurichten, ihre Bleibe zu gestalten, darin zu leben? Welche Bevölkerungsschichten waren wirtschaftlich in der Lage, Eigentum zu erwerben, zu bauen, ein Stadtbild zu bestimmen – und welche nicht?

»Der Rahmen des Wohnens ist das Haus, die eigenen vier Wände.«[11] Wie ordnet sich das *Haus* in das kommunale Leben ein, welche Rolle spielt es in der Umgebung, findet »Wohnen« in einer Park- oder Hauptstraße statt, im Rückgebäude oder am Rande der Siedlung? Häufig ist ja die Gestaltung der Innenräume die logische Folge der äußeren Anordnung, und ein Wandel der baulichen Verhältnisse signalisiert einen Wandel der sozialen Verhältnisse und umgekehrt: die räumliche Struktur eines Hauses beeinflußt die Wohngewohnheiten und das soziale Handeln der Hausgemeinschaft. »Das Wesen des Bauens ist das Wohnenlassen. Der Wesensvollzug des Bauens ist das Errichten von Orten durch das Fügen ihrer Räume. Nur wenn wir das Wohnen vermögen, können wir bauen.«[12]

Diele, Eingangshalle, Vorräume, Treppen und Balkone geben einen ersten Eindruck, sind der Auftakt zur Komposition der Wohnung.

Welche Konzeption liegt den einzelnen *Wohnräumen* zugrunde, wie sind sie proportioniert, vom Licht bestimmt, wie die Fenster, Decken, Böden, Türen und andere unbewegliche Teile angeordnet und gestaltet? Läßt sich die Raumordnung etwa aus diesen unbeweglichen Teilen, z.B. festverbundenen Wandbänken und Wandeinbauten, erklären? Ist ein Gestaltungswille zu erkennen, oder ist der Raum ein Produkt des Zufalls, des Wachstums über Generationen? Daß die unbeweglichen Teile die Atmosphäre des Raumes mitbestimmen, wird bei einer so gelungenen Wiederaufstellung wie der im Historischen Museum Wien deutlich: Man hat von der Grillparzer-Wohnung in der Spiegelgasse nicht nur das Mobiliar übernommen bzw. ergänzt, sondern Türen, Fenster, Fußböden, Öfen, Wandmuster, Friese und Bänder, die Plafond-Rosette usw. originalgetreu übertragen oder imitiert.

Die großen und kleinen *Möbelstücke,* ihre Form und Ausgestaltung, ihre Anordnung und Funktion im Ensemble: Dies ist es wohl zuerst, woran wir denken, wenn wir Wohnwelt vorzustellen versuchen. Nicht so sehr die Formen der Möbel

Eine präzise Beschreibung des Kaufmannshauses in Hamburg stammt aus der Feder von Thomas Lediard, 1720, der als Sekretär der englischen Gesandtschaft tätig war. Im Rückgebäude, das die halbe Breite des Vorderhauses besitzt, sind Wohnräume eingebaut: Sie haben aber ihren Gefallen mehr an einer Art großer Schränke von Nußbaumholz, die mit vielem Schnitzwerk von erstaunender Größe wohlaufgeputzt sind und deren einige auf hundert und funfzig bis auf zwey hundert Thaler zu stehen kommen. Dieser Schränke siehet man insgemein zwey bis drey auf den Sälen. Die Frauenspersonen pflegen ihre Kleider darein zu hängen, ihr Gebrauch ist aber niemals nach dem Werth oder nach der Größe eingerichtet. Ihre Ofen, welche sie meistentheils in jedem Zimmer statt der Camine haben, sind eine außerordentlich gute Erfindung und hier bis zur Verwunderung schöner, als was ich von dergleichen in anderen Gegenden von Deutschland gesehen habe.

So große Liebhaber sie von der Hitze sind, so starke Freunde sind sie auch von dem Lichte. Denn diese Seiten ihrer Zimmer, die der freyen Luft ausgesetzt sind, stehen voll Fenster mit sehr kleinen Scheidewänden, oder auch nur Säulen dazwischen. Das Glas ist gemeiniglich schlecht, kleine Vierecke und in Bley gefasset.

(nach Rudhard S. 49 f.)

Fig. 3 *Alltag in Stube und Küche: Ehemann züchtigt sein Weib, Kinder spielen daneben; am Tisch ein friedliches Paar beim Kartenspiel; im Hintergrund Köchin mit Bratspieß. Holzschnitt (anonym), um 1620.*

bestimmen das Raumempfinden, sondern wie sie sich im Ganzen des Raumes »be-finden«, wie sie aufgestellt und benützt werden, ist entscheidend. Gemälde, Vorhänge, Tapeten, dekoratives Kleinwerk treten hinzu – alles, was einen Raum »wohnlich« macht und Zeuge des Lebensgefühls ist[13]. Die Dinge sagen also mehr aus, als sie selber sind, sie haben gebärdenhaften Charakter.

Erst der Mensch gibt allen Dingen des Hauses Sinn und Ordnung, er ist ihr Schöpfer und Be-wohner. Nur einen Rest seines Wirkens vermag das Bild bestenfalls einzufangen – die Stimmung, die Atmosphäre des Ehedem. Wenn dies gelingt, so erscheint etwas Seelisch-Geistiges in etwas Räumliches eingeschmolzen.
Schilderungen, wie sie uns in belletristischen Büchern und Briefen vorliegen, treten verlebendigend hinzu. Auch Inventare und Testamente vermögen Zeugnischarakter anzunehmen. Daher sollen sie – wie die optischen Zeitdokumente – hier auch besonders herausgestellt werden. Sie unterstützen die Wirkung von bildlichen Darstellungen aus verschiedenen Epochen, die uns Zustände und Situationen, das Zueinander von Ding und Mensch, glaubhaft vorführen.
Es muß jedoch einschränkend gesagt werden, daß nur in seltenen Fällen von diesen Beschreibungen in Wort und Bild die ungeschönte Wahrheit erwartet werden kann. Die Erbärmlichkeit der kleinbürgerlichen Wohnung z. B. ist erst im späten 19. Jahrhundert ein Thema für sozialkritische Künstler geworden, und erst in der zweiten Hälfte unseres Jahrhunderts hat das wissenschaftliche Interesse an der Alltagskultur zusammen mit sozialgeschichtlichen Fragestellungen zu Ergebnissen geführt[14].
Kaum irgendwo haben Kleinhäusler- und Arbeiterwohnungen überlebt, ist eine Dienstbotenbleibe in situ zu erkunden, und die Gefahr liegt am Wege, daß bei der Beschreibung von Bürgerwohnungen die ästhetischen Aspekte überwiegen, daß die hochschichtlichen Formen, die allein stilbildend wirkten, das Thema bestimmen. Aber der Komplex »Wohnen« kann nicht mit kunsthistorischen und baugeschichtlichen Kriterien allein angegangen werden; unübersehbar ist die wirtschaftliche, rechtliche, soziale und religiöse Präsenz. *Wohnung ist Indikator* gewordener und gewollter, festgehaltener und verfluchter Lebens-Gewohnheit. Andererseits ist zu bedenken: Klafft nicht gerade in diesem Bereich eine gewaltige Kluft zwischen Wollen und Können, zwischen Wohnideal und erreichter Wirklichkeit? Der Kleinbürger und die sozial niederste Schicht der städtischen Bevölkerung – hatte sie eigene, originäre Wohnvorstellungen oder wollte sie nur das imitieren, was die »besseren« Schichten vorgemacht hatten? War sie zufrieden, wenn diese Annäherung nach oben hin einigermaßen glückte – Wohnen im Kostüm eines anderen Standes?
Merkwürdig, daß die Grundbedeutung von Wohnen »zufriedensein« ist (gotisch un-wunands, also soviel wie nichtwohnend, wird bezeichnenderweise mit »bekümmert« gleichgesetzt!), und daß auf die indogermanische Wurzel uen »verlangen, lieben« nicht nur wohnen, sondern auch gewöhnen, Wonne, Wunsch und – Wahn zurückgehen[15].
Wunsch und Wahn als Motor der Gestaltung des Lebensraumes: Wesen und Sinnesart hinterlassen ihre deutlichen Spuren. »Wie der Stil, so der Mensch, wie das Heim, so der Mensch, tel le logis tel le maître.«[16] Und jeder Gegenstand kann sprechen: Ich ähnele meinem Besitzer. In etwas exzentrisch-romantisierender Art formuliert der Vorgänger im Bereich dieses Themas, M. Praz, diese Wechselbeziehung: »Dies und nichts anderes ist in seinem eigentlichen Sinne das Heim: Eine Projektion des Ichs, und die Einrichtung ist nichts anderes als eine indirekte kultische Form des Ichs... Eine Wohnung ist ein Geisteszustand... so ist für die Seele das Heim, wo sie wohnt, nichts anderes als eine Expansion ihres eigenen Körpers... Der Raum wird ein Museum der Seele, ein Archiv ihrer Erfahrungen... Der letzte Sinn einer harmonischen Einrichtung besteht... wohl darin, den Menschen widerzuspiegeln, aber ihn in seinem idealen Wesen widerzuspiegeln: es ist nichts anderes als eine Exaltation des Ichs.«[17]
Natürlich nicht nur des persönlichen Individuums, möchten wir ergänzen, sondern auch der Zeit, deren Geist es geprägt hat.

Ausgehendes Mittelalter (14.–15. Jahrhundert)

Wandel

Diese Betrachtungen über das Wohnen der Bürger sollen einsetzen mit der Zeit des ausgehenden Mittelalters. Das hat seinen Grund einmal in einschneidenden Geschehnissen – Wandlungen und Neuerungen –, die Leben und Arbeit der Bürgerschaft betrafen; das liegt zum andern in Änderungen, die das Hausen und Wohnen in engerem Sinne angehen.

Vom 12. bis zum beginnenden 14. Jahrhundert lassen sich nur wenige städtische Kommunen ausmachen, deren Bürger selbstbewußt und politisch verantwortlich ihr Geschick in die Hand nehmen. Erst in den letzten beiden Jahrhunderten des Mittelalters beginnt der wirtschaftliche Aufschwung, dehnt sich der Fernhandel aus, konzentriert sich der Handel in neuen Metropolen. Die Städte ergreifen die Selbstverwaltung durch frei gewählte Ratsherren, die Bürgerschaft avanciert zu einem kultur- und machtpolitischen Faktor, der nicht mehr zu übersehen ist. Die im Groß- und Fernhandel zu Vermögen und Ansehen gekommenen »Geschlechter« werden im Laufe der Zeit dem Landadel ebenbürtig, teilweise sogar durch Heirat mit ihm verbunden[1]. Das städtische Patriziat erwächst damit auch zu einem wichtigen Auftraggeber der Handwerker und Künstler.

Durch das Wachstum der Bevölkerung erfuhr das städtische Gemeinwesen eine starke *Erweiterung seiner Bausubstanz* – häufig zu einer Größe, die in späteren Jahrhunderten rückläufig war und erst in neuerer Zeit wieder erreicht und teilweise überschritten wurde. Daher war der Lebensstil der späteren Generationen vom Spätmittelalter oft maßgebend vorgeprägt. Die Hausgrundrisse blieben vielfach erhalten und bestimmten lange Zeit die Einteilung der Wohnräume, während das Gesicht der Fassaden sich eher dem Stilempfinden der wechselnden Zeiten anpaßte. Mit dem Wachstum der Kommunen und der dichten Bebauung häuften sich zwischenmenschliche Konflikte, durch gegenseitige Beeinträchtigung, aber auch durch das Übergreifen von Bränden. Die Folge waren Verordnungen für die Gemeinschaft, Bauvorschriften, die das nachbarliche Verhältnis regelten, z.B. Abstand der Bebauung, Unrat- und Fäkalienbeseitigung, Feuerschutz. Immer häufiger werden Verordnungen des Rates zur Vermeidung verheerender Stadtbrände: Ummauerung der Herdstelle, Verwendung von hartem Material bei Neubauten, Brandmauern. In Lübeck z.B. durften die Außenmauern seit dem 13. Jahrhundert nur aus Stein errichtet werden. Frankfurt a.M., von dem kaum ein altes Bürgerhaus die Bombennächte von 1944 überstanden hat, besaß schon im 13. und 14. Jahrhundert urkundlich erwähnte Steinhäuser; eines der schönsten (am Alten Markt 44) hieß bezeichnenderweise »Steinernes Haus«[2]. So erfolgte im Spätmittelalter vielerorts der für das Wohnwesen so bedeutsame Schritt von der Holz- zur Steinbauweise, der zunächst die Außenmauern bzw. das Erdgeschoß betraf, je nach Vermögenslage des Bauherrn.

Die soziale Ordnung des Gemeinwesens drückt sich in der *Lage* der Häuser zueinander und zum Zentrum aus. So wie das Pfarrhaus seinen Platz in der Nähe der Kirche beanspruchte, so war es für die ersten Geschlechter der Stadt selbstverständlich, daß sie ihre Häuser in der Umgebung des Rathauses errichteten. Dort fanden die wichtigsten Entscheidungen statt, an denen die Patrizier maßgeblich Anteil hatten, dort war der Festsaal, in dem die Familie sich bei bestimmten Anlässen präsentierte. Die Hauptstraße, die oft auch eine Kreuzung wichtiger Fernverbindungen mit platzartiger Erweiterung in sich aufnahm, war also den großen Häusern vorbehalten. Bedeutende Wohn- und Geschäftsbauten reihten sich aneinander; sie reichten tief in die Nebenstraßen (z.B. bei Eckhäusern) hinein, denn der Frontalplatz an der Hauptstraße war beschränkt. Bei größeren Städten umfaßte das Zentrum mehrere breite Straßen. So findet man z.B. in Augsburg die Häuser des Großbürgertums in der St.-Anna-Straße, am Kesselmarkt, in der Heilig-Kreuz-Gasse, der Ludwigstraße, der Philippine-Welser-Straße.

Die weiter zurückliegenden Straßen und Gassen blieben kleinen Kaufleuten und Handwerkern vorbehalten, und in den abseitigen Hinterhöfen fand man die Häuschen von Knechten und Tagelöhnern.

Einige Handwerkszweige wurden wegen berufsbedingter Begleiterscheinungen in den Außenbezirken angesiedelt, die Gerber z.B. wegen Geruchs-, die Schmiede wegen Lärmbelästigung; andere, wie Müller und Färber, waren an Wasserläufe gebunden.

Man kann sagen, daß sich das soziale Gefälle vom Zentrum zum Stadtrand hin abzeichnete. Ebenso gilt, daß sich der soziale Aufstieg durch Umzüge dokumentiert[3]. Als Standessymbol ist neben der Lage zum Hauptplatz der Stadt auch die Größe, die zwischen ebenerdigen, ein- und mehrgeschossigen Bauten variierte, zu werten.

Der Platz an der Hauptstraße war also sehr begehrt und karg bemessen. Der Grundstücksbedarf mußte notgedrungen durch die Tiefe, also nach rückwärts hin befriedigt werden. Die Dunkelheit der rückwärtigen Räume suchte man durch Licht- oder kleine Binnenhöfe aufzuhellen; besonders reich an solchen oft ungemein reizvollen Höfen und Höfchen sind die süddeutschen Städte, z.B. Wasserburg, das durch die gedrängte Lage an einer Innschleife auch bedeutende Kaufhäuser in ihren Frontabmessungen sehr beschränken mußte. Mit dem aufblühenden Wohlstand der Städte wuchs das Bedürfnis nach mehr Bequemlichkeit und repräsentativen Einrichtungen im Innern des Hauses. Etwa ab Anfang des 14. Jahrhunderts ging man dazu über, von dem großen Einheitsraum des Erdgeschosses eine gemauerte *Stube* abzusondern. Das Aufkommen der Stube als eines heizbaren,

Fig. 4 *Mann und Frau in einem Badebottich mit quergelegtem Brett für Speisen und Getränke. Holzschnitt von Johannes Blaubirer, Augsburg 1481.*

rauchfreien Raumes stellt eine gewaltige Novation im ganzen Wohnwesen dar[4]. Die frühesten urkundlichen Nennungen städtischer Stuben setzen in den Alpenländern, insbesondere in Südtirol, ein. Dort wurde zuerst ein gehobener, exklusiver Intimraum geschaffen, der dem Hauswirt einen vom übrigen Treiben des Haushalts abgesonderten Platz

gab, in dem er geschäftlichen oder familiären Bedürfnissen nachgehen konnte. Ein Vordringen des Stubeneinbaus vom Süden nach dem Norden ist heute als gesichert anzusehen. »Die rauchfreie, von außen heizbare und besonders aufwendig ausgestattete Stube gewinnt an Bedeutung, ja sie wächst mit dem Bürgerhaus und mit den öffentlichen Bürgerbauten der spätmittelalterlichen Stadt. In die Zeit von etwa 1225 bis 1300 fällt anscheinend ihre Frühentfaltung und schon nach 1300 ihre Blütezeit bis hinein in die Spätrenaissance. Erst deren spätere Wohnkultur am Ende des 16. Jahrhunderts leitet dann zu neuen und gewandelten Wohnräumen und Raumtypen über, die unter ganz anderen kontinentalen Einflüssen und Stilströmungen stehen.«[5]
Im Wien des 15. Jahrhunderts hatte in der Regel jedes Haus einen heizbaren Wohnraum. Mit der heiztechnischen Neuerung (Hinterladerofen) und der Schaffung einer rauchfreien Stube hängt der Aufstieg zu einer gehobenen Innenausstattung zusammen, der bis etwa 1450 abgeschlossen war. Die Möbel haben im 15. Jahrhundert ihre »erste und entscheidende Ausformung und Fixierung nach bestimmten Formtypen« erfahren[6].

Haustypen

Maßgebend für das Baugesicht der Häuser war zunächst die ökonomische Struktur des städtischen Umfeldes. Lag das Gemeinwesen in einem Ackerbau- oder Weideland und hatten die Bürger teil an der Landwirtschaft, so bildeten sich Mischformen von ländlicher und städtischer Bauweise. Reine Handelsstädte oder Residenzen, Bergwerkssiedlungen oder Seehäfen entwickelten dagegen ganz andere Grundrisse.
Eine weitere Komponente für die differenzierte Gestaltung von Bürgerhäusern war die räumliche Gebundenheit, vor allem die Zugehörigkeit zum nord- oder süddeutschen Konstruktionsprinzip. Beide entstammen verschiedenen Ausgangs- und Entwicklungsformen und lassen dies durch Jahrhunderte hindurch erkennen.
Das *oberdeutsche Haus,* dessen Bereich den Alpenraum und die nördlich anschließenden Länder bis zu den deutschen Mittelgebirgen umfaßt, birgt bereits in der hier zur Rede stehenden Entwicklungsstufe mehrere gleichwertige Räume. Das Erdgeschoß diente in der Regel dem Beruf, dem Wirtschaften, selten dem Wohnen. Dieses war dem Obergeschoß vorbehalten. Die Halle im Erdgeschoß wird mit der Zeit durch Einbauten verkleinert, es entsteht das städtische Flurhaus. Der Flur im Obergeschoß gewinnt mehr und mehr Bedeutung für Wohnzwecke. Bei zunehmender Bevölkerungsstärke wuchsen die Häuser in die Höhe; es gab bereits im 13./14. Jahrhundert mehrgeschossige Häuser[7].
Das Gebiet des *niederdeutschen Bürgerhauses,* das sich vom 14. Jahrhundert an aus dem nordwesteuropäischen Hallenhaus als Sonderform entwickelt hatte, erstreckte sich vom holländischen Arnheim bis Stolp in Pommern, umfaßte Mecklenburg, einen Streifen an der Ostseeküste, reichte bis in die Gegend von Braunschweig, Kassel, Göttingen und im Westen bis südlich von Düsseldorf. Daran schloß sich südwärts ein Gebiet von *Mischformen.* Das Bürgerhaus in Köln z. B. spielt »die Rolle eines Bindegliedes zwischen dem niederdeutschen und dem süddeutschen Gebrauch«[8]; hier sind die Obergeschosse schon vom 12. Jahrhundert an zu Wohnzwecken ausgebaut, während sonst in niederdeutschen Städten sämtliche Obergeschosse als Speicher dienten.
Die horizontale Gliederung der Häuser in dieser Zone (z. B. in Hessen) ist oft auch durch den Ständer- bzw. Fachwerkbau bedingt. So ergibt sich im ersten Obergeschoß eine Dreiteilung parallel zur Front: vorne der Hauptwohnraum, der sich zu einem mittleren Flur öffnet; nach hinten schließen sich die Kammern an.
Das niederdeutsche Bürgerhaus ist charakterisiert durch die große Diele (Deele, Däle), die Platz für Beruf und Wohnung bot. Sie barg die familiäre Kochgelegenheit und das Feuer für die Werkstatt. Sie diente zum Wohnen, Arbeiten und Schlafen. Erst unter oberdeutschem Einfluß wurde in den gewaltigen Dielenraum gegen Ende des Mittelalters häufig ein niederer Stubenraum eingebaut. Eine weitere Entwicklungsstufe stellt dann das Einrichten von Oberstuben (Hängekammern, Hangelkammern) dar: sie wurden an den Dek-

kenbalken der Diele befestigt und waren über steile Treppen zu erreichen. Dies bedeutete aber schon einen Schritt weg von der undifferenzierten Gemeinsamkeit aller Hausbewohner bei Arbeit und Häuslichkeit, hin zu der mehr individuellen Lebensweise der Neuzeit. Adolf Bernt formuliert in pointierter Zusammenfassung: »In Ober- und Mitteldeutschland wohnte man in den Obergeschossen und um den (Arkaden-)Hof herum; in Niederdeutschland ebenerdig an der Straße.«[9]

Dieses niederdeutsche Bürgerhaus zeitigte verschiedene lokale Varianten wie z. B. den Typ des Lübecker Giebelhauses, das zunächst nur aus dem großen Dielenraum (ca. 6 m Höhe) und darüberliegenden Speichern bestand. Aber schon ab dem 13. Jahrhundert baute man rückwärts einen Flügel an, der nur die halbe Breite des Hauses einnahm und außer kleinen Wohnräumen auch eine große heizbare Stube (Dornse, Dörns) besaß. Im 15. Jahrhundert wurde neben dem Eingang im Vorderhaus ein weiterer heizbarer Wohnraum eingebaut[10].

»Die Entwicklung aller späteren Kieler Hausformen aus dieser Urhausform geschieht grundsätzlich in der Weise, daß das Erdgeschoß allmählich vergrößert und durch weitere Räume unterteilt wird. Zusätzlicher Raum wird außerdem durch Ausbau von Seitenflügeln gewonnen.«[11]

Seine uns heute noch greifbare endgültige Ausgestaltung erfuhr dieses niederdeutsche Wohnsystem erst im Laufe des 16. Jahrhunderts.

Grundriss und Aufriss

Wie fügten sich nun die einzelnen Wohnelemente in den Grundriß ein, wie sah der Aufriß des Hauses zu dieser Zeit aus?

Wo es der Untergrund erlaubte und die ökonomischen Gegebenheiten erforderten, waren die Häuser im späten Mittelalter unterkellert. Der Zugang zum *Keller* konnte von der Straße her, eventuell durch eigene Vorbauten wie Kellerhälse und Tore oder durch Klapptüren mit dahinterliegenden Treppenabgängen erfolgen. Von der Straße her wurden die Waren angeliefert und zweckmäßigerweise gleich in die Keller verladen, ohne erst im Gebäude zwischengelagert zu werden. Eine andere Variante des Kellereingangs war der Zutritt vom Erdgeschoß aus (Flur oder Diele); die Tür befand sich neben bzw. unter der Stubentür.

Die Keller – nur bei sehr großen Kaufherrenhäusern den ganzen Grundriß des Hauses ausfüllend – waren häufig gewölbt und mit stützenden Säulen bzw. Pfeilern versehen. Oft sind die Kellergewölbe allein noch Zeugen mittelalterlicher Häuser, während die oberen Mauerteile späteren Um- und Aufbauphasen angehören.

Immer waren die Kellerräume der sicherste Ort des Hauses, der die Stürme der Zeiten (Kriegszerstörung, Stadtbrände) überstand. In Gebieten mit überwiegendem Holzbau (Fachwerk) diente der Steinkeller auch dazu, die unteren Ständer bzw. Balkenlagen vor der Feuchtigkeit des Erdreichs zu schützen.

Ein spitzbogiges oder rundbogiges hohes Tor führte in den Hauptraum des *Erdgeschosses,* der in der Regel befahrbar war und vorwiegend dem Wirtschaftsbetrieb diente. Durch eine oder mehrere starke Holzsäulen oder Pfeiler wurde er konstruktiv gegliedert. Die Dielenhöhe beim norddeutschen Haustyp betrug bis zu 6 m. Das Licht fiel durch das Tor oder durch Luken im oberen Teil der Front ein. Auch die rückwärtige Hofseite konnte lichtbringend sein durch ihre große freie Fläche, die später dann verglast wurde. Der gewerbliche und teilweise zum Wohnen genutzte Raum des Erdgeschosses hatte natürlich zahlreiche Grundrißvarianten, je nach landschaftlicher Gewohnheit und wirtschaftlicher Zweckgebundenheit. In der Regel aber stand bis Ende des 17. Jahrhunderts in den mittel- und norddeutschen Städten, vor allem an der Küste, das Wirtschaften im Vordergrund, ob wir nun an Hamburg, Bremen, Lübeck oder Kiel denken.

Auch das oberdeutsche Haus dieser Zeit kennt große Erdgeschoßräume zur wirtschaftlichen Nutzung, doch sind diese bei weitem nicht so hoch wie die niederdeutsche Diele. Bei großen Patrizierhäusern finden sich ein- bis zweischiffige rippengewölbte Hallen. Sie boten den aufgepackten Wagen Platz zur Einfahrt, zum Unterstellen und Abladen bzw. zur Durchfahrt zu den rückwärtigen Lagerräumen, Scheunen und Stallungen. Wagen und Kutschen hatten hier, wenn sie nicht in eigenen Remisen Platz fanden, ihre Bleibe (Abb. 3).

Besondere Bedeutung, auch als Repräsentationsräume, kam diesen Hallen in Städten mit Fernhandel zu. So weist das aus dem 14. Jahrhundert stammende Zanthaus in Regensburg eine überbreite Halle auf (6,5 × 4 m); sie war vermutlich auch als städtischer Tagungs- bzw. Gerichtsraum benützt worden. Es scheint so, daß auch in Städten, in denen das Holzfachwerk vorherrschte, wie in Nürnberg und Frankfurt a. M., in Kaufherrenhäusern die ebenerdigen Lager- und Arbeitsräume damals in der Regel schon überwölbt waren, also mit Ziegel oder Bruchstein aufgemauert[12].

Eine Stadt wie München besaß im Spätmittelalter noch mehrere Ackerbürgerhäuser. Die meisten Bürgerhäuser aber waren geprägt durch die Geschäfte der Kaufleute und Salzherren, die von der Lage an der bedeutenden Nord-Süd-Straße profitierten. Als besterhaltenes Haus der Spätgotik gilt Burgstraße 5, der heutige »Weinstadel«. Es liegt zwischen Rathaus und altem Herzogshof im frühen Kern der Stadt. Das Haus besaß im Erdgeschoß zwei Eingänge; der eine führte zu einer steilen Treppe, die – mit Zwischenpodesten versehen – geradläufig bis zum Dachboden durchging. Solche »Himmelsleitern« sind eine Münchener Eigenart, die sich über Jahrhunderte hinweg bewährt hat. Durch den

Fig. 5 *Münchener Bürgerhaus mit »Himmelsleiter«, einer Sonderform der Haustreppe, die seit dem ausgehenden Mittelalter in München üblich war. (nach Erdmannsdorfer Abb. 25)*

zweiten Eingang gelangte man in einen Flur, der in den Hof mündete. Rechts von ihm lag eine Stube, dahinter eine kleine Küche und zwei Kammern. Die im Hof gelegenen Gebäude umliefen Holzlauben, die eine Verbindung des Vorderhauses zu den rückwärts gelegenen Wohnteilen herstellten.

Es entsprach der Überzeugung des im christlichen Glauben

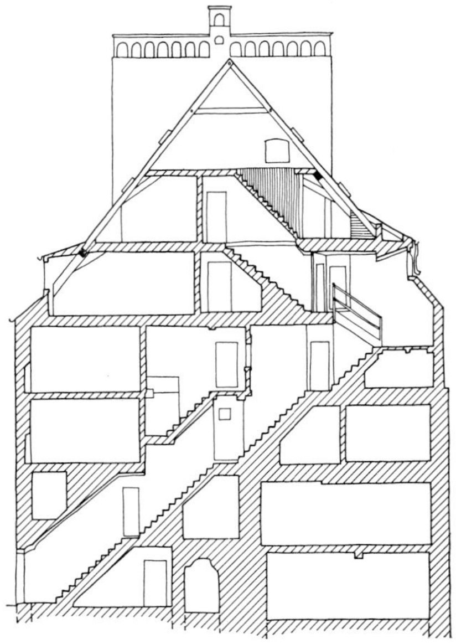

wurzelnden Menschen, daß nur dann Segen auf seinem Leben und Werken ruhe, wenn auch der HERR bei ihm »Wohnung nehmen« würde: Domus quasimodo vas spirituale (das Haus ist gleichsam ein geistliches Gefäß). An hervorragender Stelle – sei es im Erd- oder im ersten Obergeschoß – finden sich bei Patrizierhäusern kreuzrippen- oder kreuzgratgewölbte Räume, die als *Hauskapellen* dienten (Abb. 6). In einigen alten süddeutschen und westdeutschen Städten lagen diese Kapellen in Türmen, die – ähnlich wie die oberitalienischen Haustürme – als Symbole der Unabhängigkeit anzusehen sind und nicht in erster Linie Wehr- bzw. Wohnzwecken dienten, wie man lange Zeit dachte (Abb. 1). Sie sind aus Passau, Bamberg, Mainz, Frankfurt a. M., Köln und vor allem aus Regensburg bekannt und hier noch in größerer Zahl erhalten. In vorreformatorischer Zeit gab es in der alten Reichsstadt nachweislich 348 solcher Hauskapellen. Die Aufnahme eines geheiligten Raumes in das Haus bedeutete für die städtische Führungsschicht eine Art religiös fundierter Legitimation ihres Ansehens[13].

Von der Halle oder dem Flur des Erdgeschosses aus führte ursprünglich eine steile *Leiter* oder eine *Wendeltreppe* (Abb. 15) in die oben gelegenen Lager- bzw. Wohnräume. Während die Kellertreppen in der Regel gemauert waren, wurden die Wohnungstreppen meistens gezimmert. Eichene

Fig. 6 *Spätgotische Küche: niederer Steinherd, Bratenwender mit Federantrieb, Kessel am Haken und Dreibeinhafen am offenen Feuer. Holzschnitt aus der »Kuchenmaistrey« 1490, dem ersten gedruckten Kochbuch Deutschlands, Nürnberg–Augsburg.*

und steinerne Wendeltreppen waren die besondere Zierde des spätmittelalterlichen Kölner Bürgerhauses, wie Hans Vogts eingehend dargestellt hat[14]. In die glatten Spindeln waren Hohlkehlen als Handführung eingearbeitet; Anfang und Schluß der Treppe waren häufig figural geschmückt. (Die eigentliche Blütezeit der Kölner Treppenbaukunst wurde das 16. Jahrhundert.)

Der Standort der *Herdstelle* bleibt im niederdeutschen Haus lange Zeit die Diele, an deren Längswand sie sich zunächst zu einer offenen, später abgeschlossenen Küche entwickelt. Die zahlreichen Umbauten späterer Zeiten lassen selten den mittelalterlichen Standort der Küche erkennen. Die wenigen erhaltenen Herde sind gemauert; über ihnen waren Gewölbe oder große Rauchfänge angebracht.

Auch in Süddeutschland waren die Kochstellen zunächst im Flur, oder, als sie abgetrennt wurden, von ihm aus erreichbar. Oft lagen sie hinter der Stube, deren Kachelofen von der Küche aus als Hinterlader bedient wurde. Der meist hölzerne Rauchabzug war mit Lehm – den Feuerordnungen gemäß – verkleidet, ebenso alle Wände in der Küche. Der Herd sollte an der Brandmauer stehen. Die Einrichtung der Küche – soweit sie bekannt ist – beschränkte sich auf einfache Zweckmöbel wie Hocker, Anstelltische, Wandgestelle oder kleine Schränke für Lebensmittel.

Die *Aborte* – Abtritte mit Fallröhren – befanden sich in der Regel an der Hausrückseite, zugänglich über den Flur oder die Galerien. Gelegentlich finden sich solche »heimlichen

Gemächer« im toten Winkel unter dem Treppenaufgang, oder sie waren dorthin geschoben, wo sich das Abwasser- bzw. Fäkalienproblem scheinbar von selbst löste: an die Brandmauer bzw. an den schmalen Gang, der das Haus vom Nachbarhaus trennte, in den einzelnen Gegenden mit »Reihe«, »Rinne«, »Soden«, »Zeile«, »Winkel« usw. bezeichnet. Der nächste Regenguß kam bestimmt – ihm wurde die Beseitigung des Unrats überlassen. Daß diese nicht immer reibungslos verlief, davon zeugen zahllose Beschwerden und Prozesse, von den Nachbarn gegeneinander angestrengt, ehe es eine funktionierende Kanalisation gab. Später wurden diese Gassen überbaut bzw. ganz zugebaut. Nur selten sind sie – meist mit Gatter oder Tür abgeschlossen – noch erhalten, wie z.B. in der Innstadt Wasserburg.

Feste Einrichtung

Da aus dieser Epoche keine Gesamteinrichtung erhalten ist – nur Teile von Paneelen, Einzelmöbel und Teilensembles finden sich –, sind wir in besonderem Maße auf bildliche und archivalische Quellen angewiesen. Dabei zeigt sich, daß in den Testamenten feste Ausstattungsstücke meist nicht erwähnt sind, da sie als unveräußerlicher Besitz des Hauses angesehen wurden. Diese Auffassung hält sich noch Jahrhunderte (s. S. 25). In manchen Gegenden gehörten sogar bewegliche Möbel zum festen Zubehör des Hauses und wurden daher in den Testamenten nicht eigens aufgeführt, wie A. v. Brandt bei den Untersuchungen von über tausend Lübecker Testamenten feststellen konnte. Truhen und Kästen sind dort z.B. nur als Verwahrort für Schmuck und andere Kostbarkeiten eigens genannt[15].

Es ist erstaunlich, wie wenig Mobiliar in mittelalterlichen Räumen vorhanden war. Eine gewisse Behaglichkeit vermittelten (vom 15. Jahrhundert an) die in besseren Häusern vorhandenen *Holzvertäfelungen,* die meist in Eiche ausgeführt waren. Wände, Decke und Türen waren architektonisch einheitlich gestaltet, wie z.B. im Saal des Rathauses von Überlingen, der 1494 von Jakob Russ geschaffen wurde. Im oberen Teil löst sich die Wandverkleidung in reiches Maßwerk auf, geschmückt mit Statuetten von Kurfürsten, Markgrafen, Landgrafen und anderen großen Persönlichkeiten. Man darf sich wohl solche Spitzenleistungen des Kunsthandwerks auch in vornehmen Bürgerhäusern vorstellen. Einige öffentliche Repräsentationsräume, z.B. die Ratsstube von Mellingen/Aargau von 1467, geben sehr wohl den Eindruck, den solche Bürgerstuben einst boten, wieder.

Eingebaut in die Holzverkleidung waren oft die umlaufenden *Wandbänke.* Man muß sie sich aus glatten Holzbrettern gefertigt vorstellen, meist mit höheren Rückenlehnen versehen. Aus den von Wurmbach edierten Kölner Bürgertestamenten geht hervor, daß diese Bänke in der Regel aus zweierlei Holz gefertigt waren: für die gedrechselten Teile, also die Beine (»stollenn«), wurde Eiche verwendet, die Bretter bestanden aus dem billigeren Tannenholz.

Die *Wände* waren vielerorts auch nur getüncht bzw. geschlämmt; Bildbelege zeigen, daß sie häufig durch Tapisserien verkleidet waren (Abb. 10). Als deren billigerer Ersatz haben Fresken die Wandflächen belebt; sie sind in Resten noch erhalten, z.B. im Großen Saal der reichen Kaufherren Runtinger zu Regensburg. Bandartige Friese mit bunten Ornamenten (figurale, heraldische und florale Motive) in halber Höhe und knapp unter der Decke konnten auch in einigen anderen Regensburger Häusern aufgedeckt werden[16]. Reste von Bemalungen sind ebenfalls im Norden erhalten, besonders bei den im Hof gelegenen Flügelbauten der Hansestädte. So hat man z.B. in Lübeck (Mengstraße 40) eine gotische Marienkrönung ausmachen können. Relikte von Zimmerbemalungen in Rot und Blau – auch grünes Rankenwerk – sind in Braunschweiger Stuben bewahrt. Relativ häufig hat man dort Malereien in Schwarzweiß aufgefunden[17]. Solche Bemalungen von Stuben aus gotischer Zeit in Originalfarben sind jedoch recht selten.

Die *Decken* der Wohnräume weisen vielfach schwere gekeilte Holzbalken auf, die sich in reichen Häusern durch schöne Profilierung oder Bemalung auszeichnen (Abb. 16, 18, 21–24, 26). Sie können durch aufgenagelte, querlaufende Bretter, die mitunter verputzt wurden, verdeckt sein[18]. In anderen Fällen sind die Balkenlagen durch Zwischenfüllungen (Riemlingboden), die in gleicher Richtung mit den Balken verlaufen, geschlossen[19].

Von Kölner Bürgerhäusern weiß man, daß es spätmittelalterliche Holzdecken, die mit Rankenwerk bemalt waren, gegeben hat[20]. Im süddeutsch-österreichischen Raum sind in bürgerlichen Stuben ebenfalls schon vor 1500 rauchfreie Balkendecken nachweisbar. Balken mit traditioneller gotischer Kantenabfassung (Rundung durch Wulst und Hohlkehle), Profilierungen, Taustäbe (Zopfmuster), Kerbschnitzereien und Spruchbänder sowie Rankendekor und Flachschnitzerei sind aus Tirol und Vorarlberg, meist in Verbindung mit dem Wandgetäfel, bekannt[21].

Als Anpassung nach oben, d.h. in Nachahmung fürstlicher Festsäle, dringt im Laufe des 15. Jahrhunderts die Kassettendecke zunächst in Rathaussäle ein, und wird dann auch für großbürgerliche Repräsentationsräume in Auftrag gegeben. C. H. Baer schreibt in seinem Buch »Deutsche Wohn- und Festräume« darüber: »Der Entwicklung des Getäfers entspricht die Ausbildung der aus Italien stammenden Kassettendecken, deren aus Brettern konstruierte und am Gebälk aufgehängte Scheinbalken in kunstvollen Durchdringungen jetzt fast allgemein die Deckenfläche beleben. Von überraschender Reichhaltigkeit ist die geometrische Lagerung der mannigfaltig profilierten Balken in Kreis-, Stern- und Kreuzformen, überaus reich der Schmuck der tiefliegenden Felder oder der Balkenseiten mit gemalten Flachor-

namenten, Intarsien und Schnitzereien, sowie mit Knöpfen und Hängezapfen auf den besonders zu betonenden Kreuzungspunkten.«[22]
Nach dem Vorbild von Burgen und Pfalzen sind auch in Bür-

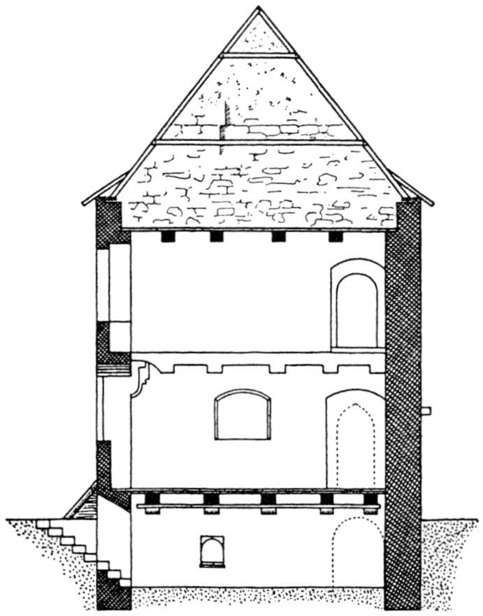

Fig. 7 *Querschnitt durch eine Kemenate in Braunschweig (Hagenbrücke 5) mit alten Balkenlagen. (nach Fricke Abb. 30a)*

gerhäusern hin und wieder gewölbte Decken eingebaut worden. Außer in Küchen und Kellern kommen sie in Festsälen vor. Stets findet man sie in den in manchen norddeutschen Städten üblichen »Kemenaten« (z.B. in Goslar, Braunschweig, Stettin, Thorn, Osnabrück). Man deutet diese Steinkammern, die meistens an der Seite oder hinter größeren Fachwerkhäusern lagen, heute als Schatzkammern, Tresore, die kostbares Gut vor allem auch vor dem Feuer bewahrten. Durch die offene Haushaltführung des Mittelalters, wobei zahlreiche Gäste, Geschäftspartner und Dienstleute aus- und eingingen, erschien ein abseitiger Verwahrort zweckmäßig. Die oberen Stockwerke dieser turmartigen Gebäude waren oft bewohnt und heizbar; Türen, Fenster, Böden und Decken zeigen eine reichere Ausstattung als die Räume des Haupthauses[23].
Der *Fußboden* bestand bei einfachen Verhältnissen aus einem Lehm-Estrich, einem Gemisch aus Kalk und Sand, oder aus Gipsmörtel, der 6 bis 10 cm hoch aufgetragen und sorgfältig geglättet wurde. Oft mischte man auch, um ihn haltbar zu machen, Ziegelmehl oder kleine Steine darunter[24]. Auf diesem Untergrund befestigte man Bretter, die bei besonderen Anlässen mit weißem Sand gescheuert wurden[25]. In feuergefährdeten Räumen war ein Belag aus Tonfliesen, Ziegelplättchen oder Steinen üblich. Dieses harte Material wurde gern in Mustern – Quadrate, Rauten – verlegt (Abb. 10, 17). Besonders vornehm wirkten Kalksteinplatten, die man auf Bildern von Patrizierwohnungen sehen kann; ihre Größe betrug etwa 40 × 40 cm[26].

Zu den vielerorts erhaltenen festen Einrichtungen gehörten die steinernen *Fenstersitze* (Abb. 11, 13). Man findet sie an den Frontwänden von Patrizierhäusern und »Kemenaten« als Ein- und Zweisitzer zu beiden Seiten von Fenstergruppen. Man darf annehmen, daß sie mit Sitzkissen und textilen Rückenbehängen versehen waren. Gäste mögen dort zu einem Gespräch mit dem Hausherrn Platz genommen haben. Man kann sie sich aber auch als Vorfahren jener beliebten Nähplätze weiblicher Hausbewohner im Erker denken.
Die *Fenster* waren in der Regel klein, zu Gruppen verbunden, durch Holzläden verschließbar. Da Glas noch sehr teuer war, begnügte man sich, kleine bleiverglaste Stücke einzusetzen (Butzenscheiben), meistens in der oberen Hälfte der Öffnung. Sie waren zuweilen durch eiserne Gitter gesichert. Durch das engmaschige Netz der Bleiverglasung, gelegentlich farbig belebt, wirkten diese Fenster wie ein teppichartiges Gespinst, das die Muster der Wandbehänge nach oben fortsetzte. Unten blieben die Holzflügel (Abb. 17), die man öffnen konnte. Als Ersatz für Glas verwendete man auch Leinwand, Pergament oder Tierblasen zur Abdeckung. Die Fensterbreite betrug durchschnittlich 33 bis 38 cm[27], die der Gruppe ein Mehrfaches.
Glaser werden zwar schon im 13. Jahrhundert in Städten genannt, arbeiteten aber in der Regel für kirchliche Gebäude, eventuell für die Hauskapellen der Patrizier und dann auch für deren Festsäle. So ist von den Runtingern in Regensburg (s. S. 15) bekannt, daß sie 1398 in Venedig kleine und große Glasscheiben bestellten[28]. Auch in anderen Städten, z.B. in Köln und Braunschweig, kamen Glasfenster im 14. Jahrhundert auf. Um 1400 sind dort im Nachlaß eines Bürgers zwei kostbare Glasfenster eigens aufgeführt[29].
Das eindringende Tageslicht war also spärlich, die Räume mußten mit *künstlichem Licht* oft auch am Tage erhellt werden. Die Wände bargen Nischen, rechteckige Aussparungen mit dreieckigem oder spitzbogigem Abschluß, hin und wieder auch durch Maßwerk verziert. Sie dienten als steinerne Behälter nicht nur für Statuen und andere Gegenstände, sondern hauptsächlich für Beleuchtungsgeräte. Man findet diese Wandnischen in Fluren, Aufgängen und Kellertreppen wie auch in Stuben und Kammern. Als Lichtquelle dienten Kerzen – in der Regel aus Talg oder Unschlitt, seltener aus dem teuren Wachs – und flüssige Öle. Auch der Kienspan war noch für lange Zeit in Gebrauch. Deckenbeleuchtungen in Form von Ampeln und Kronleuchtern nach kirchlichem Vorbild sind überliefert. Sie wurden meist an den Balken oder – bei Rippengewölben – an den Scheiben der Schlußsteine angebracht. Das Material dieser Hängelampen war Bronze oder Schmiedeeisen. »Die einfachsten werden auch im Bürgerhause die gewesen sein, von denen wir aus Bildern ... Kunde erhalten, bestehend aus einem ganz schlichten Holzkreuze unter einem Mittelstab, das von der Decke des Zimmers an einem in der Rolle gehenden Stricke herab-

Fig. 8 *Stube mit Butzenscheibenfenstern, Fliesenboden, Fensterbank, rundem Tisch und allerlei Gerät. Illustration aus Sebastian Brants Zeitsatire »Das Narrenschiff«, Basel 1494.*

hängt, die vier Ecken mit dicken Kerzen in Lichthaltern versehen.«[30]
Hirschstangen, an deren Ende Kerzenhalter befestigt waren, mit Halbfiguren (Leuchterweibchen) oder Wappen verziert, erfreuten sich im 15. Jahrhundert großer Beliebtheit. Daneben gab es eine Vielzahl von Ständern und Haltern für Steh- und Tischleuchten sowie Wandarme aus Metall und Holz. Durch die relativ kleinen Wandöffnungen, durch die Bleiverglasung der Fenster und die Lebendigkeit des nur selten in vollem Glanz erstrahlenden künstlichen Lichtes waren der Wohnstube dieser Zeit Gefühlswerte eigen, die vor allem die Funktion des Bergens und Schützens betonten. Bachelard hat in seiner »Poetik des Raumes« diesen »Schutzwert« des Hauses besonders herausgestellt[31]. Allen Zufälligkeiten, Grausamkeiten und Verfolgungen setzte der Mensch die Geborgenheit und Stetigkeit, die Abgeschlossenheit und Sammlung in seiner Wohnstube entgegen.

Mobiliar

Ausformungen bestimmter Möbeltypen wurden dadurch ermöglicht, daß sich im 15. Jahrhundert eine *handwerksorganisatorische Wandlung* vollzog: Innerhalb der Zünfte ist ein allmählicher Vorgang der Berufsdifferenzierung, der Spezialisierung und Arbeitsteilung zu beobachten[32].

Der intensiven Beschäftigung mit Verarbeitungstechniken ist u. a. die Erfindung bzw. Verbreitung der durch Wasserkraft betriebenen Sägemühle zu verdanken. Es ergab sich nun die Möglichkeit, leichte und dünne Furnierbretter für die Front- und Seitenwände der Möbel herzustellen[33]. Dies wirkte sich besonders im süddeutschen Sprachraum aus, während der norddeutsche Geschmack weiterhin an den aus dicken Brettern gefertigten Massivholzmöbeln festhielt.
Truhen gelten als die ältesten und lange Zeit beliebtesten Verwahrmöbel und sind »das Universalmöbel des Mittelalters. Sie standen in jedem Raum, an die Wand gerückt oder an den Seiten und Fußenden des Bettes. Oft sind sie den Wänden entlang gereiht...«[34]. Sie nahmen allerlei Hausrat, Wäsche und Kleidung auf. Da die Stoffe – zumeist Wolle und Leinen – durch ein liegendes Aufbewahren keinen Schaden litten, war ein Bedürfnis nach hohen Kleiderschränken nicht vorhanden. Diese wurden erst sinnvoll, als die Gewänder so aufbewahrt werden mußten, daß sie nicht verdrückt wurden und knitterten. Die Mode änderte also auch die Funktion und Form der Möbel.
Eisenbeschläge und Schlösser dienten der Sicherheit. Seitlich waren oft eiserne Traggriffe an den Holztruhen angebracht. Für Wertsachen wurden auch ganz aus Eisen gefertigte Stücke benutzt. Im Innern befand sich fast immer ein mit Klappdeckel versehenes schmales Seitenfach, das kleine Dinge, z. B. Kleidungszubehör, aufnahm.
Die Truhen dienten auch zum Sitzen und waren zu diesem Zweck mit flachen Polstern bedeckt. Nachts nützte man sie als Schlafstellen, vorwiegend für Kinder.
Es gab wenig freistehende *Schränke;* sie waren in der Regel in die Wandvertäfelung einbezogen und daher von geringer Tiefe. Gegen Ende des Mittelalters kam dann der kleine Kasten auf, ein Mittelding zwischen hoher Truhe und Wandgestell, meist nach vorne geöffnet oder durchbrochen. Auf diese Möbel – Vorformen der Kredenzen – wurden allerlei Gefäße, Geschirr und Gerät zur Schau gestellt (Abb. 5, 10, 17).
Gelegentlich fanden auch schon große Schränke auf der Diele oder im Flur Platz. Für die norddeutschen Schränke wurde massives Eichen-, seltener auch Weichholz verwendet. Im 14./15. Jahrhundert waren sie zweigeschossig mit vier Türen und waagerechtem oberen Abschluß. In Süddeutschland kannte man schon den Typus des zweigeschossigen Wäscheschrankes, der durch Übereinandersetzen zweier truhenförmiger Kästen entstanden war.
Neben Truhen und Wandbänken dienten freistehende Bänke als *Sitzgelegenheit.* Darunter waren solche mit umlegbarer Lehne (Abb. 5), die man gerne vor das offene Kaminfeuer rückte, wo man nach Belieben mit dem Gesicht oder mit dem Rücken zum Feuer saß[35].
Stühle in Bürgerhäusern waren relativ selten. Es gab davon auch in größeren Häusern nur zwei bis höchstens vier Stück.

Fig. 9 *Detail aus dem Einblatt-Holzschnitt von Hans Paur, »Vom Haushalten«, um 1470. München, Staatliche Graphische Sammlung*

Etwas Besonderes waren hochlehnige Stühle mit Baldachin, die hervorragenden Personen vorbehalten blieben. »Der Stuhl ist seit den ältesten Zeiten ein Ehrensitz, er ist im öffentlichen Leben der Sitz des Königs, er ist in der Familie der Platz des Familienoberhauptes, während die übrigen Anwesenden stehen oder sich auf Bänken und Truhen niederlassen.«[36]

Die Stühle konnten sehr unterschiedlich gestaltet sein, so etwas wie eine Garnitur gab es – ebenso wie bei den Eßbestecken – noch lange nicht. Neben dem dreibeinigen, niederen Sitzschemel, der auch als kleiner Tisch verwendet wurde[37], waren vierbeinige schmucklose Hocker und Vierpfostenstühle in Verwendung. Falt- und Scherenstühle werden erst um 1500 im profanen Bereich üblich.

Die Kölner Testamente führen außerdem noch den »pratstoil« an; er besaß eine Rückenlehne und Armstützen. Sein Platz war neben dem Bett[38]. Da alle Stühle relativ hoch waren, konnten sie kaum ohne Fußschemel benutzt werden. Über die Art des Sitzens im Mittelalter äußert sich Giedion: »Der Lebensstandard des späten Mittelalters hätte Komfort im Sinne von Bequemlichkeit durchaus gestattet, aber diese Einstellung war dem gotischen Denken fremd. Geräte, die sich dem Körper anpaßten, wurden von der Gotik nicht ausgebildet, und Stühle im heutigen Sinne kannte das tägliche Leben nicht. Niedrige, dreibeinige Hocker verschiedener Art und Größe waren in romanischer Zeit wie im fünfzehnten Jahrhundert das Übliche. Alles deutet darauf hin, daß das Mittelalter improvisiert und zwanglos saß. Man hockte mehr, als daß man saß.«[39]

An *Tischarten* kannte man Stollen- und Schragentische mit umlaufendem Fußrost und fester Platte. Es waren dies kleine Möbel für allerhand besondere Verrichtungen (Anrichten, Abstell-, Schreib-, Spiel-, Arbeitstische). Sie kommen viereckig, oval und rund vor. Unter der Tischplatte wurde gelegentlich eine Schublade eingefügt. Der Fuß des Tisches konnte als Kästchen, in dem allerhand Kleingerät Platz fand, ausgestattet sein.

In der Regel bestanden die großen Eßtische aus Schragen oder Böcken (gekreuzte Stäbe) und losen, länglichen Platten, die man bei Gelegenheit auf- oder abtrug. Durch die Schragen steckte man zur Festigung eine Querstange[40].

Prunkstücke unter den Tischen sind besonders im Süden mit Flachschnitzerei, auch mit vollplastischen Motiven (Tier-, besonders Löwenpranken, vasenartigen Gebilden), belebt. Die in Kaufmannskreisen verbreiteten Rechentische wiesen Platten mit Einlegearbeiten aus Holz bzw. Metall (Zinn) auf; Linien und Felder ermöglichten das »Rechnen auf Linie«: »Mit Hilfe von Rechenpfennigen oder von Kreide konnte nach der antiken Mode des ›Abacus‹ verhältnismäßig rasch und zuverlässig addiert und subtrahiert, multipliziert und dividiert werden.«[41]

Mehr als diese oft prunkvollen Sonderformen kann der Eßtisch der vielen durchschnittlichen Städter das verkörpern, was Herd und Tisch, Nahrungsspender und Nahrungsverteiler von Anfang an waren: Ort regelmäßiger Zusammenkunft, gemeinsame Mitte, Symbol familiärer Einheit.

In jedem spätmittelalterlichen Bürgertestament wurde als wichtiger Wertgegenstand das *Bett* genannt. Meist ging man dabei auf das Gestell selber nicht näher ein, sondern nur auf das Bettzeug (Federbetten, Kissen, Leintücher), den Stolz der Hausfrau. »... Die meisten bildlichen und schriftlichen Quellen stimmen darin überein, daß das Kopfende durch Pfühle und Kissen so stark überhöht ist, daß der Schläfer fast mehr sitzen als liegen muß [Abb. 10]. Was die Breite betrifft, so ist nicht die des Gestelles, sondern nur die des ›beddes‹ ... in nicht näher bezeichneten ›striffen‹ ... angegeben... Hiernach werden die gewöhnlichen Betten (Streifen mit Gestell kaum breiter als 1,50 m) höchstens 1,80 m gewesen sein.«[42] Bettgestelle sind sehr selten erhalten, weshalb man auf schriftliche und bildliche Quellen angewiesen ist.

Von Süddeutschland ausgehend entwickelte sich das freistehende, bewegliche Bett. Es war entweder als Kastenbett mit freibleibender Vorderbreitwand ausgebildet, oder die Kopfwand war überhöht bzw. zu einem Baldachin fortgeführt, von dem Vorhänge herabhingen. Diese dienten nicht nur der Diskretion, sondern waren vor allem Schutz vor Kälte; denn Wärme war zu dieser Zeit ein kostbares Gut. Auch vor dem von der Decke fallenden Staub und Ungeziefer bewahrten sie die Schlafenden. Tagsüber blieben die Bettvorhänge gerafft, »an der Ecke gegen das Zimmer hin kunstvoll wie zu einem Sack ineinandergeschlungen«[43].

Als Antritt für die sehr hohen Betten benützte man eine längliche Truhe, die auch zum Verwahren von Wäsche

diente (Abb. 10); meist stand noch quer zum Fußende eine etwas höhere Truhe.
In Westdeutschland stellte man das Bett gern in einen Alkoven, der als kleiner Nischenraum der Wohnstube eingefügt war. Im Norden entstand als eine Sonderform des Schrank- oder Kastenbettes die im Paneel eingebaute »Butze«.
Neben dem Ehebett, das in der Regel in der heizbaren Stube Platz fand, gab es im Haus noch eine Reihe von Spannbetten für Gesellen, Mägde, Durchreisende. Es waren schmale, zusammenklappbare leichte Gestellte, durch Riemen oder Stricke verbunden. »Über die Füllung werden wir durch Bestandsverzeichnisse des Nürnberger Ratsbaumeisters Tucher (1464–1475) unterrichtet: danach liegt im gewöhnlichen Spannbett ein Strohsack, ein Federbett, zwei Leilachen (Laken), ein Polster, zwei Kissen, eine Decke, und vor der Bettstelle befindet sich eine kleine Bank.«[44] In manchen Fällen – sei es aus Armut oder bei gehäuftem Besuch – mußte es wohl eine Art Matratze bzw. ein Strohlager auf dem Boden tun.
Aufschlußreich sind wiederum testamentarische Bestimmungen: »Im Jahre 1427 vermacht eine Witwe in Wien ihren nächsten Verwandten fünf Betten, acht Kissen, vier Hauptpölster, zehn Leintücher, zwei blaue Gulter (= Überdecken), zwei zweifache Kotzen, drei Bettücher aus Leder, vier Lederpölster, vier Messingbecken, einen kleinen Mörser mit einem Stössel, zwei Kessel, einen großen Schrein voller Teller und Löffel, drei Zinnschüsseln, fünf Spannbetten, zwei Sideltruhen, drei Kisten, einen runden Tisch, einen zweifachen Tisch, ein kleines Tischchen, zwei Fürbänke [= bewegliche Bänke, die meist vor dem Bett Aufstellung finden], zwei Stühle, einen neuen Bettumhang, einen Betthimmel, drei Tischtücher, sechs Handtücher, ein gewirktes Banktuch, einen Küchenalmer und zwei kleine Almer.«[45]

Bewohnen

Überblicken wir die hier kurz geschilderte spätmittelalterliche Einrichtung des Bürgerhauses, so stellen wir die relativ untergeordnete Rolle der beweglichen Möbel, die geringe Anzahl von Möbeltypen und – im ganzen betrachtet – die wenig gefüllten Räume der meist großen Häuser fest. Der Mensch hatte viel Luft zwischen seinen Mauern. Er empfand dies wahrscheinlich nur im Sommer, während er im Winter gezwungen war, zumindest stundenweise mit den anderen Hausinwohnern den spärlichen Platz um die Feuerstelle zu teilen[46].
Gerade das Sich-in-die-Räume-Teilen brachte in die uns heute leer erscheinenden Stuben die Fülle des Lebens; denn das Haus eines Groß- wie eines Kleinbürgers jener Zeit war nicht das Wohngebäude einer Kernfamilie, bestehend aus Elternpaar und Kindern: Großeltern und andere Verwandte, ein zahlenmäßig nicht abzuschätzendes Gesinde, Handwerksgesellen und Lehrburschen, gehörten zu dem vielzitierten »Ganzen Haus«. Eine Menge unselbständiger Existenzen barg dieser Großhaushalt. Alle lebten in offenen Allzweckräumen, wo sie sich zur Arbeit, zum Essen, zum Feiern und Schlafen zusammenfanden. Die Diele wie die Stube dienten also in der Regel den Verrichtungen der ganzen Familie. Hier wickelte der Hausherr seine Geschäfte ab, unterwies seine Söhne und Mitarbeiter, bemühte sich um die Geschäftsbücher, empfing Kunden und Gäste. Bei Handwerkern vollzog sich die Berufsarbeit nur selten in eigenen Werkstätten, sondern in Diele und Stube, je nach Art der Verrichtung.
Die weiblichen Arbeiten beschränkten sich nicht auf Kochen und Sauberhalten des Hauses. Die Haushaltungen strebten nach weitgehender Autarkie, man wollte selber schaffen und fertigen, was irgend möglich (Fig. 1, 2, 9). Keller und Speicher wurden mit Vorräten aus Garten oder (eigener) Landwirtschaft gefüllt. Ernte und Verarbeitung bedingten eine Reihe von Arbeitsgängen: Obst wurde zu Marmeladen und Säften verwertet oder gedörrt. Kraut und Rüben hobelte man und legte sie eingesalzen in Fässer. Essig, häufig auch Bier, wurde selbst angesetzt, Rahm zu Butter gestampft, Käse bereitet, Brot gebacken, Fleisch geräuchert und getrocknet – und vieles mehr. Daneben traten all jene weiblichen Verrichtungen, die sich mit Kleidung und Wäsche befaßten, und die vor allem die Abende und die Wintertage füllten: Wolle und Flachs spinnen, weben und stricken, sticken, nähen, ausbessern. Die Kinder wurden nebenher beaufsichtigt und gehätschelt, gezüchtigt und angeleitet; sie wuchsen langsam in die Arbeitsvorgänge hinein, die die Erwachsenen um sie herum vollzogen. Jeder ging in räumlicher Nähe mit dem andern – je nach Stand, Geschlecht, Alter – der ihm aufgetragenen Beschäftigung nach (Fig. 11).

Klein- und Mietwohnungen

Bei der Untersuchung von Bürgerbauten trifft man hin und wieder auch auf Kammern und Schlafgelegenheiten für das Gesinde, sei es im Dachgeschoß, an den Hofgalerien oder in anderen rückwärts gelegenen Kleinräumen. Gesellen, Lehrlinge, Knechte und Mägde wohnten – mit geringen Ausnahmen – im Haushalt des Dienstherrn. Auch unversorgte Frauen der Verwandtschaft hatten einen ähnlich niederen Sozialstatus und mußten froh sein, von einer Großfamilie aufgenommen zu werden. Es gab auch Hausherren, die aus religiösen Beweggründen arme Leute der Gemeinde in Kost und Logis nahmen, die sogenannten Hausarmen. Sie wurden gelegentlich auch in Kellerräumen untergebracht. Den Besitz dieser abhängigen Leute muß man sich äußerst gering vorstellen; er mag in einer Truhe Platz gefunden haben.
Über die Wohnungen der unteren Bevölkerungsschichten im späten Mittelalter läßt sich wegen der unzureichenden

Schlafkammer in Nürnberg, Ende 15. Jh.:
Ein ſtro ſack ſpanpet vnd ein deck
ein deckpet wü es nit wil kleck
Schaw das in nit der winter weck
küs polſter leylach mit
nacht ſchüch nacht haüben zimet aüch
wer dar on ſpart der iſt ein gaüch
die mon zw notürfft dut gepraüch
ein prüncz ſcherben
drüen kiſten
die ſach hat gar kein pit –
Ein gwant kalter dar ein man düt
mentll röck hoſſen hemet gut
ſchawben pelcz kittel vnd ein hut …
(Hans Folz S. 4)

Quellenlage wenig aussagen. Sie haben diese weder durch Selbstzeugnisse noch durch Testamente oder Inventare überliefert. Da sie in der Regel nicht steuerfähig waren, sind sie auch nicht in Steuerregistern erfaßt. Sie waren nicht Bürger im rechtlichen und politischen Sinn, aber sie bildeten einen Großteil der städtischen Bevölkerung. In der schichtenspezifisch orientierten Sozialstruktur bildeten sie die unterste Schicht: kleine Handwerker und Heimarbeiter, Handwerksgesellen, die Masse der Lohnabhängigen (Dienstboten und Tagelöhner).

Ahasver v. Brandts Untersuchungen ergaben, daß sie in Lübeck (15. Jahrhundert) ca. 52% der Gesamtbevölkerung stellten. Vergleichbare Ergebnisse liegen für Augsburg 1475 vor; danach machte die nicht versteuerbare Bevölkerung 65,9% aus[47]. In Breslau waren im 15. Jahrhundert zwei Drittel aller Handwerker von Steuern befreit, in Köln sogar Dreiviertel. Ähnliche Verhältnisse sind in Nürnberg, Freiburg i.B., Aachen, Trier, Rostock und anderen Städten nachgewiesen worden. Am gravierendsten waren die sozialen Unterschiede in den großen Handelsmetropolen wie Magdeburg, Bremen, Köln, Frankfurt a.M., Augsburg, wo die völlig Besitzlosen überwogen; sie lebten vom »Verkauf ihrer Arbeitskraft«. Allgemein darf man einen Prozentsatz von 15–20% völlig Verarmter (Fürsorgebedürftiger) annehmen[48].

Man fragt sich, wo und wie alle diese Menschen wohnten. Kleinbürgerliche Handwerkerhäuser haben sich in der Bausubstanz erst ab 1500 erhalten; die meisten sind nach einem Stadtbrand in etwa gleicher Größe und Struktur später errichtet worden, z.B. die Aachener Kleinhäuser in der Pontstraße.

Alle aus dem Spätmittelalter erhaltenen Zeugnisse bestätigen, »daß die Masse der städtischen Wohnbauten aus kleinen, schmucklosen Häusern bestand«[49]. Es waren Holz- bzw. Fachwerkhäuser schlichter Ausführung, deren durchschnittliche Breite 3 bis 4 m betrug bei einer Tiefe von ca. 8 m. Die Krämer- und Kleinhandwerkerhäuser waren nach der Straße hin offen, häufig mit Vordächern und Lauben versehen. Ein zweizelliges Grundrißschema ist in vielen Fällen anzutreffen: Das Vorhaus diente dem Gewerbe, das Hinterhaus dem Wohnen. Eine kleine Küche befand sich an der Wand im Mittelteil: Von hier aus wurde (durch Hinterladerofen) die Wohnstube beheizt.

Beim etwas größeren, zweistöckigen Haustyp wurde das Erdgeschoß ausschließlich für gewerbliche Zwecke genutzt, das Obergeschoß mit der Aufteilung Stube–Küche–Schlafkammer für Wohnzwecke.

Diese Häuser waren nach den primärsten Bedürfnissen mit einfachsten Materialien erbaut. Ganz unabhängig von lokalen Baugewohnheiten weisen die Kleinbürgerhäuser in Zentraleuropa gleiche Erscheinungsformen auf, und diese resultieren »aus den gleichartigen sozialen und ökonomischen Voraussetzungen und Bedingungen, die das spätmittelalterliche Kleinbürgertum durchgängig kennzeichnen«[50].

Ähnliches galt sicher auch von der Einrichtung, die sich nirgendwo erhalten hat. Sie wird sich kaum dem Zeitgeschmack angepaßt haben, wenn auch einfachster Schmuck nicht auszuschließen ist. Repräsentationsräume und -gegenstände entfielen aufgrund der ökonomischen Verhältnisse.

Neben den bescheidenen Handwerkerhäusern gab es noch winzige einräumige Behausungen, für verschiedene mittelalterliche Städte (z.B. Konstanz und Köln) nachgewiesen und in schriftlichen Quellen unter folgenden Bezeichnungen aufgeführt: domuncula, parva domus, Gadem, Bude. Sie wurden in ganz der gleichen Weise immer wieder bis ins 19. Jahrhundert weitergebaut. Häufig entstanden sie in den rückwärtigen Höfen und Gärten der Großbürgerhäuser. In den deutschen Seestädten errichteten die Grundstückseigner ab dem 14. Jahrhundert durch Parzellierung sogenannte Gangbuden. In Hamburg und besonders in Lübeck bieten die »Gänge« heute noch einen Eindruck von diesen Frühformen der Armeleutesiedlungen (Abb. 49, 50): Zwischen den Fassaden der an der Straße gelegenen Gebäude führen schmale Gassen (1 bis 2 m breit) nach rückwärts, wo in dunklen Höfen eine oder mehrere Reihen von Kleinhäusern stehen. Sie besitzen oft nur einen ebenerdigen Raum und eine – später ausgebaute – Giebelkammer. Seitlich der Engelsgrube oder an der Ecke Menggasse/Lichte Quergasse z.B. trifft man sie noch heute an, teilweise restauriert und bewohnt. 1787 zählte man noch 167 solcher Gänge[51].

Die Grundfläche dieser Häuschen beträgt ca. 20 bis 25 qm; vermutlich war die Wohnstube durch eine Bretterwand abgetrennt. Die Belichtung erfolgte nur von der Gassenseite her. Oft lehnten sich die Buden auch an die Brandmauer großer Häuser an, oder es wurden die Traufgassen überbaut, um einer winzigen Behausung Platz zu bieten (s. S. 15).

Auch im Mittelalter gab es schon Miethäuser bzw. zu Wohnzwecken ausgebaute Stallungen, in denen Leute ohne Bürgerrecht zu geringem Zins aufgenommen wurden; bei der Dichte des Wohnens war dies für den Vermieter nicht unrentabel. Seit dem 14. Jahrhundert (z.T. wesentlich früher) sind solche Wohnungen u.a. in Freiburg i.B., Straßburg, Worms, Köln, Regensburg, Hamburg und Danzig belegt[52].

Kleinstwohnungen als Eigentum bildeten sich in waagrecht abgeteilten Häusern: Vorläufer der Etagenwohnungen. In den Münchener »Herbergen« der Vorstädte z.B. hat sich solches Stockwerkseigentum bis in unser Jahrhundert erhalten. Ein Haus konnte in manchen Fällen bis zu sieben Eigentümer haben. Die Zugänge lagen außen (Treppen, Galerien). Ein Pendant zu den Herbergen stellen die ähnlich konstruierten »Sähle« der spätmittelalterlichen Städte Hamburg und Lübeck dar. Aus finanziellen Gründen vereinigte man möglichst viele davon unter einem Dach.

Beginn der Neuzeit (um 1500 bis 1620)

Aufbruch

Die steigenden Bevölkerungszahlen in manchen Teilen Europas, aber auch religiöse und politische Bedrängnis setzten große Bevölkerungsteile in Bewegung, zwangen sie zum Aufbruch, zur Abwanderung. Doch nicht nur die Not oder die Enge der Verhältnisse ließ die Menschen aufbrechen: Es war eine Zeit der Unruhe, der Revolutionen und Reformationen.

Man will das, was sich in anderen Ländern ereignet, nicht nur vom Hörensagen her aufnehmen, man will selbst dabeisein, schauen und hören, wo der Puls der neuen Zeit schlägt. Und das ist in erster Linie Italien. Dorthin brechen die Söhne der Patrizier und reichen Kaufleute auf, dorthin ziehen Studenten und Gelehrte. Die Neugierde, der Bildungswille, die Lust am Leben sind ungeheuer, von ursprünglicher Vitalität. Fasziniert betrachtet man die neue Art des Bauens, die ausgewogenen Proportionen, in denen ein neues, fast mystisches Raumgefühl zu spüren ist, die Weite und Schönheit der Palazzi in Oberitalien, in denen Licht und Luft alle Räume durchflutet und ihnen ein heiteres, festliches Gepräge gibt. Die Söhne der haushälterischen Kaufherren aus dem Norden bewundern die verschwenderischen Innenausstattungen vor allem der Florentiner und Venetianer Standeskollegen.

Kaufmannssöhne wie Lucas Rau (1494–1541) aus Augsburg, der sehr genau Buch führt über seine Auslandseindrücke, oder Thomas Platter (1499–1580), ein Schweizer, der sich aus niederen Kreisen hochgearbeitet hat, bezeugen ihre humanistische Gesinnung in Selbstbiographien. Der Kölner Stadtratssohn Hermann von Weinsberg, ab 1550 selbst zu hohen Ämtern berufen, gibt Einblick in sein Leben und seine Geschäfte. Besonders hübsch ist, was der gelehrte Mann über seine Knabenwohnung berichtet. Wie einfach war doch noch die Lebensweise im Norden, auch in gehobenen Kreisen, im Gegensatz zu dem, was man in Italien zu sehen bekam! Hermann bewohnte (ab 1529) ein »kammergin« (Kämmerlein) im Dach, »war seir neder … Uff diß kemergin satzt ich ein taifelgin [Tischlein], benk, stoil und bretter an die want, macht min studorium daruis … Und min fatter hat gut gefallen herzu und half mir rusten, uff das ich von der straißen bleiben mogte«[1].

Der nachmalige Bürgermeister des Ostseestädtchens Stralsund, Bartholomäus Sastrow, ein Sohn der patrizischen Oberschicht, gibt ein farbiges Bild vom geselligen Leben, wie er es in Augsburg 1557/58 vorfand: Dort hatte er fast jeden Abend an glanzvollen Festen im Geiste der italienischen Renaissance teilgenommen, die neben Musik und Tanz allerlei Narrenspiele und Kurzweil an der Tafel boten[2].

»Denn wer die Städte gesehn, die großen und reinlichen, ruht nicht, / Künftig die Vaterstadt selbst, so klein sie auch sei, zu verzieren«, ist in Goethes »Hermann und Dorothea« zu lesen; diese Gesinnung spricht aus vielen Äußerungen von Kaufherren des 16. Jahrhunderts.

Umsehen sollten sich die Söhne in der Welt, lernen und Erfahrung sammeln, die der Heimat wieder zugute kommen würde. Charakteristisch für diese Kreise der Großkaufleute ist die ethisch-praktische Ermahnung des Leo Ravenspurg an seinen Sohn Christoph 1539: »Biß Eingezogen, karg und gesperig, verthuo kain unnutz gellt, dann du wirst es, wann du gröser und elter wirst, wol bedirffen …«[3] Denn ein »unnutz gellt« war es nicht, in der Heimat ein großes Haus einzurichten für Arbeit und Fest. Hier sollte nicht gespart werden, hier war die Dauer mit einzuplanen.

Auch in Ravensburg und Stralsund, wie in anderen kleinen und großen deutschen Städten, fanden solche Feste statt – vielleicht nicht ganz so luxuriös wie in der reichen Fuggerstadt Augsburg. Anlaß boten Familienfeiern oder öffentliche Ereignisse, die dann in korporativem Rahmen, d. h. in Zunftstuben, Ratshäusern usw., stattfanden oder auch im privaten Festsaal. Dabei äußerte sich die ungehemmte Lebenslust in derben Späßen, drastischen Reden und übermütigem Treiben.

In Norddeutschland, das ja fast durchweg einem evangelisch-puritanischen Glauben anhing, mochten solche Festivitäten von der Geistlichkeit, den weltlichen Ordnungshütern und auch von der minderbemittelten Bevölkerung mit scheelen Augen beobachtet worden sein. Vielleicht war dies einer der Gründe, warum man die prunkvollen Festsäle im Hinterhof verbarg, während »das Haus« dem soliden Tagewerk diente (Lüneburg, Lemgo, Stralsund u. a.). Im süddeutschen Raum war diese Art der festlichen Anbauten eher selten. So blieb der Hirsvogelsaal in Nürnberg, ein Anbau an der Rückseite eines älteren Hauses, eine einmalige Sache in dieser Stadt, eine hochmoderne frühe Adaption italienischer Renaissance.

Bautätigkeit

Im ausgehenden Mittelalter hatte bereits eine umfangreiche Bautätigkeit in den Städten eingesetzt. Bei der soliden Bauweise jener Zeit standen diese Mauern für Jahrhunderte. Die Mehrzahl der Bürger konnte sich infolgedessen auf Verschönerungs- bzw. Modernisierungsarbeiten an und in ihren Häusern beschränken. Man zahlt dem Geist der Zeit seinen Tribut, indem man die Fassaden mit Gesimsen und Zierat versieht, die das Horizontale betonen, sie mit plastisch dekorierten Prunkportalen aufwartet, anstelle der schlichteren gotischen Spitzbogeneinfahrten usw. Der Prozeß der »*Versteinerung*« schreitet fort. Wo Neubauten nicht möglich sind, zieht man die Außenwände eventuell neben dem Fachwerkbau hoch, wie es in manchen Städten Schwabens registriert wurde[4]. Es scheint, daß in Süddeutschland das Fachwerk »von unten her« verschwindet (Abb. 29), während man im Norden den Giebel als Backsteinwerk errichtet und das Un-

Augsburg, aus einem Brief von 1531:
Welch eine Pracht ist nicht in Anton Fuggers Haus auf dem Weinmarkt! Es ist an den meisten Orten gewölbt und mit marmornen Säulen unterstützt. Was soll ich von den weitläufigen und zierlichen Zimmern, den Stuben, Sälen und dem Kabinett der Herrn sagen, welches sowohl wegen des vergoldeten Gebälks als der übrigen Zierate das Allerschönste ist. Es stößt daran eine dem heiligen Sebastian geweihte Kapelle mit Stühlen, die aus dem kostbarsten Holze sehr künstlich gemacht sind. Alles aber zieren vortreffliche Malereien von außen und innen. Raymund Fuggers Haus in der Kleesattlergasse ist gleichfalls königlich und auf allen Seiten die angenehmste Aussicht in Gärten. Was erzeugt Italien für Pflanzen, die nicht anzutreffen wären! Was findet man darin für Lusthäuser, Blumenbeete, Bäume, Springbrunnen, die mit Erzbildern der Götter verziert sind! Was für ein prächtiges Bad ist in diesem Teile des Hauses! Mir gefielen die französischen Königspaläste in Blois und Tours nicht so gut.
Nachdem wir ins Haus hinaufgegangen waren, beobachteten wir sehr breite Stuben, weitläufige Säle und Zimmer. Alle Türen gehen aufeinander bis in die Mitte des Hauses, so daß man immer von einem Zimmer ins andere kommt …
(nach Gruber S. 82 f.)

Schilderung der frühen Hamburger Großkaufherrn-Häuser durch J. L. von Heß »Beschreibung Hamburgs«, 1787: Das untere Stockwerk besteht aus einer weiten Diele (Vorhaus oder Flur), die in einem Winkel ein kleines Wohnzimmer, und hinter demselben, oder in einem anderen, eine Küche hat. In der Mitte wird dies Stockwerk oft durch einen bald steinernen, bald hölzernen massiven Pfeiler unterstützt, der einen großen Hauptbalken trägt. Auf diesem Hauptbalken ruhen die Querbalken wieder, die den Grund des zweiten Stockwerks halten, und es geht ein Gang mit einem krausen Geländer daran her, worüber man den Weg von einer kleinen Vorstube des zweiten Stocks zum Hinterhause macht. Das Zimmer an der Diele ist niedrig, die Stube des zweiten Stocks noch mehr und sie hängt mit ihrem Fußboden in die untere herab. Diese unbequeme und unveste Bauart entsteht durch das hohe gothische Thürgerüst und durch die sogenannte Ausslucht, aus deren Fenstern man die Gassen mustern kann. Die hohen und breiten Einfassungen der Flügelthür des Hauses sind mit allerlei grotesken Zierrathen, als verhältnisslosen klotzigen Säulen, unförmlichen Köpfen, Greifshälsen, Drachenflügeln und tausenderlei Chimären und Fratzen überfüllt, nicht so häufig hölzerne Gottesmütter, Christuskindlein, Ecce Homos, Aposteln und Märtyrer. Hie und da sieht man noch die Überbleibsel vormals über den Türen prangender Familienwappen. Im Mittelgebäude liegen die altmodischen Prunkstuben, und im dritten Stockwerk allenfalls noch ein geräumiger Saal zur Feier von Hochzeiten, Leichbegängnissen, Geburtstagen und andere Gallas bestimmt. Die Treppen gehn schneckenförmig, die Fußboden sind von rothen Backsteinen oder Sandschiefern, zuweilen mit Marmor ausgelegt.
(nach Rudhard S. 47)

tergeschoß im Holzbau beläßt, wie es Mohrmann für die Stadt Wilster/Schleswig-Holstein (z. B. Hudemannsches Haus von 1596 in der Schmiedegasse) nachgewiesen hat[5]. In Köln scheint es üblich gewesen zu sein, das Erdgeschoß in Stein, die Obergeschosse in Fachwerk zu errichten[6]. Vielfach und von Stadt zu Stadt unterschiedlich sind die Kombinationen von Stein und Holz.

Der Bürger wurde des engen Aufeinanderwohnens leid, er stockt auf oder nimmt Anbauten vor. Auch kleinere Handwerker *erweiterten* nach Möglichkeit ihr eingeschossiges Haus. So hat 1601 der Bäcker Ottendorfer in Nürnberg um Genehmigung zur Aufstockung nachgesucht, da er »mit Kinderlein überfallen« sei[7]. Der alte Baubestand fordert häufig Kompromißlösungen.

Im allgemeinen ist zu konstatieren, daß die Enge der Ummauerung einem ausgedehnten Bauen hinderlich war, und daß der Wohlhabende also leichter ein Haus erwerben und umbauen, als einen Neubau auf frischen Grund setzen konnte. Die nach italienischem Vorbild gestalteten Vierflügelanlagen waren zwar das Ideal, konnten aber nur selten verwirklicht werden. Großbürger behalfen sich oft dadurch, daß sie zwei nebeneinanderliegende Giebelhäuser aufkauften und sie zu einem Haus mit traufseitigem Dach zusammenfaßten. Auf diese Weise konnten sie im Innern großzügige Umbauten vornehmen.

In Handelsmetropolen allerdings, etwa in Augsburg, Nürnberg, Köln, Frankfurt a. M., veranlaßte der zunehmende Wohlstand die Fernhandelskaufleute, ihrer wirtschaftlichen Potenz in repräsentativen *Neubauten* Ausdruck zu verleihen.

Für das Innere waren dann vor allem bequemere, breite Treppen vorgesehen. Die Wendeltreppen verschwanden oft zugunsten gradläufiger Aufgänge, die sich aus der Halle des Erdgeschosses aufschwangen. Es wurden aber auch eigene Treppentürme angebaut, und manche davon sind wahre Schmuckstücke.

Je nach Gunst der politischen Lage, des Verschontseins von Kriegen oder wirtschaftlichen Depressionen konnte sich eine Kommune Neubauten leisten oder nicht.

Im Norden erlebten um diese Zeit die Städte Flensburg und Husum große Prosperität unter dem König von Dänemark. Von der hochwassergeschützten Hauptstraße bis hinab zum Hafen reichten die Grundstücke der Großkaufleute in Flensburg, die sie im 16. Jahrhundert bauten und für differenzierte Wohnbedürfnisse einrichten ließen.

Wilhelm Hansen weist die Zusammenhänge zwischen wirtschaftlicher Hochkonjunktur und dem Aufblühen der Künste am Bürgerhaus im Bereich der sogenannten Weser-Renaissance nach, die zu überwuchernden Zierformen am und im Haus führte[8]. Doch erschöpfen sich all diese reichen Schnitzarbeiten nicht im Dekorativen, sondern sind »Demonstration einer Gesinnung, einer Lebensauffassung, eines Bekenntnisses zur christlichen Religion, zu den Bildungswerten des Humanismus, zu den neuen Tendenzen der Renaissance«[9].

In Regensburg dagegen, einer im Mittelalter reichen und bedeutenden Stadt, stagnierte das wirtschaftliche Wachstum im 16. Jahrhundert, so daß vielfach die mittelalterlichen Häuser beibehalten wurden.

Die günstige Straßenverbindung zwischen Nord und Süd wirkte wiederum positiv auf das Gedeihen der Stadt Augsburg.

Ähnlich erging es der schlesischen Großstadt Breslau, deren Kaufleute rege Beziehungen zu Italien pflegten. Am Ring wurde eine ganze Reihe früher Renaissance-Bauten errichtet, deren Dekoration (antike Waffen, Medaillons mit römischen Köpfen u. a.) diese Kontakte der Bürger verrieten. Zu den schlesischen Städten, deren Handelsbeziehungen gerade um diese Zeit zu frühkapitalistischen Großbetrieben führten, gehörte auch Görlitz, das um 1530 10600 Köpfe zählte und vor allem durch Tuchexporte und Brauwesen glänzte[10].

Das norddeutsche Wohndielenhaus

Die norddeutschen Küstenstädte waren seit der Spätgotik auf Handel eingerichtet. Sowohl in der Bauweise als auch in der Inneneinrichtung ist im 16. Jahrhundert ein weit nach Osten reichender *Einfluß Hollands* zu spüren. In großer Zahl wanderten niederländische Protestanten, darunter Handwerker und Künstler, in das durch Handel und Gesinnung verwandte Danzig aus, wie z. B. Vredemann de Vries und Antony van Ohbergen aus Mecheln. Auch Hamburg nahm die von den Spaniern unter Herzog Alba verfolgten Holländer in der zweiten Hälfte des 16. Jahrhunderts auf. Auf diesen Einfluß geht u. a. die Verwendung der blau bemalten Fliesen auf weißem Grund an den Wänden der Diele zurück. Der eigentliche Wohnraum war auch bei großen Häusern vergleichsweise gering, während vier bis fünf geräumige Speicher übereinander unter dem Giebel Platz fanden.

In der zweigeschossigen Diele war nun allgemein zumindest eine Wohnstube ausgebaut. Nach dem Hof zu entstanden kleinere Kammern, und auch die Zwischengeschosse benützte man gerne als Schlafkammern für Dienstboten. Solche Nebenkammern waren viel niederer und auch wärmer als die Diele. Oft findet man zwei kleine Räume übereinandergebaut, der obere von der Treppe her zugänglich. Es bildete sich also zu Beginn der Neuzeit das Wohndielenhaus heraus, und schließlich das Flurhaus mit vielen Kleinräumen, eine Annäherung an mittel- bzw. süddeutsche Wohnformen.

In die Diele wurde im 16. und 17. Jahrhundert die Winde verlegt, die bisher am Giebel außen angebracht war; sie verbindet den Handelsraum im Erdgeschoß mit den Lagerge-

Fig. 10 *Grundriß (Erdgeschoß) eines Kaufherrenhauses in Danzig, erbaut 1569: große Diele mit rückwärtigem Treppenaufgang, dahinter Kontor; im Hof schmale Flügelanlage, wie sie für Norddeutschland typisch war. (nach Hauke, Ost- und Westpreußen, Abb. 143)*

schossen im Dachraum. Hin und wieder finden sich solche *Aufzugsanlagen* heute noch in den Hansestädten, z.B. in Hamburg und Bremen (Abb. 52). In Güstrow/Mecklenburg hat es sie in Renaissance-Häusern in größerer Anzahl noch bis zum Ende des 19. Jahrhunderts gegeben. Manche reichten vom Keller bis zu den Dachböden. Diese Aufzüge, auch in Lübeck (Mengstraße) noch erhalten, werden folgendermaßen beschrieben: »Durch eine Kette oder einen Seilzug ohne Ende wird das Rad, das mit einer hölzernen Welle verbunden ist, in Umdrehung versetzt. Das Rad ist zwischen zwei oberen Kehlbalken mittels einer durchgehenden Eisenstange befestigt, an die im nächsten Sparrenfeld die hölzerne Welle angeschlossen ist. Auf dieser befindet sich das Seil mit dem Haken für die Lasten.«[11]

Die Hofräume wurden vielfach aufgestockt. Von Stralsund ist bekannt, daß für Wohnzwecke häufig ein zweigeschossiger *Flügel* nach hinten angesetzt wurde. Auch aus Bürger-

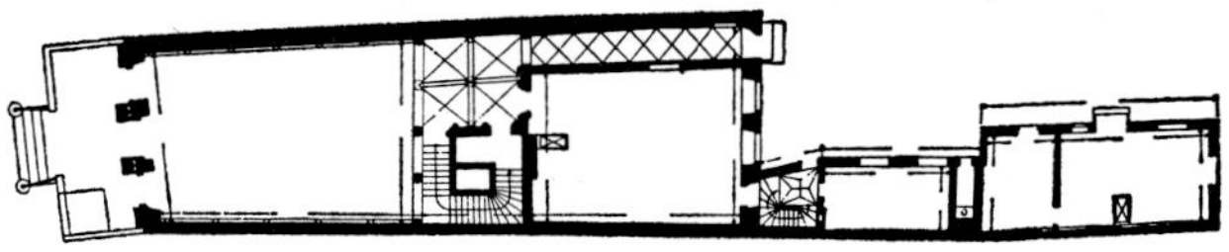

meister Sastrows Aufzeichnungen (s. S. 21) geht hervor, daß das Vorderhaus dem Erwerbsleben diente, während sich die eigentlichen Familienräume im Hinterhaus befanden[12].

Süddeutsches Haus

Im süddeutschen Raum wird das überlieferte Schema in der Regel beibehalten, so daß das Erdgeschoß ein ungeteilter, gewerblich genützter Raum ist, in dessen hinterem Teil eine Treppe nach oben führt. Im ersten Obergeschoß sind Stube, Ern (Flur) und Küche, im Giebel eventuell Kammern untergebracht. Diese Hauseinteilung trifft man heute noch – lokal variiert – in mehreren alten Städten Süddeutschlands und Österreichs an.

Vor allem bei *Kaufherrenhäusern* führte der allgemeine wirtschaftliche Aufschwung im 16. Jahrhundert zur Ausprägung großer Erdgeschoßhallen für Warenverkauf und Lagerung sowie repräsentativer Höfe.

Ein niederbayerisches Kleinstadthaus möge für das *Handwerkerhaus* als Beispiel stehen, das Dingolfinger Schlosserhaus (Abb. 7–9). Seit 1539 (bis 1972) sind als Eigentümer lückenlos Schlossermeister nachgewiesen – der Schlüssel als Hauszeichen spricht davon. Die Netzgewölbe im Erdgeschoß mit ihren Rippen und runden Schlußsteinen stammen noch aus der spätgotischen Erbauungszeit. Hier befand sich die Werkstätte. Eine steile Treppe führt im hinteren Mittelteil nach oben. Die Atmosphäre der Wohnstube im ersten Obergeschoß ist bestimmt durch die dunklen profilierten Deckenbalken und den Straßenerker aus dem 16. Jahrhundert. Eine Besonderheit der Bauweise ergab sich durch die Lage am Hang, so daß erst vom ersten Stock an Belichtung auch von rückwärts möglich war. Während das Haus im späten 16. Jahrhundert rundbogige Seitengiebel aufwies, kam im Barock ein zweites Obergeschoß hinzu, wobei man den alten Giebel übermauerte; dies wurde bei der Restaurierung in den 70er Jahren deutlich herausgearbeitet. Sehr gut lassen sich hier die verschiedenen Stadien des Weiterlebens im Wandel der Jahrhunderte an den einzelnen Geschossen und Räumen ablesen.

Bauliche Neuerungen

Bei den umbauten *Höfen* werden die Holzgalerien häufig durch steinerne Arkaden ersetzt, die sich an den Innenhöfen der italienischen Palazzi orientieren (Abb. 31–33). So verwendet man in Wasserburg am Inn im 16. Jahrhundert statt der schlichten Holzsäulenkonstruktion zierliche Säulen aus Naturstein. Wo infolge von Platzmangel die tiefen dunklen Häuser nicht durch Höfe erhellt werden können, schafft man Lichtschächte (Abb. 34) oder zumindest kleine Öffnungen zur Lüftung im Treppenhaus, die dann mit einem Eisenrost abgedeckt werden. Man findet solche in vielen Inn- und Donau-Städten, in Nord- und Südtirol, z.B. in Innsbruck, Rattenberg, Sterzing, Krems.

Bei Neubauten wurde das Hofmotiv besonders ausgekostet. Patrizier ließen hier gerne ihren ganzen Reichtum spielen. Ihr Stadthaus führte häufig die Bezeichnung »Hof« (in der alten Bedeutung »Gehöft«, »Fürstenhaus«). So besaßen z.B. die Glauburgs zu Frankfurt a.M. u.a. den Augsburger Hof, den Clesener Hof, den Junghof, Anteile am Nürnberger Hof[13].

Es ist anzunehmen, daß man die Schönheit und Geräumigkeit dieser Höfe nicht nur den Gästen vorführte, die mit ihren Wagen einfuhren, sondern daß sie – nach dem Vorbild südlicher Länder – auch Wohnfunktionen, zumindest im Sommer, übernahmen: Hier konnten die Kinder ungefährdet spielen, Mädchen und Frauen mit ihresgleichen zusammensitzen. Sicher fehlte es – neben mancherlei Ornament in Holz und Stein – auch nicht an Blumenschmuck. Da um die Höfe herum Waschraum, Wagen- und Holzschuppen, gegebenenfalls Stallungen für Pferde und Kleintiere lagen, spielte sich hier vermutlich ein lebhaftes Treiben ab.

Nicht nur das Haus allein diente den Bedürfnissen des Wohnens, sondern ebenso die nach rückwärts gelegenen *Terrassen und Gärten*. Kunstvolle Gebilde mit Teichen und kleinen burgartigen Gebäuden schuf man in diesen Anlagen. 1529 wird von einem Stettiner Bürger berichtet, der sich solche Modernität leisten konnte: Er »hette darin einen schönen Carpenteich, und hart daran ein Borch gebawt; auf dieselb stich man inwendig; uber der Treppen was die luke, die man zuschlyssen konte«[14]. Beträchtliches Aufsehen erregte ein reicher Bürger in Elbing, Michael Friedwald, der auf großen

Joachim Brandis (1553–1609), Bürgermeister von Hildesheim, notiert in Lüneburg: Das Witzendorpsche Haus ist so, »dat sich des ein Fürste nicht schemen droifte ...«; die Gemächer sind prächtig ausgestattet, »... is idel [eitel] ingelechte Arbeit«.
(Schramm, Generationen, S. 29)

Der ostpreußische Chronist Caspar Hennenberger schreibt 1595 über Danzig: Am Markte herum ... gibt es Häuser in Marmor-, Stein- und Ziegelbau, die sich durch Säulen, Statuen und Figuren, farbige Ausmalungen und Inschriften, durch schöne Kamine und Öfen, Parkettfußböden und getäfelte Plafonds, die aus kleinen Stücken verschiedener Hölzer zusammengesetzt sind, durch hochelegante Tische, Stühle, Teppiche, Vasen und sonstige Gebrauchsgegenstände auszeichnen.
(nach Hauke S. 117)

Konrad v. Hövelen aus Lübeck berichtet 1668 über Hamburger Kaufherrenhäuser: ... die inwendig auf das bekwämligste mit Zimmern zur Genüge versehen, und auf das reinligste mit Bildern, Gemälden, Snizwärken, Armleuchtren usw. sich schauen lassen mügen ... und nicht nur Tische, Schreine, Laden, Stüle besondren auch Tafelböden so mit weissen, schwarzen und anderen schöngefärbigten Steinen befloret ohne Staub behalten ...
(nach Meier-Oberist S. 153)

Augsburg, 1587:
Sebald Welser bestellt Teppiche in Brüssel und rechnet im selben Jahr mit einer italienischen Firma über 27 Teppiche im Wert von 838 Gulden ab.
(v. Pölnitz, Katalog Nr. 357)

Reisen einen neuen Lebensstil erfahren hatte und ihn zu Beginn der 70er Jahre nach dem Ostseestädtchen übertrug: Er baute ein modernes Landhaus, in dem als große Neuerung eine Badstube zu finden war, und das sich durch prächtige Gartenanlagen mit Teich auszeichnete[15].
In Bayern und Tirol kommt als eigentlicher Fassadenschmuck der *Erker* hinzu (Abb. 36, 38), der hin und wieder aus dem Chor einer früheren Hauskapelle entsteht. Er tritt ein weniges – 50 bis 100 cm – aus der Front hervor. Für den Innenraum bedeutet er eine ausgezeichnete Lichtquelle: In der Wohnstube gab er dem mit zwei Steinsitzen versehenen Platz für die handarbeitende Hausherrin ab, die von hier aus einen Zugang zum Draußen hatte, eine willkommene Möglichkeit, bei aller Zurückgezogenheit und Geborgenheit in den eigenen Wänden dennoch am Leben der Stadt teilzunehmen. Der Erker – meist ein kunstvoll ausgestatteter Raum im Raum – diente also praktischen Zwecken und zugleich der weiblichen Neugierde und Beobachtungsfreude. Seine einseitige Durchlässigkeit (Butzenscheiben!) ermöglichte das Sehen ohne Gesehenwerden. In Augsburg kam es im 16. Jahrhundert zu einer besonders schmuckvollen Ausbildung von Erkern in Polygonalform. Sie liegen häufig asymmetrisch, an die Hausecke gerückt, und reichen über mehrere Stockwerke.
Oft konnte ohne eine Änderung im Wandgefüge eine zeitgemäße Erneuerung durchgeführt werden, wie es besonders eindrucksvoll bei alten Häusern in Lindau am Bodensee geschehen ist: Die ab 1300 einsetzende Blütezeit der Stadt hatte mächtige Häuser auf der Insel im Bodensee entstehen lassen. Kennzeichnend für sie sind die steingefaßten Fensterreihen der Fassaden (Hauptstraße, Cramergasse, Ludwigstraße), die man z. B. auch in Konstanz und Schweizer Oberrheinstädten antrifft: sie sind an das gotische Fachwerk gebunden. Aus konstruktiven Gründen mußte man, wenn man die Achsen – dem Harmonisierungsbestreben der Renaissance entsprechend – symmetrisch verteilen wollte, die Mauerlast durch eine Verstärkung im Innern abfangen. Es entstanden jene kräftigen und meist sehr schönen *Fenstersäulen* (Abb. 74–77), die den Lindauer Wohnstuben ihren besonderen Reiz geben.
»Wo aber im Übergang vom Holzbau zum Steinbau an die Stelle der wandbündigen Holzstützen nun Fensterpfeiler und Fenstersäulen als eigene Bauglieder traten, erwiesen sich eben diese Glieder als geeignet, zeitlichen Stilwillen zu vertreten. So sind in Lindau diese Pfeiler und Säulen im Innern der Stuben ein besonderes, wenn auch von außen schwer zu erkennendes Merkmal der Bürgerhäuser geworden. Ihre spielerische Pflege bot Gelegenheit, ohne viel Aufhebens nach außen hin an dem immer reizvollen Zauber stilistischer Wandlung teilzunehmen.«[16]
Diese Stützen – ab 1660 ging man wieder zur Pfeilergestaltung über – entwickelten sich zu beherrschenden Schmuckelementen, die sich zwischen die durch Steingewände gekuppelten Fenster schoben. Nach 1951 zählte man in der Lindauer Altstadt noch 99 solcher Säulen und 69 Pfeiler[17].
Fensterpfeiler im Innern sind nicht auf den Bodenseeraum beschränkt. Man kennt sie auch in Straßburg, Mainz, Trier, Koblenz und – phantasievoll ausgebildet – in Köln.
»Bis ins 17. Jahrhundert hinein sind diese Fensterpfeiler in Köln üblich, und zwar besonders in dem Erdgeschoß- und Obergeschoßsaal und in dem zur Straße zu gelegenen Zwischengeschoßstübchen, welche Räume dadurch wie durch anderes als die bevorzugten Wohnräume charakterisiert sind.«[18]
Den Ausbauten im Hofraum entsprachen verschiedene *Vorbauten* gegen die Straße. Wie die Erker im Süden des deutschen Sprachraums eine Erweiterung des Wohnraumes bedeuten, so im Norden die sogenannten *Utluchten* bzw. *Beischläge*. Letztere waren vor allem in Ost- und Westpreußen üblich: Holztreppen – später auch Steinvorbauten (Fig. 24) – mit erweitertem Podest zum Sitzen oder auch kleinen Werkstattbuden wurden zur Straße hin vorgebaut, oft so weit, daß der Stadtrat mit Verboten einschreiten mußte[19]. Auch die Utluchten, erkerartige, geschlossene Vorbauten, die Erd- und Obergeschoß umfaßten, durften nur eine gewisse Tiefe haben. Wie diese stellten die *Lauben*, die in vielen Städten Süd- und Mitteldeutschlands erst aus Holz, dann aus Stein errichtet wurden, die Verbindung des Hauses zur Straße her. Manche Laubengänge sind noch aus dem Mittelalter erhalten. Vor allem in den schlesischen Städten (Beuthen, Mittelwalde, Hirschberg u. a.) gehörten sie zum Straßenbild. Sie fungierten auch als von jedermann unverbindlich zu betretende Verkaufsräume des Kleinhandels.
Die *Läden* waren zu jener Zeit noch das, was der Name besagt: hölzerne Klappen vor den Fenstern. Da die Handwerker meistens auf Bestellung arbeiteten, benötigten sie nur wenig Ausstellungs- und Verkaufsraum. Das Handwerkszeichen über der Tür genügte, dem Kunden die Werkstatt eines Meisters anzuzeigen. Doch kam es mit der Zeit dahin, daß man besonders schöne, ins Auge fallende Stücke den Passanten vorweisen wollte. Auch war es bei einigen Handwerkern, z. B. bei den Bäckern, günstiger, kleinere Verkaufsobjekte dem Käufer aus dem Fenster zu reichen, so daß er das Haus nicht betreten mußte. Die Verkaufsfenster verliefen mit der Hausfront gleich oder sprangen ein wenig vor. Man kennt z. B. aus Frankfurt a. M. Verordnungen, die besagen, daß die Klappläden nur $1^1/_2$ Werkschuh (das sind 42 cm) vorstehen durften[20]. Frankfurt besaß noch vor dem Zweiten Weltkrieg die berühmten Schirnhäuser am Alten Markt (um 1500 erbaut), die nach vorne durch drei mächtige Eichenholzsäulen laubenartig geöffnet waren. Darunter standen einst die »Schirnen«, also Fleischbänke und Brottische. Ähnlich lagen die Verhältnisse bei den sogenannten

Scharnhäusern zwischen Bender- und Saalgasse: die Ladentische standen unter einem Wetterdach; Holzläden konnten nach oben und nach unten geklappt werden. Im oberen Drittel dieser Anlage war ein luftdurchlässiges Holzgitter (»Gerämse«) angebracht[21].

Heinrich Heine kannte sie noch (um 1800) und schildert sie in der Erzählung »Der Rabbi von Bacherach« (1824): »... die Häuser, wie überall in Frankfurt, waren ganz besonders zum Handel eingerichtet: im Erdgeschosse keine Fenster, sondern lauter offne Bogentüren, so daß man tief hineinschauen und jeder Vorübergehende die ausgestellten Waren deutlich betrachten konnte.«[22]

Ähnlich wie in Frankfurt a.M. vollzog sich der Ausbau der Erdgeschoßhallen und der Ladeneinbau in ganz Hessen. Für Marburg liegen genauere Untersuchungen vor: »Die Auflösung der Erdgeschoßwand beim Marburger Haus beobachten wir wohl in der Folge bei allen Handwerkerhäusern bis an das Ende des 16. Jhs., weil die Erdgeschosse den Handwerkern, den Kaufleuten als Geschäftsräume, die Arkaden aber für die Schaustellung der Waren, als Verkaufsauslagen dienten.«[23]

Von Kölner Verkaufsläden wird berichtet: »Ihr äußeres Zeichen waren die vor den Fenstern aufgehängten Körbe, wie sie mit 1/2 Fuß Ausladung 1556 den Nachbarn am Buttermarkt zugestanden wurden, oder die zum Schutz der Auslagen gegen Wetter und Sonne angebrachten Schirme, von denen 1558 der des Sixtus und Hilden angefochten wurde, weil er dem Nachbarhause das Gesicht nehme. Die Auslagen der Gewerbe standen auf Bänken unter den gedeckten Gängen und im Schutz der Überhänge der Fachwerkbauten und der über den Erdgeschossen angebrachten Schutzdächer...«[24]

Solche Läden sieht man meist nur noch auf alten Stichen und Gemälden oder auf frühen Fotos. Das Cavazzen-Museum in Lindau z.B. besitzt ein großes Stadtgemälde von Antoni Renn (1579), auf dem zahlreiche vorgebaute Läden unter Vordächern festgehalten sind, die um 1800 schon verschwunden waren[25].

Stuben

Wenden wir uns nun den Inneneinrichtungen der anderen Räume zu, vor allem der Wohnstuben. Nach wie vor nahm die *Wandvertäfelung* die unteren zwei Drittel der Stube ein. Sie war besonders in Norddeutschland auch in den wenig wohlhabenden Schichten üblich, freilich weit zurückhaltender in der Verzierung – oft nur mit einfacher Zahnleiste am Sims – und einfacher im Holz. Sie gehörte zum Haus und durfte z.B. auch beim Verkauf nicht entfernt werden. So ist von einem Tischlermeister Hans Bötker aus Wilster überliefert, daß er höchst unwillig darauf reagierte, als der Verkäufer das »panehl in der stuben« herausnehmen wollte; dies galt ihm sogar als Grund, vom Hauskauf zurückzutreten (Urkunde vom 28. Januar 1621)[26]. Nicht alle Kammern des Hauses waren mit Holz verkleidet, sondern – wie die Stuben einfacher Leute – nur gekalkt.

Bürger, die auf der Höhe ihrer Zeit standen oder stehen wollten, ließen sich von der »Moderne« anregen: Seit etwa 1500 wurden in den hochbürgerlichen Schichten prunkvolle Vertäfelungen bevorzugt, zu denen u.a. das kostbare Holz der ungarischen Esche, die in ihrer rotbraunen Farbe einen warmen Eindruck vermittelt, verwendet wurde. In die gotischen Formen wurden Elemente der italienischen Renaissance mit hineinkomponiert: ausgeprägte Gesimse, Lisenen, Pilaster, Konsolen, Rosetten, vorgesetzte Säulen, Halbbogen und Dreiecksbekrönungen. Szenen aus der antiken Mythologie mischen sich mit biblischen, weltliche mit religiösen Motiven. Möbel und Vertäfelung unterliegen einer gemeinsamen Gestaltung bzw. verschmelzen im Wandgefüge, das in den Tür- und Fensterrahmungen besondere Höhepunkte erfährt. Auf klare Proportionen und durchdachte Wandgliederung wird Wert gelegt.

Fig. 11 *Allzweckstube, Petrarcameister, Augsburg 1523: Der Hausherr gibt Anweisungen, die Kinder spielen, werden gefüttert und beaufsichtigt, Frauen verrichten ihr Tagwerk; im Hintergrund rechts ein Bett.*

Große Aufmerksamkeit wurde den eingebauten *Waschgelegenheiten* geschenkt: Die Wasserblase und das Becken – zumeist in Zinn gearbeitet – sind durch Vorbauten und umgebende architektonische Elemente dekorativ betont (Abb. 70), z.B. durch Muschelabschluß nach oben. Ebenso wie für Waschanlagen werden auch für Figuren Nischen in der Vertäfelung geschaffen.

Die Renaissance-*Ornamentik* drang nicht nur durch Italienbesucher, durch wandernde Künstler und Handwerker in die deutschen Stuben ein, sondern vor allem durch die Verbreitung von Vorlageblättern und sogenannter Säulenbücher, die mit Holzschnitten oder Kupferstichen versehen waren und Anweisungen für die Gestaltung der Außen- und Innenarchitektur boten. Derartige Entwurfshilfen kennt man u.a. von den Nürnberger Meistern Albrecht Dürer und Peter Flötner sowie von den im alemannischen Raum wirkenden Meistern Daniel Hopfer und den Monogrammisten HS sowie HG. Der Maler Wendel Dietterlin veröffentlichte

A. Dürer begründet in seiner »Unterweisung des Menschen« 1528 seine Anweisungen »Von den Säulen«:

So ich aber itzo fürnimm, ein Säulen oder zwo, lehren zu machen für die jungen Gesellen, sich darin zu üben, so bedenk ich der Deutschen Gemüt, dann gewöhnlich alle, die etwas Neues bauen wöllen, wollen auch geren ein neue Fatzon haben, die vor nie gesehen wär. Darum will ich etwas anders machen, daraus nehm ein idlicher, was ihm gefall, und mach nach seinem Willen. Ich will auch anzeigen, waraus die Zierd des Hobels und Drehwerks gemacht mügen werden, und Ursachen weisen, wo man sie größer und kleiner brauchen soll, diese Zierden treffen die geraden und runden oder krumme Ding an ... Diese Ding setz ich nit darum daher, daß man sie also muß machen, sunder daß etwas daraus genummen und ein idlicher vermahnt mag werden, was Weiters und Fremdes zu finden; dann in den Teilen ist nit ein Ding allein gut, sunder viel Ding sind gut, wer sie weiß zu machen, darum muß man darnach suchen, wie dann der hochberühmt Vitruuius und ander gesucht haben, und gut Ding gefunden, aber darmit ist nie aufgehaden, daß nit anders, das auch gut sei, gefunden müg werden, und sunderlich in den Dingen, die nit bewiesen mügen werden, daß sie aufs best gemacht sind. Nun will ich das Kaptell auf das schlechtest beschreiben, und mich in viel Dingen bloß der Vierung gebrauchen ahn alle Zierd, doch müssen darnach die Zierd darein gemacht werden, sunderlich so ein Werk groß ist, mag man ein fassen hohlkehlen Stab und alle andre Ding idlichs sunderlich zieren, und etwas Hübsch daraufsetzen oder darein schneiden, tu ihm also ... (S. 270 f.)

Lübeck, Tradition des 16. Jahrhunderts: Die aus Eichen-, Linden-, Nußbaum- und Ulmenholz bestehende Wandtäfelung zeigt unten eine korinthische Halbsäulenarchitektur mit reichen Schnitzereien, darüber ein von Atlanten und Karyatiden getragenes, reich dekoriertes Gebälk. Zwischen den unteren Säulen sind Arkaden eingefügt mit kräftig vortretenden Aufsätzen, darüber eingelassene Alabasterreliefs. Den oberen Teil der Wände schmücken Gemälde in Goldrahmen, und eine Decke aus reich kassettiertem Balkenwerk mit feinen Schnitzereien schließt den prunkvollen, vornehmen Raum ab.
(Erbe S. 64 f.)

Ende des Jahrhunderts seine phantastischen Entwürfe architektonisch bestimmter Raumornamentik.
Im Norden machte vor allem der Westfale Heinrich Aldegrever mit den antiken Zierelementen bekannt. Es darf nicht verwundern, daß Möbel und Hausrat auf diese Weise im Norden und im Süden ähnlichen Dekorationsprinzipien gehorchen, wenngleich immer noch genügend lokale Typen und persönliche Freiheit der Fertigung zu unterscheiden sind[27].
Auf den Gesimsen der Wandverkleidungen waren Teller, Vasen, Scherzgefäße u.a. aus Metall oder Ton aufgestellt. Auf einigen Bildquellen erkennt man auch Tafelbilder, meist Porträts, die darüber hängen oder in die Vertäfelung mit einbezogen sind (Abb. 56).
»Rund umher schöne gemalte Contrafeitungen«, werden einem Saal in Köln 1586 zugeschrieben. Im Hause Rink zieren die Wände religiöse Motive, Porträts von Familienmitgliedern, von Erasmus von Rotterdam, von Kaiser und König sowie vom französischen König Franz I. und ihren Frauen, ein Schlachtschiff, die Darstellung von Segelschiffen und einer Schmiede[28].
Einbezogen in das Raumprogramm sind oft auch Kästen, Truhen und Schränke. Maler und Schreiner bzw. Innenarchitekten arbeiten nach einem gemeinsamen Plan, das Einzelstück hat immer auch eine raumdekorierende Funktion[29].
Der *Kamin* bedeutet einen wesentlichen Blickfang. Kostbare Fayencen, Zinn- oder Silbergefäße, gelegentlich auch schon Uhren, finden auf den ausladenden Simsen Platz. Sogenannte Kamingarnituren (»garniture de chemin«) werden Mode. Auch hier – wie an den Türen und Wandornamenten – erinnern Karyatiden, Grotesken und Atlanten an den antiken Hintergrund.
Die Verglasung der *Fenster* wird nun allgemein üblich. Im Norden Deutschlands führt der Brauch des Fensterbiers (Einladung zur Feier des Neubaus, wobei die Gäste je ein buntes Fenster stiften) zu schmuckvoller Ausgestaltung.
Aus Patrizierhaushalten sind Aufzeichnungen über kostspielige Verglasungen erhalten. So ließen die Tucher in Nürnberg z.B. 1516 von dem berühmten Glasmaler Veit Hirschvogel an der Gartenfront 62 Scheiben einsetzen[30].
Im reichen Köln, wo schon ab der Mitte des 14. Jahrhunderts Glasfenster in Privathäusern erwähnt sind, waren Glasmalereien mit leuchtenden Farben keine Seltenheit mehr. Auswärtige Gäste schenkten gern Wappenscheiben, die mit Widmungssprüchen versehen waren[31].
Als eines der prächtigsten Beispiele derartiger Raumausstattung gilt der von Peter Flötner (gest. 1547) geschaffene Hirsvogelsaal in *Nürnberg,* der die Formelemente der italienischen Renaissance mit Souveränität handhabt (Abb. 53–55). Er wurde 1534 von dem Patrizier Leonhard Hirsvogel in Auftrag gegeben (heute im Stadtmuseum Fembohaus eingebaut). Bei allem Reichtum an antiken Zierformen und Figurationen erweist sich die Gesamtkomposition von harmonischer Ausgewogenheit und schlichter Anmut, die ihresgleichen sucht.
Als Gegenstück zu diesem Saal, der geprägt ist von südlicher Eleganz, mag das Fredenhagensche Zimmer in *Lübeck* (heute: Haus der Kaufmannschaft) stehen (Abb. 71–73). Den Namen trägt es nach seinem Besitzer im 17. Jahrhundert, dem Ratsherrn Thomas Fredenhagen. Der Raum ist 1573–1585 von Hans Dreger für den Kaufmann Klaus von Berken gearbeitet worden. Schwerer ist der Prunk hier als bei der Nürnberger Vertäfelung, was allerdings auch ein Zeichen des Spätstils ist. Trotz des Reichtums an plastischer Schnitzerei, an Intarsien und vorgesetzten Architekturteilen bleibt die Gliederung stark und klar, von einschüchternder Wucht.
Überhaupt ist das norddeutsche Mobiliar wuchtiger und robuster als jenes der südlichen Zonen des deutschsprachigen Gebietes. Das hängt auch mit der hauptsächlich verwendeten Holzart, der Eiche, zusammen.
»O Zeitalter, o Wissenschaft! Es ist eine Lust zu leben!« soll Ulrich von Hutten zu Beginn des Jahrhunderts ausgerufen haben. Die wissenschaftsfreudige Zeit, in der Bürgersöhne sich auch für den Kaufmannsberuf oder für die Kommunalarbeit auf Universitäten vorbereiteten, in der Gelehrte in hohem Ansehen standen, führte auch zur Ausbildung eigener *Studienräume* und Gelehrtenzimmer (Fig. 12, Abb. 43). Nach der Erfindung der Buchdruckerkunst wuchs die Zahl der Bücher rasch an. Für sie mußte Platz geschaffen werden auf Wandborden oder in Bücherkästen. Schon die Illustrationen zu Sebastian Brants »Narrenschiff« von 1494 zeigen Schreibpulte und Bücherbretter, teils noch mit gotischen Ornamenten verziert. Auch der umgekehrte Fall ist in dieser Übergangszeit zu beobachten, nämlich daß die gotischen Grundformen der Möbel bleiben, während das antikisierende Ornamentdetail die Oberhand gewinnt. Als markantes Beispiel steht hier Dürers »Hieronimus im Gehäuse« (1514), in dem Charakteristika eines solchen Raumtyps des 16. Jahrhunderts festgehalten sind: der in seine Arbeit vertiefte Mann am Schreibpult, das dem Tisch aufliegt, eine wandfeste Bank mit Sitzkissen, eine Tischbank mit Lehne und Kissen, eine Truhe für Wertgegenstände, Wandborde mit Gefäßen. Das Licht fällt durch Butzenscheiben in ein fast gemütlich-intim anmutendes Studierstübchen. Diesen Eindruck der Intimität vermissen wir zumindest bei den größeren festlichen Räumen dieser Zeit: Die wuchtigen Möbel, die strenge Raumgliederung und das Vorherrschen des Architektonischen verhindern dies.

Mobiliar

Die *Truhen* (Kisten) bleiben auch im 16. Jahrhundert Hauptverwahrmöbel. Wenn sie nicht in der Stube Platz fin-

Fig. 12 *»Hieronimus im Gehäuse«, Kupferstich von Albrecht Dürer, 1514: eine charakteristische Gelehrtenstube der Zeit.*

Aus dem Nachlaß des Professors der Rechte Jost von Wilpurg, 1535:
... dennen [aus Tannenholz] taffel mit seinen schragen, darauf ein schreibletter [Pult] mit einem gruenen duch uebertzogen ... den letter aufgethan, darin funden ein roth lederen beudelgen ...
(nach Wurmbach S. 20)

Inventar des Faßbinders Conrad Jachert vom 18. Dezember 1582, Köln, Markmannsgasse:
Demnegst abgangen auf den Saal oder große Kammer und darauf befunden irstlich eine gesnitzelte Bedtstatt mit einer Bank, auf welcher Bedtstatt ein Bedt mit achtzehn Streifen und einem Polhen, zwei fedderen Kussen, ein alte Pelskur und eine alte Frankforder Schartz, noch an derselbigen Bedtstatt drei blauwe Kogler mit zwei iseren Roden, unders welcher Bedtstatt ein alter Renner leddig, noch ein eichene geschnitzelte Bedtstatt ... Item ein groen gemaelt aufschlagender Disch auf zweien Schragen. Item noch drei Benk und ein Lehnbank. Item noch in einem Schaff an der Wandt etliche kleine Weinpottger ... Noch in der Badtstuben einen langen Kessel und ein koepfern Becken. Und dieweil oben in den Gemachern keine Gueter mehr befunden, samenderhandt hinabgangen und erstlich mit der vurgenommenen Inventarisation auf der hangender Stuben vurgefahren und aldae befunden einen aufschlagenden dennen gefernigten Disch rondtumb mit eingelachtem Holtz und mit zween Schragen. Item ein Lehnbank, ein dennen Anrichtgen, darauf zwei Trisorskannen mit einem zinnen Lauver (Lavoir) und ein zinnen Becken und zwei Heiligentaeffeltger. Item noch ein hulßen Handtfaß mit seinem zinnen Zubehör, einer hulßen Rollen, darin man Handtücher hanget, und mitten in der vurß Kammeren ein koepfern Luchter mit zwelf Peiffen. Item acht oligsfarben Heiligentaeffellen an der Mauren hangendt. Item noch ein alt oligsfarben Heiligentaeffeltgen up einem Trisoer stehendt. Item eine große austreckende Taeffel mit eingelachtem Holtz und gefernist mit einem dennen Deckel. Item zwee kopfern Brandtrichtern mit isern Foeßen. Item ein Taeffel, daer man die Weinpfendt einzulagern pflegt. Noch ein Spillbredt mit seinen Scheiffen. Item noch sechsundfunfzig erden Pott, klein und groß.
(Vogts, Bd. 1, S. 662 f.)

den, stehen sie auf Gängen und Vorplätzen, in den Kammern oder in der Diele. Vielerlei Arten werden genannt: »geschnittene«, »eingelegte«, »bemalte«[32]. Sie sehen oft aus wie kleine Palazzi; die Betonung liegt bei der Frontgliederung und -verzierung.
Es mehren sich nun die großen, zweitürigen *Kleider- und Wäscheschränke,* im Norden meist aus massiver Eiche, gegen Ende des 16. Jahrhunderts zunehmend auch in Nußbaum gearbeitet. In großbürgerlichen Häusern der Hansestädte sind sie von monumentaler Wirkung. Sie stehen selten in den Stuben, fast immer auf der Diele. Ihre figurenreichen Schnitzereien – vorwiegend biblische Szenen – verraten französisch-niederländischen Einfluß[33].
Hervorragende Geltung eroberten sich um diese Zeit in den norddeutschen Handelsstädten die »*Kuntor*« (aus franz. comtoir = Zahl- und Rechentisch) genannten schrankartigen Möbel. In Hamburg gab es eigene »Kuntormacker«, die vor allem große Handelsherren mit ihren schmuckhaft gestalteten Stücken belieferten. Silber- und Ebenholzeinlagen waren nicht selten. Von den Bremer »Kuntors« wurde festgestellt, daß sie eine »gewisse möbelbauliche Verbindung von Tisch und Schrein oder Schapp darstellten, so daß sie gleichermaßen den drei wichtigsten kaufmännischen Obliegenheiten: dem Schreiben und Rechnen, dem Zählen und Wechseln von Geld sowie der Aufbewahrung von Münzen und Briefschaften zu dienen vermochten. Wir haben es also mit der Ur- und Vorform des sogenannten Schreibkabinetts oder Sekretärs zu tun ...«[34].
Die in Süddeutschland allmählich immer beliebter werdenden *Kabinettschränke* besaßen über einer großen Lade eine aufklappbare Platte, die auch als Tisch verwendet wurde. Während diese Kästen bei geschlossenem Zustand einen strengen Eindruck vermittelten, zeigten sie geöffnet ihre reiche Struktur: eine Fülle von Schubladen, zum Teil mit raffiniert angebrachten Geheimfächern und überraschenden Verschlüssen. Sie gaben den Liebhabereien (Münz-, Mineralien-, Kuriositätensammlungen, Spieluhren) sowie delikaten Briefen, Toilettenartikeln, Hausaltärchen usw. Raum. Solche Möbel sind in Altösterreich und Süddeutschland noch reichlich vorhanden und zeugen in ihrer Vielfalt von der phantasieanregenden Wirkung dieser Formerfindung. Ausburger Kunsthandwerker schufen wahre Wunderwerke der Fassadentischlerei mit Scheinarchitekturen in Kleinformat und Intarsienschreinerei. Nur Großbürger konnten sich derartige Modemöbel leisten[35].
Man findet die neuen Elemente besonders auch an dem zu seiner Höchstform reifenden Möbeltyp, der *Kredenz* oder dem *Buffet.* Der Lust an Festlichkeiten, an geselligen Zusammenkünften mit Tafeleien, entsprach das Bedürfnis nach dem Zurschaustellen des Besitzes. Es genügte nicht, auf den Gesimsen über der Wandvertäfelung und den Kaminen prunkvolle Gefäße vorzuweisen, man baute wahre Schauwände auf. Sie wurden mindestens bis zur Höhe der Vertäfelung hochgezogen. Besonders viele Speisengeräte und zusätzliche (unbenützte) Schaustücke konnten sie fassen, wenn sie dreistufig aufgebaut waren, wie zum Beispiel das Buffet des Züricher Juristen Johannes Waser[36].
Bei der Ausstattung der Wohnungen mit Stühlen zeigt sich der Gesinnungswandel, der sich vom Mittelalter zur Neuzeit vollzog, sehr deutlich. In der ersten Hälfte des 16. Jahrhunderts sind Stühle selbst in gehobenen Kreisen noch nicht die Regel. Erst dann erscheint neben den kommunikativen *Sitzmöbeln* (Wandbank, Truhenbank) auch der Individualsitz mehr und mehr in den Haushalten; er war bisher besonders geehrten Personen vorbehalten geblieben. Bis zu zehn Stühle gibt es nun schon in besseren Häusern. Folgende Ty-

Fig. 13 *Festliche Gesellschaft an einer Kredenz (Buffet) mit gestuftem Aufbau; neben Speisen und Getränken prächtige Schaugefäße. Petrarcameister, Augsburg 1523.*

pen nennen die Kölner Testamente des 16. Jahrhunderts: »stoill«, »schragenstoill« (Klappstuhl mit und ohne Lehne), »strosessel«, »frauwenstoil« (mit drei Beinen, zum Spinnen bestimmt), »lenstoil«, »pratstoill« (eine Art Großvaterstuhl)[37].
Die Armstühle – in der Regel noch nicht mit fester Polsterung versehen – werden gelegentlich schon mit Leder oder Stoff bezogen. Viel Liebe und gutes Material wird in die aufgelegten Kissen investiert, von denen ein großer Haushalt bis zu 80 Stück aufweisen kann, die auf die verschiedenen Sitzmöbel verteilt werden.
Bei den *Tischen* ist von der Konstruktion her keine wesentliche Neuerung festzustellen. Freistehende, meist quadratische Wangen- oder Schragentische waren schon im 15. Jahrhundert von Italien übernommen worden. Die Stützen – senkrechte oder gekreuzte Bretter – sind immer seitlich angeordnet, wobei unter der Tischplatte ein Schubkasten sein kann. Tische, Stühle und Bänke werden weiterhin (wie in der Spätgotik) wandnah aufgestellt, wenn sie nicht zum Gebrauch (bei Gastmählern, zu bestimmten Arbeiten) weiter in den Raum hinein gestellt werden.
Das *Bett* war beweglich und konnte in allen Räumen stehen, wie aus Testamenten hervorgeht. Die spätmittelalterliche

Fig. 14 *Einfache Kammer mit Spannbett, Nachtgeschirr, Wandbrett und Leuchter. Holzschnitt 1521.*

»Bettstatt«, also ein hölzerner Kasten mit vier Stützen und Bretterboden oder das Baldachinbett, lebt noch weiter fort. Beim großbürgerlichen Bett dominiert die Architekturgliederung (Renaissance-Bögen, Pilaster, reliefierte Wappen usw.). Kostbarer werden vielerorts die Vorhänge, reicher die geschnitzten Verzierungen der Kopfteile und der umlaufenden Truhen. Im Landesmuseum für Kunst und Gewerbe in Münster steht ein Himmelbett von 1550, das aus einem Bürgerhaus (Prinzipalmarktstraße 41, sogenanntes Wiedertäuferbett) stammt und einen solch aufwendigen Typus verkörpert; das aus Eichenholz gefertigte Möbel ist mit grotesken Schnitzereien und Bemalung versehen.
Auf dem hölzernen Betthimmel verstaute man Körbe, Krüge, Schachteln. Oft sind die Betten sehr hoch und nur über

drei Stufen zu besteigen. Das hat seinen Grund vermutlich auch in der Einrichtung, unter das Bett ein »Rutschbett« (auch »renner«, »rolle bedtstetgin«, »tochterbeddstat«)[38] zu geben, das als Kinder- oder Gästebett benutzt wurde und tagsüber platzsparend aufbewahrt werden konnte.
Neben vielerlei Federbetten wurden in gehobenen Kreisen Zudecken aus Wolle, Pelz und Seide verwendet. Sehr geschätzt waren weiße spanische Schafwolldecken oder auch mit Flaum gefüllte Inlets, die farbig bezogen waren[39].
Manchmal stand in der Wohnstube noch eine Art Ruhebett, von der Konstruktion her meist ein Spannbett; man kann es einen Vorläufer der Chaiselongue nennen. Es war sehr nieder und weich, mit vielen Kissen ausgestattet und wird zu gelegentlichen Ruhepausen tagsüber gedient haben. In Basel nannte man es »Gutsche«, was vermutlich dem rheinisch-westfälischen »Kutze« (abgeleitet von franz. couchette) entspricht.
Ein Spannbett mit Gurten oder Seilen, die durch die Seitenwände der Bettlade gezogen wurden, darauf ein Strohsack gelegt, mußte in einfachen Häusern als nächtliche Liegestatt genügen. Eine Stange, an die man die Kleider hing (Kleiderrick) und ein Schemel: das war die sparsame Schlafkammerausstattung.

Fig. 15 *Küche mit aufgemauertem Herd, offenem Feuer und zahlreichen Küchengeräten. Holzschnitt von Jost Amman, häufig zu Illustrationen von Kochbüchern (16./17. Jh.) verwendet.*

Der Arzt und Universalgelehrte Hyppolit Guarinonius beklagt in seinem Werk »Grewel der Verwüstung menschlichen Geschlechts«, das um 1600 entstanden ist, daß die großen, allzuhohen Betten unbequem besonders für kranke Menschen und ihre Pfleger seien. Die Betten nehmen nach seiner Aussage oft die ganze Schlafkammer ein. In der aufgetürmten Masse von Kissen und Unterbetten könne man nur sitzen; sie seien hoch »wie ein Bollwerck ... das die Federn oben / wie die Wasser zusammenschlagen«[40]. Guarinonius sagt ferner aus, daß sich »Gutschen« häufig auch in den Stuben fänden, wo sie als normale Schlafstellen und auch für Kranke dienen, für die man große Wärme als besonders heilkräftig ansehe. Lebensgefährlich sei es, die Kranken direkt neben den Ofen zu betten, »das die Bettstatten zu negst / das Ofenglender gerüren«. Es komme vor, daß die Leute sogar »die Schlaffbethstatten / oder Gutschen hinder der Ofen Höll auffschlaghen« (also zwischen Ofen und Wand)[41].
Die Berichte des Guarinonius beleuchten die Wohnverhältnisse aus der Perspektive des Arztes – sein Wirkungskreis war zu dieser Zeit Hall in Tirol –, der wohlvertraut mit dem Leben der verschiedenen Bevölkerungsschichten ist. Das größte Übel, klagt er, seien die ungelüfteten Stuben, die »kleinen, engen, niedern Zimmer ... besonder wenn darzu vnordentlich vnd finster seyn / wie in vielen Stätten Teutschlands gemein ...«[42], in denen die »Unflätigen Leibs Dämpff« das gesamte physische und psychische Leben beeinflußten. Bei den meisten Menschen lägen die Verhältnisse im Winter so, daß die Kammern sehr kalt, die Stuben aber überhitzt und oft auch feucht seien, da man sie sehr naß zu putzen und obendrein die »Windeln in der Stuben [zu] waschen, beym Ofen auffhencken« pflegte[43].
Die *Küche* gilt für Guarinonius als der gesündeste Raum, weil durch das ständige Feuer die Krankheitskeime vertilgt würden. Die Kochstelle, die im Spätmittelalter vielerorts in einer nischenartigen Fortsetzung der Diele oder des Hausflurs bestanden hatte, war im 16. Jahrhundert in der Regel

Selb/Ofr., 1599:
Der Selber Förster Israel Gauger beschwert sich, daß »deß Wagners Lorentz Weinmann Heimligkeit, so in deß Försters Hoff geht, unnd wegen deß Gestancks unnd daß solche offen, sehr abscheulich unnd unleidlich ist«. »Ist ihm, dem Wagner auch aufferlegt worden, daß er soll ein tieffe Gruben machen lassen unnd die Heimligkeit mit Prettern verschlagen soll, sowohl auch jedesmalß zur rechten Zeit das Loch außfegen lassen.«
(StA Selb, Stadtbuch I. fol. 78)

Der Moralist Johannes Fischart, einer der fruchtbarsten Schriftsteller des 16. Jahrhunderts, in seinem »Ehezuchtbüchlein«:
Dan die weitläufigkeyt vnd der vberfluß inn eym Hauß macht drum nicht, das dieselbige haußhaltung besser ist, als die jenige, da eben genug zur Notwendigkeyt vorhanden ist ...
(Werke, Stuttgart 1894, S. 222)

Küchen-Inventar von Conrad Jachert, Köln, 1582:
... ein alte Kochbank mit zween Schaffern. Item ein rondt aufschlagendt Taeffeltgen mit einem Schaffgen ledig. Item ein dennen Siddel [Bank] und ein alte dennen Kistbank. Item einen großen scheiffen Schinkenkessel und ein groeß isernen Dupffen. Item ein groeße isern Roeste. Ein Bredt mit einem Broedtmetz. Item zwae glaeßern Fleschen, deren eine zerbrochen gewest. Item drei Siburgsche Kruchen, klein und groß. Item ein schwartzer Haall mit drei Gehengen. Item ein graeß isern Dreifoeß, einen halben Hoedt Salz. Item noch im Schornstein befunden einundvierzig Stuck Geißenfleisch, klein und groß. Entlich noch etlich Zinnenwerk ...
(Vogts, Bd. 2, S. 663 f.)

Bei der Erbteilung einer Witwe in Wunsiedel
(Ofr.), die sich wieder verheiratet, 1559:
Was auf den gerichten Tisch gesetzt ist:
1 Tischtuch, 1 Handtuch, 1 Tischring, 2 zinnerne
Schüsseln, 1 zinnerne Platte, 6 zinnerne
Teller, 6 hölzerne Teller, 1 Maß Kandl,
2 Seidl-Kännelein, 2 Senfschüsselein, 1 Feim
Löffel.
In das gerichte Bett ist gelegt:
2 Peth, 1 klein Unterbettlein, 1 Polster, 2 Kiss,
2 flechserne Bettücher.
(StA Wunsiedel, Akt XX/123)

Nürnberg, Anfang 16. Jh.:
Es ghört vil hausratz zum haushalten
Wiltw es anderst recht verwalten
Den ich dir nach einander her
Erzelen wil doch ongefer
Erstlich in der stueben gedenck
Muest haben disch, sessel, stüel vnd penck
Panckpolster, kües, vnd Ein faulpet
giesKalter vnd ein kandel pret
Hantzwehel, dischduech schüesselring
Pfanholtz, löffel, deller, kuepferling
Krawsen, Engster ein pierglas
Kütrolff, drichter vnd saltzfas
Ein küelkessel, kandel vnd Flaschen
Ein pürsten gleser mit zw waschen
Lewchter, putscher vnd kertzen vil
schach, karten, würffel vnd pretspiel
Ein reisende vr, schirm vnd spiegel
Ein schreibzewg, dinte, papir vnd siegel
Die wibl vnd andre püecher mer
Zw kurtzweil vnd sitlicher ler
Darnach in die kuechen verfüeg
Kessel, pfannen, hefen vnd krüeg
Drifus pratspies gros vnd klein
Ein rost vnd pretter mus da sein …
(Hans Sachs S. 2)

schon ein abgeschlossener Raum. Der steinerne Herd von geringer Höhe nahm den meisten Platz ein. Über ihm erhob sich der trichterförmige Rauchfang, aus dem in nördlichen Gebieten Kesselhaken und Kette zur Befestigung der Kochgeräte hingen, während im Süden ein schwenkbarer Arm den Dienst als Kesselhalter versah. Selten hatten die rauchgeschwärzten Küchen direktes Licht. Rauch und Hitze vom offenen Feuer mußten in Kauf genommen werden. Am Herdgeschirr und der sonstigen Ausstattung änderte sich Jahrhunderte hindurch wenig, wie ein Vergleich der Inventare ergibt.

Belebte Räume

Wenn wir die Einrichtungen der Wohnräume dieser Zeit betrachten – d. h. das, was von ihnen erhalten ist, und das sind in erster Linie großbürgerliche Prunkmöbel – so sind wir geneigt, den Stil dieser Zeit (kunstgeschichtlich mit Renaissance und Manierismus gefaßt) als unpersönlich und repräsentativ, somit als unwohnlich zu bezeichnen. Wir sollten uns jedoch vor solchen Wertungen hüten, indem wir eine einzelne Quellengruppe zu allgemeinen Aussagen heranziehen, da doch die Vergleichsbasis sehr gering ist, und das gilt sowohl für das einzelne Haus als für die Häuser in ihrer sozialen Differenziertheit. Es gab ja nicht nur Säle mit großen Tafeln, repräsentative Hallen und Aufgänge: Der *Prunk* der Renaissance war immer begleitet vom Streben nach *Bequemlichkeit* und zweckbetonten Formen. Die zunehmende Liebe zum Erker spricht für das Bedürfnis nach stillem Tun, und auch die Studierstube trägt den Charakter von Zurückgezogenheit und Intimität. Es gibt auch wohnliche Kammern und gemütliche Winkel in den Häusern des 16. Jahrhunderts. Wie Systole und Diastole bedingen sich im Großbürgerhaus die beiden Raumtypen und ihre Einrichtung: Orte öffentlicher Bestimmung und Orte persönlicher Zurückgezogenheit. Die Stimmung des Intimen schwingt durch Darstellungen wie Dürers »Hieronimus« oder die Kinderstube des Petrarcameisters, während die Offenheit, das Fenster zur Welt, die Freude am Selbstwert und seiner Beachtung durch andere in Bildern wie z. B. in der Tafelrunde des Jobst Tetzel (Abb. 60) Ausdruck findet. Beides ist charakteristisch für diese Zeit und ihre Menschen: Luthers einsame Zelle und sein öffentliches Auftreten, die Gelehrtenstube der stillen Versenkung und die »Dissertatio«, der stete Handwerksfleiß und die Schaustellung des schönen Besitzes.

Und dann bleibt zu erinnern an die nicht überlieferte Einrichtung, an die zu Gebrauchszwecken bestimmten schlichten Gegenstände, von denen nur die wenigsten des Erhaltens für würdig erachtet wurden, die ohne besondere Zier ihren täglichen Dienst taten und mit ihren »Diensherren« früher oder später aus der Realität verschwanden. Ferner fehlen (besonders bei musealen Einrichtungen) *Ziergegenstände* aller Art, Bilder, Figuren und vielerlei persönliche Schmuckdinge (s. S. 26). Sie vervollständigten erst die Stube, gaben ihr Charme und Wärme. Wandbilder scheint es erst im 16. Jahrhundert in größerer Zahl bei Großbürgern gegeben zu haben, kleinere fromme Andachtsbilder sicher schon viel früher in allen Kreisen; nur wissen wir nicht, ob sie – allen sichtbar – an den Wänden oder an den Schranktüren befestigt waren. Die Untersuchungen der Kölner Bürgertestamente des 16. Jahrhunderts führten zu folgendem Ergebnis: »Zahlreich sind in Wohnstuben und Schlafkammern alle die kleinen religiösen Figuren und Bilder verteilt, wie wir sie noch heute im frommen Hause zu finden gewohnt sind. So steht hier eine Jesusstatuette, da eine heilige Anna und dort ›unser lieben frauwen bilde van houltz gemacht‹. Sie sind bunt gemalt oder mit einem seidenen Mantel geschmückt. Auf dem Tresor, auf der Kiste oder wo sie sonst Platz haben, stehen kleine, mit Heiligen oder Szenen aus dem Leben Jesu bemalte Holztafeln umher … Man hat auch Elfenbeintafeln und Metalltafeln mit Emailleschmuck und Vergoldung.«[44]

Guarinonius berichtet, daß bei vornehmen Bürgern Bilder mit mythologischen Motiven als Zimmerschmuck dienten, während bei einfachen Leuten sogenannte »Mahlbriefe« diesen Zweck erfüllten, das waren Einblattdrucke mit Szenen wie »Die zehn Lebensalter«[45].

Den Raumeindruck vervollständigen die vielerlei Behältnisse, die sich im gesamten Wohnbereich verteilten. Gefäße treten vom 16. Jahrhundert ab in größerer Typenvielfalt auf: Töpfe, Krüge, Schüsseln, Näpfe, Teller, Becher, Flaschen sowohl in Glas und Ton als auch in Zinn oder Holz (gedrechselte Schalen, Büchsen, Teller, kleine Daubengefäße)[46].

In norddeutschen Hansestädten konnten durch Bodenarchäologen zahlreiche Gefäße ergraben werden, die man aus zeitgenössischen Gemälden der Niederländer kennt, wie etwa Römer, Stengelglas, Metallgefäße, Leuchter, so daß der starke Einfluß Nordwesteuropas sich wiederum (s. S. 22) bestätigt.

Fässer mit Salz, eingelegtem Fleisch und Gemüse befanden sich im Keller, oft auch Essig- und Bierfässer sowie *Gerät* zum Hausbrauen. Schöpfgeräte und Waschbottiche (für Kleidung und Mensch) wurden in rückwärts gelegenen Nebenräumen aufbewahrt. In den Badstuben des 16. Jahrhunderts, die zwar mehrfach erwähnt, aber nirgendwo erhalten geblieben sind, befanden sich ein Ofen mit Kupferkessel, Badebecken bzw. -kufen sowie verschiedene Holznäpfe. Mannigfaltige Körbe, Geräte zum Bügeln (Steine, Eisen, Pressen) und zu anderen weiblichen Handarbeiten (Spinnen, Weben usw.) füllten die Räume.

All diese Gegenstände waren – wie die übrige Einrichtung – quantitativ und qualitativ dem sozialen Stand und der Vermögenslage des Bewohners angepaßt.

Das barocke Ensemble (17.–18. Jahrhundert)

Folgen des 30jährigen Krieges

Nur in wenigen Landstrichen Deutschlands ging die kulturelle Entwicklung in der ersten Hälfte des 17. Jahrhunderts ungebrochen ihren Gang. Schon hatte sich ein neuer Ansatz von Ideen und Gestalten gezeigt, als die Nacht jahrzehntelanger Zerstörung, Besatzung, Kontribution hereinbrach. Zerrüttung der politischen und wirtschaftlichen Verhältnisse, Dezimierung und Verarmung der Bevölkerung zeichneten sich um die Jahrhundertmitte ab. Auch wo die Städte selbst wenig gelitten hatten, wirkte sich doch die Heimsuchung des Hinterlandes verheerend aus wie z. B. in Bremen. Der Aufschwung der bürgerlichen Kultur und des Wohnwesens im vorangegangenen Jahrhundert war in vielen Gebieten Mitteleuropas gestoppt; es gab kaum noch ein wohlhabendes Bürgertum. Dessen politischer Einfluß war zugunsten der zahlreichen kleinen und großen Fürstenhöfe geschwunden. Doch war es zu allen Zeiten so, daß Katastrophen nicht nur negative Folgen hatten, sondern neue Impulse gaben und Kräfte freilegten, welche auch die Stadtentwicklung und mit ihr den Stil des Lebens und des Wohnens änderten und vorantrieben.
Fürstlicher Machtwille führte zur Gründung urbaner Zentren, die durch Vergünstigungen zahlreiche Neubürger herbeizogen. Nach einheitlichen Plänen wurden Straßen und Häuser angelegt, die Wohnungsstruktur nach zeitgemäßen Ansprüchen vorgegeben, so z. B. in Mannheim, Karlsruhe und Potsdam.

Adel als Vorbild

Beim Adel lagen zunächst alle Aktivitäten. Kein Wunder, daß die langsam sich wieder aufrichtenden Städter die inzwischen erbauten fürstlichen Schlösser vor den Mauern und die modernen Palais in ihnen zum Vorbild nahmen, daß adeliges Wohn- und Lebensverhalten richtungweisend auch für den Bürger wurde.
Die Einflüsse des neuen höfischen Lebens- und Kunststils kamen in Süddeutschland zunächst aus Italien. Nicht ohne Bedeutung war, daß die Gemahlin des bayerischen Kurfürsten, Adelheid von Savoyen, den italienischen Kunsthandwerkern Eintritt in Süddeutschland verschaffte. Mehr und mehr übernahm dann das glorreiche Frankreich die Führung.

Die Bauanlagen

Die neuen Prinzipien drangen mit politisch-ideologischer Wucht vor und wirkten sich auf die Anlage der Bauten, der Gärten, der Wohnungen aus (denn »L'état c'est moi!« hieß auch, daß der Thronsaal im Mittelpunkt des höfischen Lebens stand, daß alle anderen Räume sich zu ihm hinordnen mußten, daß jedes Zimmer, ja jedes Möbel und Zierstück, der Verherrlichung des Fürsten diente). Dies hatte in gewissem Sinne auch eine Vereinheitlichung, eine Ensemblebildung, zur Folge.
Dem Vorraum und den verbindenden Gängen kam nun – auch architektonisch und dekorativ – Bedeutung zu. Der prunkvolle Charakter der Aufgänge machte weite Eingangshallen nötig[1] – wie hätten sonst die schwingenden langen Roben der Damen zur Wirkung kommen, wie das würdige Schreiten der »Gesellschaft«, wie all die Empfänge, Begrüßungs- und Abschiedsszenen ihren theatralischen Effekt erweisen können? Der Barock ist eine Zeit der Theaterleidenschaft.
Das gilt auch im privaten Bereich, natürlich nur, wo das Finanzkissen es zuließ. In weiten Teilen Europas befand sich der Bürger noch in Not und Abhängigkeit, wodurch eine eigenprofilierte Bau- und Raumkunst zunächst nicht zu Wort kommen konnte. (Zwar plagte manchen Bürger die Bauleidenschaft ebenso wie jenen Würzburger Fürstbischof Lothar Franz von Schönborn, der sich selbst den »bauwurmb« zusprach; aber die Mittel waren wesentlich beschränkter.)
Erst in der zweiten Hälfte des Jahrhunderts bauten die wieder hochgekommenen Großbürger im Bann der Feudalarchitektur, und Modernisierung der Wohnungen wurde zur standesgemäßen Ehrenpflicht[2]. Die entscheidenden Impulse gingen von den Residenzen und den merkantilen Metropolen aus, wie Schwendarius in seiner großen Bach-Biographie ausführt: »Nur hier, vor allem in den Handelsstädten, deren Aufschwung durch ihren Konkurrenzkampf um die führende Rolle in Nord- und Mitteldeutschland noch forciert wurde, konnte das städtische Bürgertum die Initiative entfalten, die ihm durch den absoluten Merkantilismus sonst verwehrt wurde; nur hier konnte der wachsende bürgerliche Reichtum auch Formen des kulturellen Selbstverständnisses und der kulturellen Repräsentation entwickeln.«[3]
Dresden z. B., die glanzvolle Hauptstadt der sächsischen Kurfürsten bzw. Könige, verzeichnete einen Zuwachs von eleganten Stadthäusern mit vier bis fünf Geschossen, die teilweise von führenden Architekten entworfen und ausgeführt wurden.
Himmel und Erde, Diesseitsfreudigkeit und Jenseitsangst, und bei aller Gegensätzlichkeit die Einheit: Diese Lebenshaltung entsprach in besonderem Maße der süddeutschen Mentalität. Österreich, die werdende Großmacht, erlebte die Welt des Barock mit größter Intensität zwischen Türkentriumph und Pestnot. Viel neues Bauen gab es ab 1650 in der Metropole Wien und den Nebenresidenzen Innsbruck und Graz.
Dem Adelspalais nacheifernd wünschte auch der Bürger einen glanzvollen Auftakt seines Wohnwesens durch eine stattliche *Eingangshalle,* die in vielen Fällen zugleich als Einfahrt für Equipagen diente.

Aus dem Nachlaß des Tuchmachers Paulus
Trager aus Eger, gest. 1632:
2 Reiß Betlein
4 Spann Petth neben 4 Himmel Peth
Oben In der Gast Kammer.
Drej Himmel Petth.
Zween Ahorne Disch.
Zwo Lehenen Pănckh ...
Dann hat sich das Newe gemachte Daffel-
wergckh auch befunden.
Ein alte Truehen.
Sechs Fueß Schemelein vor die Petth gehőrig.
Inn der Newen Stuben vndt Gast Kammer.
Sieben Pietth.
Zwenn Pőlster.
Zwej Kűeß mit ihren Zugehőrungen ...
Inn der Frauen Schlaff Kammer.
Ein Himmel Ehebetth, darinnen
drej Bietth,
zwej Kűeß vndt
Ein Polster mit ihren Zugehőrungen.
Zwej vergitterte Kinder Bettlein, darinnen
Vier Pettlein vndt zwej Kűeßlein ...
(StA Wunsiedel)

Inventar des Blechzinners u. Bűrgermeisters
Johann Zobel in Wunsiedel/Ofr., 1668:
»Gemăhlt: Der Zobelische Stammbaum« (fer-
ner: Familien- u. Landschaftsbilder)
»Tischteppich und Vorhăng: Der Tischteppich
in der Oberstuben, 1 gelb und schwartzer
Teppich ...«
»Andere Bűttner Wahr: (u. a.) 1 Kindschaff,
2 Stăndtner zum Waschen, 1 Badwanne ...«
(StA Wunsiedel, B 483)

Als Durchschnitt des eingebrachten Heirats-
gutes im schleswig-holsteinischen Wilster kann
das der Margareta Schutten, 1630, gelten:
erstlich 1 bedde, noch 1 kiste, 1 bancke und 1 lahde,
darin ... noch 1 schaep und 1 dische und 2 ståle ...
(nach Mohrmann S. 247)

Inventar des Stadtkämmerers Wolfg. Adam Kleemeyer, in Wunsiedel/Ofr., 1711:
Gemählt und Spiegel: 7 Stück große Contervait, 14 große Landschaften, 7 Stück von allerhandt Gemählten, 4 kleine Landschaften, 4 Stück vom verlohrenen Sohn, 7 Kuchen Stück, 1 Stück die 6 Ambten, 2 mahl Wunsiedel abgemahlt, u. ferner noch viele kleine Kupfer- und Bildwerck, welche zu spezificiren unnöthig, 2 Spiegel.
Im Invent. d. Kauf- u. Handelsmanns Findeißen, 1726:
1 Coffee Kanne, 1 Thee Kännelein ... Meßing an 4 Leuchtern Trink geschirr: 1 Stüzlein von Wacholderholz mit Zinn ausgegossen, 2 Waldenburger Krug, 4 paar Thee schalen Porcellain ... (5 fl. taxiert:) 1 Spanbett neu gemacht mit eisernen Stänglein ... 1 Kandelholz (=Kannenholz, Geschirrhänge) ..., 1 Stockfisch-Wännlein, 1 Wäschuffhänglein beym Ofen, 1 hölzerne Schlaguhr mit einem Wecker u. gläsernen Glöcklein, 1 Leichter, eisern verzinnt mit Lichtputzen, 1 deto von Draht.

Weilheim, Hinterlassenschaftsinventare, 17. Jh.:
große Bettstatt nebst 3 Fürhäng und einem Stängl, auch gemalter Himmel (1683), Liegbett, überzogenes Lieg, gehimmeltes Bett, Bettstatt ohne Himmel (1652), vergittertes Bettstättl (1673)
(Bis zu sechs Betten in einer Kammer)
(Gierl S. 121 f.)

Fig. 16 *Diele in einem großbürgerlichen Haus in Danzig, um 1770. Kupferstich nach einem Gemälde von J. L. Schultz.*

Die Anlagen geräumiger Dielen in den nord- und mitteldeutschen Häusern haben sich teilweise erhalten, erscheinen aber vielfach durch Einbauten ihrer klaren Struktur beraubt.
Bis 1943 vermittelte das in Hamburg als Gasthaus geführte »Althamburger Bürgerhaus« (erbaut 1692) durch seine hohe *Diele,* die von Säulen getragene, bemalte Balkendecke und die schmucke Galerie den Eindruck stolzer Lebensart barocker Großbürger.
In Hamburger Dielen gab es häufig ein verglastes Gelaß für Aufsichtspersonen, »Zibürken« genannt (nach ciborium, geschlossenes Gefäß). Hier die Worte eines Autors, der die alte Art Hamburger Häuser noch aus eigener Anschauung kannte und bewunderte: »Als das 17. Jahrhundert zur Neige ging, richtete sich das Streben der reichen Kaufherren darauf, im Innern eine größere Reihe stattlicher Prunkzimmer zu besitzen und den Warenbetrieb aus dem eigentlichen, an der Straße gelegenen Wohnhause zu verbannen. So lag kein Bedürfnis mehr vor, die Diele nur wenig über die Straßenfläche zu erheben. Das Erdgeschoß erhielt eine erhöhte Lage über der Straße und hiermit Abgeschlossenheit gegen die Öffentlichkeit, und unter dem erhöhten Erdgeschoß führte ein niedriger Gang nach dem Hofe, von dem rückwärts der am Fleet gelegene Speicher erreicht wurde. Zur hohen Haustüre führte dann meistens eine Doppeltreppe. Dieses Innere des Bürgerhauses der damaligen Zeit hat des künstlerischen Schmuckes nicht entbehrt. Von allen Räumen verdient auch in dieser Beziehung unser besonderes Interesse wiederum die stattliche, stimmungsvolle Diele. Reichliches Licht flutet vom Hofe her durch die hohe, bis zur Decke reichende, durch Sprossen gleichmäßig geteilte Glaswand, in welcher auch die nach dem Hofe führende, ebenfalls verglaste Tür sich befindet; der Fußboden ist mit holländischen Fliesen belegt, die Wand mit Paneelen geziert, die eingebaute kleine Küche an den Wänden mit Kacheln, oft holländischen Ursprungs, bekleidet, und bisweilen bildet auch ein reicher Kamin mit Sandsteinskulptur ein wichtiges Ausstattungstück dieses Raumes. Neben der Fensterwand nach dem Hofe führt eine kurze Treppe mit vier bis fünf Stufen mit schön geschwungenem und reich geschnitz-

tem Geländer, an welchem der Anläufer eine liebevolle Durchbildung erhalten hat, zu den Räumen des Seitenflügels. An der Seitenwand der Diele steigt in breiten, bequemen Stufen die offen eingebaute Treppe mit schön geschnitztem Geländer und interessantem Anläufer zu der oberen Galerie, die, auf kräftigen hölzernen Stützen mit reichen Kapitellen ruhend, die vorderen Räume mit den hinteren verbindet. Auch die Galerie zeigt das schöne Geländer der Treppe. Dabei ziert die Unterseite der Treppe und der Galerie, die Decke der Diele Stuck von künstlerischer Durchbildung, und diese in Weiß gehaltenen Decken und oberen Teile der Wände stehen in wirkungsvollem Gegensatz zu dem dunklen Eichenholz oder dem in kräftigen Farben gestrichenen Holzwerk der Treppen, Paneele, Möbel usw. In der Wand gegenüber der Treppe lag bisweilen eine Brunnennische mit kunstvoller Einfassung und sinnreicher Inschrift, und das der lagernden Waren wegen bewegliche ›Ziebürken‹ fand seinen Platz in der Diele selbst auf einem der breiten Treppenpodeste oder auf der Galerie. Dieses zierliche, reich und kunstvoll geschnitzte kleine Gehäuse aus Holz und Glas bot einen geschützten Platz auf der Diele und gestattete eine gute Überwachung des Hauseingangs und der in der Diele ruhenden Waren.«[4]

Das holländische Vorbild wirkte sich auf die benachbarten Gebiete Norddeutschlands und die rheinischen Städte aus. So findet man in Kölner Häusern Delfter Kacheln an den Wandsockeln und Rückwänden von Kaminen, auch größere, zusammengesetzte Wände: »...so war das Kölner Haus Altermarkt 39, in langer Überlieferung das Heim von Goldschmiedefamilien, sogar von oben bis unten in sämtlichen Räumen einschließlich des Treppenhauses mit solchen Kacheln bekleidet, die sich, zum Teil übertapeziert, erhalten hatten, bis der Krieg das Haus mit seinen Nachbarn vernichtete.«[5]

Treppenhäuser waren häufig von einem elegant geschwungenen, kunstvoll geschnitzten, mit durchbrochenen Brettern oder profilierten Balustern verziertem Geländer versehen (Abb. 94, 95, 106). In manchen Gegenden finden sich an Stelle der Holzgeländer kunstvoll geschmiedete Eisengitter, die dem Raum einen beschwingten Akzent verleihen. Anfang und Abschluß der Geländeranlage wurden meist phantasievoll betont. Hervorzuheben ist die hohe Qualität der Treppenhäuser bei den neuentstandenen Bauten der Residenzstädte, etwa in Potsdam, Hannover, Dresden, Kassel, Berlin.

Grund- und Aufriss

Im Gefolge der Anpassung an das höfische Vorbild änderten sich auch die Grundrisse der Bürgerhäuser. Nach Möglichkeit wurde die Grundstücksfläche verbreitert und der First in traufseitige Stellung gebracht. Durch Ausbau der Mansarden und Aufbau von Hofgebäuden konnte zusätzlicher Raum geschaffen werden. Man disponierte im allgemeinen großzügiger als bisher. Mehr Licht, bessere Durchlüftung, höhere Zimmer und mehr Komfort wurde zum Wunschtraum für modernes Wohnen.

Die repräsentativen Zimmer liegen bei Einfamilienhäusern und Etagenwohnungen an der Staßenseite, während die kleineren Privatstuben getrennt von den Gesellschaftsräumen nach hinten zu gruppiert sind. Ein langer Korridor schafft Zutritt zu einer Vielzahl nach Funktionen differenzierter Räume. Diese *Differenzierung* führt eine ganz neue Phase der Wohnkultur herbei. Es gibt kaum mehr Allzweck- und Durchgangsräume; den Individualbedürfnissen entsprechen Einzelzimmer. So liegt in großen Häusern neben Salon, Speise- und Musikzimmer auf der einen Seite die Flucht mit den Damenzimmern, auf der anderen die der Herrenzimmer mit Rauchsalon, Studien- bzw. Arbeitszimmer, Bibliothek. Nach dem Vorbild der fürstlichen Wunderkammern und des »Curiositätencabinetts« richtet der Hausherr nach Möglichkeit einen Raum für seine Sammlungen (»Physikalienkabinett«, Münz-, Silber- und Antikensammlung) ein, der mit entsprechenden Stellagen, Schautischen und Vitrinen ausgestattet ist. Nicht immer erwachsen solche Sammlungen aus dem Bestreben, die gesellschaftliche Stellung zu dokumentieren; sie sind oft Zeichen echter persönlicher Neigung und bereichern den Besitzer auch in ideellem Sinn.

Im Norden Deutschlands befinden sich die Räume für gesellschaftliche Kommunikation häufig im Erdgeschoß oder auch im Rückgebäude. Es läßt sich keine feste Regel aufstellen, denn auch Obergeschosse enthalten straßenwärts Säle und Prunkstuben.

Im Süden überwiegt die Lage der festlichen Räume im ersten oder zweiten Obergeschoß des Hauses bzw. bei Etagenwohnungen in dem zur Straße gewandten Trakt.

Großbürgerliche Festsäle werden manchmal fast zu unpersönlichen Kunstgebilden. Das Architektonische tritt im Vergleich zum 16. Jahrhundert zurück. Die schweren, dunklen Holzbalken, Vertäfelungen und Kassetten werden häufig durch Gipsstuck überspielt bzw. ersetzt (Abb. 82 bis 85, 147). Ecken und Kanten des Raumes abgeschliffen. Die Wandflächen sind aufgelockert durch Säulen, Nischen für Plastiken und Gemälde.

Eine optische Erweiterung erfahren die Räume durch *Spiegel;* da sie noch als Luxusgegenstände gelten, ist man bestrebt, sie durch üppig verzierte Rahmen besonders hervorzuheben.

Die Grenzen zwischen großbürgerlicher Stadtwohnung und städtischem Adelspalais sind fließend, Wohn- und Verhaltensformen passen sich an[6].

Höher und heller als bisher gestaltet man, wie gesagt, nun die Räume. Die Wirkung des Lichteinfalls wird bewußt mit eingeplant. Seit dem Beginn des 18. Jahrhunderts konnte

Aus dem Nachlaß des Gerichtsschöffen und Tuchmachers Paulus Trager, gest. 1632 in Eger:

Einteilung des Hauses:
Inn der vntern Stuben
In Knappen Stüblein [= für den Tuchknappen]
Inn der Neben Kammer
Im Hauß vor der Stubenthier [»Hauß« = Hausflur)
In Vühe Stahll [= Rindviehstall]
In der Kuchen
In Padt Stüeblein
In Speiß Kämmerlein vffm Gang [»Gang« = Zugang zu den Stuben?]
Inn der Knappen Kammer
Inn der neben Kammer
Inn drietten Kämmerlein
Vffm Strohboden
Inn Rosstahl [= Pferdestall]
Inn Keller
Oben In der Gast Kammer
Inn der Newen Stuben vndt Gast Kammer
Vffm Korn Poden
Vffm Getraidt Obern Poden [= oberen Getreideboden]
Inn denn Wohll Kämmerlein
Vffm Wesch Poden
Vfm Obern Saal
Inn der Neuen Stuben
Inn Einer Woll Kammer
Vffm Gang vndt der vntersten Stuben
Inn der Schlag Kammer [= Arbeitsraum zum Schlagen der Tuche]
Inn der Frauen Schlaff Kammer [= für die Witwe]
Im Hauß vor der Stuben Thüer
Inn Licht Kämmerlein [zur Aufbewahrung der Lichter]
Inn der Wohllkammer
Inn der Garn Kammer
Oben vffm Klein Pödlein
In Tuch Laden bey Der Hauß Thüer
In dem Hinttern grossen Gewelb [hier standen 4 »große Truhen« und ein »Lädlein« mit Kleidung und Preziosen]
(StA Wunsiedel)

Strick-Käſtlein / Iſt ein kleines viereckigt länglichtes leicht verfertigtes höltzernes Käſtlein, unt einem Auszug, insgemein mit Gold-Papier bekleidet, offtermahls aber auch lacciret, worinnen das Frauenzimmer ihr gantzes Strickwerch füglich verbergen und bey ſich tragen kan.

(Amaranthes 1715, Sp. 1914)

Chur, 2. H. 17. Jh.:

Der mit Silber und venezianiſchen Kelchen beſetzte Tiſch nahm die Mitte des Zimmers ein. Der größte, ebenſo reiche als heimatlich behagliche Schmuck dieſer ſchönen Familienſtube war ihr kunſtreich geſchnitztes Nußbaumgetäfel, das durch zierliche korinthiſche Holzſäulen in zwölf mit Trophäen gefüllte Felder geteilt war. Das oberſte Geſimſe wurde von Karyatiden in halber Figur getragen, zwiſchen welchen ein rings herumlaufender Holzfries die verſchiedenen Szenen einer Jagd mit Schützen, Hunden und zum Teil fabelhaftem Getier in erhabener Arbeit darſtellte, auf welches Werk der Doktor mit Recht beſonders ſtolz war. Die Stelle des Deckengemäldes vertrat das kühngeſchnitzte Wappen der Sprecher von Bernegg.

(C. F. Meyer S. 311 f.)

man größere Glasscheiben herstellen, weswegen die Bleiverglasung abkam und die ca. 50 cm breiten Scheiben durch hölzerne Sprossen verbunden wurden. In der Regel öffnen sich die *Fenster* nach innen. Fensterpfosten sind bei gehobenem Wohnstil ebenso wie die Türgewände in barockem Zeitgeschmack ornamentiert. Als schmückendes Raumelement fügen sich kostbare Gardinen ein; doch sind Fenstervorhänge noch lange nicht allgemein gebräuchlich. Die eisernen Fenstergitter, die es für Oberlichten ja schon im Mittelalter gegeben hat, werden bisweilen nach außen korbartig gebogen. Berühmt sind die prachtvoll verzierten Steirer und Tiroler Eisenkörbe.

Der *Fußboden* macht zumindest in den Gesellschaftsräumen eine Wandlung vom Dielen- bzw. Fliesenboden zum schmuckhaften Parkett aus Buchen-Eichenholz mit. Zunächst ist die helle Fläche nur von schmalen, dunklen Einfassungen durchbrochen; zunehmend aber bevorzugt man verschiedenfarbige Muster bunter Hölzer.

Holzvertäfelungen wurden häufig im Zeitgeschmack übermalt oder mit *Tapeten* beklebt. Die mit Holzmodeln bedruckte Papiertapete war während des 16. Jahrhunderts in England heimisch geworden und von dort aus vermutlich nach West- und Mitteleuropa vorgedrungen, wo sie jedoch erst ab der Mitte des 17. Jahrhunderts weitere Verbreitung fand. Die gehobene Bürgerschicht war um eine ansprechende und bequeme Verkleidung der Wände sehr bemüht. »Trotz ihrer Wohlhabenheit konnte sie sich nicht immer den Luxus flandrischer Wandbehänge, üppiger Stuckdekorationen und solcher aus kostbarem Marmor leisten, und Leder aus Cordoba oder Venedig, Genueser Samt und mit Arabesken und Rankenornamenten bemalte Decken waren unerschwinglich.«[7]

Papiertapeten waren also zunächst Imitationen der prachtvollen textilen Wandbehänge (Abb. 103, 104).

Die Schweiz ging ihren eigenen Weg, sie machte die Mode der bunten Papierwand nicht mit. Der bürgerliche Renaissance-Habitus hielt sich dort besonders lange und ließ die barocken Stilelemente nur selten zu Wort kommen. Er herrschte noch um 1700 vor und wurde dann bald durch die Formen der Régence und Louis-quinze abgelöst. Das hat seinen Grund zum einen in der stark konservativen Haltung der bäuerlich-bürgerlichen Bevölkerung, zum andern in der steten Entwicklung, die dem Land gegönnt war, das keine Zäsur durch den 30jährigen Krieg erlebte. Die Renaissance-Formen konnten ausreifen und sich mit der Vorliebe für getäfelte Stuben zu einer ganz charakteristischen Einheit verbinden, die Festliches und Gemütliches zum Einklang brachte[8]. So wurde im Lachmann-Haus zu Zürich 1660 ein Saal mit Nußbaumgetäfel hinzugebaut. Über der *Vertäfelung* sind dicht aneinandergereiht 54 Bildporträts französischer Staatsmänner angebracht; der Hausherr war Oberst in französischen Diensten.

Zierathbüchlein

Die Einführung neuer Formen erfolgte nicht nur durch Übertragen der Anschauung vor Ort – wandernde Gesellen und Künstler –, sondern in zunehmendem Maße durch Vorlagebücher, und zwar im 17. Jahrhundert nicht mehr durch »Säulenbücher« (s. S. 25), die überwiegend theoretisch und architektonisch bestimmt waren, sondern durch Vorlagen, die erfahrene Kunsthandwerker herausgaben. Sie schufen weitverbreitete Dekor- und Konstruktionsbücher, sogenannte »Zierathbüchlein«. Einige der wichtigsten seien genannt:

Lucas Kilian »Neues Groteskenbüchlein«, Augsburg 1610

Gabriel Krammer »Schweiffbüchlein«, Zürich 1611

Nicolaus Rosmann »Zierathbüchlein«, Halle 1627

Gottfried Müller »Zierathbüchlein«, Braunschweig um 1650

Friedrich Unteutsch »Neues Zieratenbuch den Schreinern... sehr dienstlich«, Frankfurt um 1650

Johannes Thünkel »Blumenbuch«, 1664.

Die Vorlagewerke hatten als Ideenvermittler besonders für jene Landstriche Bedeutung, in denen nicht – wie in fürstlichen Residenzen und Kulturzentren – die unmittelbare Anschauung neuester Schöpfungen möglich war. So nimmt man für die ornamentalen Ausschmückungen und figürlichen Stuckarbeiten in den Häusern der »hübschen Familien« (Gewerke, höhere Beamte) des Harzes und der Harzrandstädte niederländische und italienische Vorlagen an[9].

Mobiliar

Charakteristisch für die neue Möbelwelt ist der Zusammenklang von bequemer Zweckmäßigkeit der Form mit überquellender Ornamentik. Im Vergleich zum Aufwand der Spätrenaissance kommt es eher zu einer Vereinfachung von Konstruktion und Gliederung. Mit dem Absetzen vom strengen Formenkanon der vorangegangenen Epoche gelingt ein großzügigeres Gestalten. Die linearen Profile wandeln sich zum Kurvig-Bewegten. Der Raumeindruck ist malerischer, heller, farbiger[10].

Das alte Verwahrmöbel Truhe tritt ganz zurück: Schrank, Kommode, Schreibtisch, Kabinettschrank übernehmen in differenzierter Weise seine Funktion. Große *Schränke* mit durchgehenden Türflügeln und ungeteiltem Innenraum, die gelegentlich schon im 16. Jahrhundert vorkamen, denen zum Einhängen der Kleider.

Der Wandel in der Kleidermode machte die hängende Aufbewahrung nötig. Während man früher die wollenen und leinenen Gewänder unbeschadet zusammenschlagen und in Truhen legen konnte, mußte man nun darauf achten, daß die Puffärmel, die weiten Röcke, die vielerlei Rüschen, Schleifen, Schärpen und Spitzen sorgsam geglättet und nicht zer-

Fig. 17 *Der Kupferstecher Daniel Chodowiecki in seinem Wohn- und Arbeitszimmer mit Familie. Berlin, Ende 18. Jh.*

Jetzo nahm aus dem Schranke die alte verständige Hausfrau
Feinere Laken und Büren, die glatt von der Mangel und schneeweiß
Schimmerten ...
Stieg dann die Treppe hinauf zur düsteren Kammer voll Hausrat,
Die dort unter dem Namen Polterkammer berühmt ist;
Wählt' aus dem Schlüsselgebund, der ihr zur Seite herabhing,
Öffnete dann vorschauend, und trat vor die eichene Lade,
Die, von den Ahnen geerbt, mit altertümlichen Schnitzwerk
Prangete, groß und geräumig ...
Diese nunmehr aufschließend, erhob sie das köstliche Bettzeug ...
Als nun weich und sauber das Hochzeitsbette geschmückt war,
In dem Gestell mit hohem und schöngebogenem Himmel ...
(Voß 1775, S. 267)

Thresor,
Ist ein aus Holtz zusammen gesetzter und sauber fournierter Schranck, so auf einem Postement von gedreheten oder ausgeschnitzten Säulen ruhet, von oben her aber mit einem durch kleine Stützen abgetheilten Simms versehen, worauf man insgemein in denen Putz-Stuben allerhand zierliche Gläser oder andere Porcellaine Galanterien und Gefässe statt einer Zierrath aufzustellen pfleget.
Thresorgen oder Tabulet,
Ist ein kleines mit gedreheten Säulen ausgeziertes Gesimslein oder Gestelle, auf Ost-Indische Art lacciret oder bunt gemahlet, und an die Wand fest angemachet, worauf man das Thee- und Caffee-Geräthe und Zeug zum Zierrath in denen Zimmern zu stürtzen und aufzusetzen pfleget.
(Amaranthes 1715, Sp. 2016)

drückt wurden. Auch die textile Beschaffenheit der Stoffe (Taft, Damast, Samt, Seide) eignete sich besser zum Hängen als zum Liegen. Zudem fand man es bequemer und zweckmäßiger, die oft überreichen Bestände an Bett- und Tischwäsche übersichtlich in abgeteilten Schränken zu stapeln. So konnte die Hausfrau mit einem Griff die Schranktür öffnen und ihren stolzen Besitz – mit Bändchen unterteilt – der Gevatterin, oder wer immer auf Besuch kam, vorweisen.

Der Barock war die Blütezeit der Repräsentativschränke des Hansepatriziats mit ihren vorkragenden, stark profilierten Gesimsen und ovalen Füllungen, mit figürlichem Schnitzwerk an Giebeln und Kapitellen (Fig. 16). Es gab die beiden traditionellen Konstruktionen, die des zweitürigen Schranks (Schap) und die der meist viertürigen Schenkschive mit einem von Schubladen und ausziehbarer Klappe besetzten Zwischengeschoß. Diese Großmöbel standen selten in den Stuben, sondern draußen in Diele und Treppenhaus. Der Eichenkern der schweren Möbel wurde häufig – zumindest an der Schauseite – furniert. Sparsamer mit Schnitzwerk bedacht als die Schaps der norddeutschen Küstenstädte waren die Braunschweiger Schränke; sie bevorzugten die Ziertechnik des Einlegens.

Allenthalben bildeten sich regionale Sondertypen heraus, von denen die Frankfurter, Augsburger und Ulmer Schränke die bekanntesten sind[11].

Vom Süden her tritt *das* Möbel des 17./18. Jahrhunderts seinen Siegeszug an: der *Kabinettschrank*. Er hat seinen Bau seit der Spätrenaissance (s. S. 28) nicht prinzipiell geändert, ist aber im ganzen aufgelockerter, gefälliger, meist etwas kleiner geworden. In Süddeutschland überwiegen reich geschnitzte Stücke, verziert mit durchbrochenen Blattranken, Voluten, Knorpel- und Netzwerk. Das Akanthus-Ornament wird wie bei der Stuckdekoration auch am Mobiliar vorherrschend.

Man liebte es, beiderseits des Kamins oder zwischen den Fenstern Konsoltische bzw. *Kommoden* aufzustellen, möglichst in symmetrischer Anordnung. Die Kommode tritt um die Wende zum 18. Jahrhundert auch im Bürgerhaus in Erscheinung und wird nun für zweihundert Jahre zu einem wichtigen Möbelstück des Wohnzimmers. Diese Schubladenkredenz, wie die Kommode auch genannt wird, macht eine Entwicklung des Umrisses vom schweren, bodennahen Körper zu einem sich abhebenden, nach drei Seiten gekurvten Garniturmöbel mit. Vielerlei Kästchen ergänzen die Fülle der Verwahrmöbel.

Span-Bette / Heissen denen Weibern diejenigen höltzernen Bett-Gestelle, so sonder Himmel und Decke sind, man findet selbige auf eine, oder auf zwey Personen eingerichtet.
(Amaranthes 1715, Sp. 1864)

Schweizer Kleinstadt, 2. H. 18. Jh.:
Wir Kinder lagen in einer Kammer beysammen. Jeder hatte sein besonderes Bettstättchen. Ich lag an einer dünnen Wand, die nur aus Reisen geflochten und mit Lehm bekleidet war. Wenn es regnete, hörte ich alle Tropfen vom Dach plätschern...
(Bronner, 1. Bd., S. 73)

Wo Kinder sind,/ wird ihnen/ so es anderst die Gelegenheit und die Mittel der Eltern leyden/ ... auch eine besondere Stube eingegeben/ so man daher auch Kinder-Stube zu nennen gewohnt ist. Diese muß fürnehmlich mit einen oder zweyen Betten vor die Mägde/ wie auch mit soviel kleinen Betten als der Kinder sind/ versehen seyn...
(Haußhalterin, Nürnberg 1703)

Die *Tische* erreichten dem 16. Jahrhundert gegenüber eine noch größere Vielfalt. Große Ausziehtische dienten schwelgerischen Tafeleien; denn immer verlangt Wohlstand nach Repräsentation, und diese findet ein angemessenes Feld im üppigen Mahl mit Gästen. Weit herabhängende Decken oder Tischteppiche bedeckten die Holzfläche.
In Verlassenschaftsinventaren norddeutscher Kaufleute taucht eine Sonderform auf, der Leientisch. Das Focke-Museum in Bremen besitzt ein schönes Exemplar: Die quadratische Platte ruht auf einem eichenen Untergestell mit Schublade. In die Platte ist eine Schiefertafel eingelassen, die den Kaufleuten zum Schreiben und Rechnen diente. (Der blaue Schiefer, der aus dem Rheinland bezogen wurde, führte die Bezeichnung »Lei«.)
Bei den *Sitzmöbeln* änderte sich das Gesamtbild am gründlichsten. Nicht mehr lose Kissen bedecken Lehnen und Sitze, sondern feste Polster nehmen ihre Stelle ein. Die Bezüge sind aus Stoff oder Leder, manchmal auch aus Rohr- oder Binsengeflecht.
Eine Vielfalt von Stuhlformen entsteht, immer neue Varianten an geschwungenen Lehnen, Armstützen, balusterförmigen und gedrehten Beinen werden hervorgezaubert[12].
Die Stühle scharen sich nicht immer um den Tisch oder in einer Sitzgruppe zusammen, sondern werden meist nach Gebrauch an die Wand gestellt.
Auf Gemälden sowie in Puppenhäusern des 17./18. Jahrhunderts läßt sich häufig ein großes *Himmelbett* in der Ecke oder an der Wand des Wohnzimmers erkennen. Federbetten türmen sich auf oder deuten in malerisch-ungeordnetem Zustand pikant auf die Benützung. Prunkvolle Draperien und Schnitzereien machen das Bett zu einem Schmuckstück des oberschichtlichen Raumes. In Norddeutschland ist das Bett in der Regel Bestandteil der Wandvertäfelung oder es ist in einen Alkoven gerückt. Doch ist zu bemerken, daß das Bett nun immer häufiger in eigenen Schlafgemächern aufgestellt wird, nicht in der intimen Abgeschlossenheit des späteren Bürgertums, sondern nach Art höfischer Freizügigkeit als Mittelpunkt vertrauter gesellschaftlicher Zusammenkünfte. Dem »lever« der französischen Könige mit seinem grandiosen Zeremoniell entsprach auf bürgerlicher Ebene das Frühstück im Schlafgemach und der Empfang von Freunden in diesem Kabinett mit seinem bequemen Mobiliar. Das Liegen galt nun auch in Bürgerkreisen als vornehme Haltung. Und es war durchaus im Rahmen des guten Anstandes, wenn die Dame des Hauses sich im Negligé am Toilettentisch zurechtmachte, während ihr galante Herren Gesellschaft leisteten. Chodowiecki zeigt diese Situation in seinem Kupferstich von 1784 »Vorstellung am Frisiertisch«. Man liebte es, im Schlafsalon zu frühstücken; kleine Speisen konnten am Kamin bereitet werden.
In der Regel gab es auch beim Mittelstand zu dieser Zeit schon eine Schlafstube der Eltern, mehrere Schlafkammern für Kinder, Gäste, Gesinde. Es war üblich, daß mehrere Personen sich eine Kammer, ja sogar ein Bett teilten.
Bräuer stellt in seiner Arbeit über das Frankfurter Wohnwesen das »Bettwerk« zweier Familien gegenüber, und zwar das einer Tochter aus reicher Kaufmannsfamilie (Johann Maximilian zum Jungen) und das eines Schuhmachers: »Die erwähnten Betten sind sämtlich ›gehimmelt‹. Das eine davon hat eine Nußbaum-Bettlade, die mit vier holzgeschnitzten Engeln geziert und mit einem Himmel aus grünem Taft versehen ist. Es enthält ein Unterbett aus gestreiftem, mit Seide genähtem Zwilch nebst blaugewürfeltem Überzug: drei große Kissen mit gestreiften baumwollenen Ziechen (Bezügen) und ein kleineres, sowie eine japanische Decke aus grüner und ›leibfarbener‹ Seide. Weiter erwähnt das genannte Inventar ›eine tannen gehimmelte Bettlad, mit blau und schwarzem Zeuch überzogen‹. Zu diesem Bett gehört ein ›rein zwilchen Unterbett, rings herumb mit Seiden vernehet‹, ein ebensolcher Pulf und sechs Kissen, davon eins mit blauwollenen Ziechen. In einer Speicherkammer steht eine gehimmelte nußbaumene Sitzbettlade, in einer andern eine eichene gehimmelte Bettlade mit ähnlichem Inhalt wie die bereits beschriebenen; das Deckbett ist blau gewürfelt, die Kissen sind blau gestreift und von den Decken (›Kultern‹) ist die eine grün, die andere weiß. Viel weniger vornehm, aber ähnlich in der Ausstattung sind die Betten bei dem Schuhmacher Thousein, dessen Inventar übrigens den Eindruck bürgerlicher Wohlhabenheit macht. Er besitzt drei Betten, welche sämtlich mit Himmel versehen sind; bei zwei von ihnen ist die Bettlade aus gelbgefirnißtem Tannenholz, bei der dritten von Eichenholz und ›etwas eingelegt‹. Als Inhalt ist bei einem Bett angegeben: ein Unterbett, ein Pulf und ein barchent Deckbett, alles mit blaugewürfelten Ziechen, zwei niederländische Hauptkissen, ein grobes Kissen und eine Kolter.«[13]

Heizung

Nur die vornehmen Schlafsalons waren heizbar. In der Regel genoß diesen Vorzug nur die Stube. Eine geringe Erwärmung der Schlafkammern konnte durch Öffnungen in der Decke über der Küche oder der Stube erfolgen, wie das heute an manchen alten Bauernhäusern noch zu beobachten ist. Die Wärmelöcher ließen sich durch Schieber verschließen. Sie konnten auch als heimliche Spione benützt werden, wenn z. B. die Hausfrau die Gespräche der Dienstboten oder Kinder belauschen wollte.
In den Stuben traten nun an die Stelle der Kachelöfen häufig große Kamine, besonders im Norden Deutschlands. Wie im benachbarten Holland waren sie der Mittelpunkt der Wohnstube. Das übrige Haus muß im Winter recht ungemütlich kalt gewesen sein. Daher besaß man einen größeren Vorrat an beweglichen Heizgeräten (Feuerkieken, Stövchen, Wärmepfannen).

Eine aus Holland eingeführte bauliche Eigenart, die »Bordestreppe«, war in den norddeutschen Hafenstädten üblich. »Bordes« ist ein kleiner zwischen Diele und Obergeschoß auf einem Treppenabsatz eingeschalteter Raum, von dem aus Heizkamine für Stubenöfen bedient wurden. Manchmal war dort auch eine Schlafstelle untergebracht[14]. In den Bergmannshäusern des Harzes gab es eine ähnliche Einrichtung. Wenn in mehrgeschossigen Häusern für weitere Familien Küchen eingerichtet werden mußten, baute man neben den Küchenkamin eigene Heizkammern ein, sogenannte »Vorgelege«[15].

Küche

Die Küche lag in der Regel im ersten Obergeschoß gegenüber der allgemeinen Wohnstube. In Regensburg konnte das Bayerische Landesamt für Denkmalpflege eine Reihe barocker Kleinküchen (Engelburgerstraße, Am Römling) dokumentieren, deren Raumgröße zwischen 3,75 und 4,88 qm variiert. Sie lagen im ersten oder zweiten Obergeschoß, der Zugang erfolgte entweder von der Treppendiele her oder über ein Zimmer. Raumhöhe und Türhöhe waren geringer als bei sonstigen Räumen[16]. Die Herde in diesen Küchen waren aus Ziegeln aufgemauert (ca. 110 × 74 oder 88 × 75 cm) und hatten relativ große Kaminhauben. Diese saßen auf einem Holzunterzug, der auf der Unterseite und der Innenseite gegen die Hitzeeinwirkung mit Ziegelplatten benagelt war. Solche im Originalzustand erhaltenen barokken Bürgerküchen sind sehr selten.
Bei der Einrichtung der Küche herrschte Zweckmäßigkeit vor. Die Formen des Alltagsgerätes und der *Geschirre* blieben sich über Jahrhunderte hinweg gleich. Nur das Schaugeschirr, das man in vornehmen Häusern über den Herdhüten und auf Stellagen aufreihte, zollte dem modischen Zierat Tribut. In manchen Häusern leistete man sich sogar eine nicht benützte Schauküche, ein Prunkkabinett der Hausfrau, mit Silber-, Messing-, Kupfer- und Zinngeschirr, wie es im Nürnberger Stadtmuseum Fembohaus heute noch zu sehen ist.
In der Arbeitsküche befand sich ein *»Spülstein«,* d.i. der Ausguß für das Küchenwasser, in Fensternähe (Abb. 109) oder (in Norddeutschland) auf der Diele. Den steinernen Unterbau des hüfthohen Herdes bedeckte meistens eine eiserne Platte. Der große Rauchfang über dem offenen Feuer erhielt einen Schornstein. Manchmal gab es in der Küche auch mehrere *Feuerstellen* zum Kochen, zum Braten in Pfannen und für Wasserkessel. Der Hauptherd war oft ein Monstrum von bis zu 3 × 2 m Oberfläche; auf ihm bereitete die Hausfrau bzw. ihre Mägde die großen Gerichte am offenen Feuer. Bratenwender mit Feder- oder Gewichtsantrieb bzw. zum Drehen mit Hand deuten schon auf einen gewissen Luxus hin.
An weiteren notwendigen *Geräten* fanden sich in der Küche: eiserne Roste, Pfannen und Häfen, Mörser, Fleischluster (Eisengestelle mit Haken) und vielerlei Kleingerät (Abb. 112–115). Doch gibt es für die Ausstattung der Küche anscheinend keinerlei Norm. So wundert man sich beispielsweise, daß im Nachlaß des wohlhabenden Tuchmachers Paulus Trager aus Eger, der über 564 Pfund Zinn, 60 Pfund Messing, ungewöhnlich viele Pretiosen und 4000 fl. ausstehende Schulden Auskunft gibt, in der »Kuchen« nur eine »Schüerpanckh samt den darinnen befindlichen Döpffen« sowie »zwej Dutzet hültzerne Teller« verzeichnet sind[17].
Von der Herdstelle aus wurden häufig auch die Stubenöfen beschickt.
Seit dem Beginn des 18. Jahrhunderts sind in großen norddeutschen Bürgerhäusern die sogenannten *Tobakswinkel* bekannt: Irgendwo in einer dunklen Ecke auf der Diele oder am Hof wurde der Tabak zu Schnupf- oder Rauchtabak für den Eigengebrauch verarbeitet[18].

Nebenräume

Eine abseitige Lage kam auch dem Ort der Notdurft zu: Es hat sich nicht viel geändert in den beiden zurückliegenden Jahrhunderten (s. S. 14f.), was Lage und Art anlangt. Die Bezeichnung *»heimliches Gemach«* ist eine Übersetzung des humanistisch-lateinischen Begriffs »locus secretus«. Daraus entwickelten sich die häufigen Abkürzungen »Locus« oder »Secret« und – der französischen Mode zufolge – »Prived«. Eine lokale Abwandlung erfuhr das Wort »secret« im Harz und im nördlichen Harzvorland, wo es zu »Zikritchen« verformt wurde[19]. Dort sind aus Hausbeschreibungen gezimmerte Gänge an den Außenseiten der rückwärtigen Obergeschosse bekannt, welche die Wohnräume mit dem Abort verbanden. Zu den Abortgruben im Hof führten in manchen Häusern hölzerne Fallrohre.
Die Saalbauten, die an Großbürgerhäusern nach dem Hof zu errichtet wurden, bekamen – den vornehmen Herrschaften zur Bequemlichkeit – ein eigenes »Örtchen« eingebaut.
Verständlich war es, daß vor allem bei grimmiger Kälte in den Kammern, auf den Gängen und insbesondere auf dem »Häuschen« zur Winterszeit niemand gerne seinen Bedürfnissen außerhalb der Reichweite von Bettwärme und Stube nachgehen wollte. So benutzte man weiterhin »Kacheln« und Nachtstühle. Wiederum erhebt Guarinonius mahnend den Zeigefinger: »... habt acht auff die Heymligkeit (mit gonst zu melden) auff das Secrethauß / damit dasselbe weit von den Zimmern vnnd Gemächern sey...« und nicht wie »nach alten vnwissenden Zeiten die Secreten in den Schlaffkämmern / vnd alles auff die pur eytele faulheit erbawt«; damit man ja nicht erfriere, lasse man »viel lieber die gantze Nacht den Koth vnd Vnflats gestanck riechen vnd ins Hertz hinein ziehen...«. Daß sich an den oben für das Spätmittelalter besprochenen üblen Gegebenheiten der »Sekret-

Deutschland, 2. H. 18. Jh.:
Ein guter Hausvater oder Hausmutter bestimmt jeden Hausgenossen sein ihm zukommendes Geschäft, damit ein ganzes, zusammenhängendes, allgemeines, oder häußliches Beste heraus kommen möge; wenn da nun jeder einzelne Bediente seinem Kopf folgen, und das thun wollte, was er für das beste hielte, und was mit seiner Bequemlichkeit und Genuß verträglich wäre, was würde das für eine Haushaltung geben?
(Stilling S. 370 f.)

Protokoll des Hauses von D. Kersting vor dem Ostertor in Bremen, 1708:
Über der Hinterstube befindet sich ein Sahl, daran sein s. v. Privet mit doppelten Türen.
Haus des Johann Jacobsen am Jacobikirchhof, 1698:
Secret auf dem Sahl, das wie ein Schrank anzusehen.
(nach Grohne S. 123)

Haus in St. Andreasberg, 1723:
Über dem Hof geht ein fließendes Wasser und kommt solches denen Abtritten wohl zustatt.
(nach Griep S. 53)

Ch. L. v. Griesheim, Beschreibung Hamburgs 1760:
... das stete Sandstreuen in Stubens, wo viele Menschen sich bewegen erreget einen subtilen Staub, der sich an der Lunge setzet, und die Schwindsucht erzeuget, die Meubeln verschönern sich auch nicht.
(nach Möller S. 123)

M. G. Lichtwern, 1758:
Die Wohnung sey gesund, von feuchten Dünsten frey,
Geräumig, hell und fest, geziert und rein dabey.
(S. 59)
Den Aufwand richte stets nach deiner Einkunft ein.
Wem das Gefieder fehlt, der hüte sich zu fliegen;
Ist deine Decke kurz, so zwing dich, krumm zu liegen. (S. 66)

Bade=Wanne,
Ist ein von Holtz zusammen gesetztes kleines Gefässe, worinnen die gemeinen Weiber statt der Bade=Molde ihre kleinen Kinder zu baden pflegen.
Bade=Wisch,
Ist eine von zarten Stroh zusammen gesetzte und an einander geheftete Decke, deren sich die Weiber bey dem Bade ihrer kleinen Kinder zu bedienen pflegen.
Badstube,
Ist dasjenige Behältniß unten im Hause, worinnen sich das Frauenzimmer zu baden pfleget; Man findet auch fast in allen Städten öffentliche Badstuben, worein die Weibesbilder von schlechten Stande zu gehen und sich daselbst zu baden pflegen.
(Amaranthes 1715)

Frankfurt, um 1750:
Im zweiten Stock befand sich ein Zimmer, welches man das Gartenzimmer nannte, weil man sich daselbst durch wenige Gewächse vor dem Fenster den Mangel eines Gartens zu ersetzen gesucht hatte... Dort lernte ich Sommerszeit gewöhnlich meine Lektionen...
(Goethe, Bd. 6, S. 13)

häuschen«, deren bestialischer Gestank oft so gar nicht diskret war, im Grunde kaum etwas geändert hatte, beleuchtet die Aussage: Manche setzen die »Secrethäuser gegen den Gassen ... auff den Stiegen, damit die hinauff ins Hauß gehen / nicht ohne Merckzeichen vnd Nasengruß hinauff gelangen...«. Aus den Häusern trage man den Kot und »frey lustig vnnd unerschrocken auff vnnd mitten inn die Gassen vor allen Leuten«, schütte ihn in den Bach und schwenke in diesem noch das Geschirr[20].

Immer noch verfügten die meisten Städte über höchst unzureichende hygienische Anlagen, immer noch versuchte man nach Möglichkeit, den Unrat wenigstens in ein fließendes Gewässer einzuleiten. Allmählich wurden im Laufe des 18. Jahrhunderts vielerorts unterirdische Kanalisationen vom Haus zum Fluß oder Stadtbach eingerichtet. Für Bremen konnte Grohne mehrere interessante Belege beibringen: »Die Anfänge einer Kanalisation sind hier und da bereits erkenntlich, so im Anschlag des Hauses von Diedr. Jacobs hinter dem Schütting (1755), wo es heißt: ›Auf dem Hofplatz ein Privet, dessen Abfluß durch ein steinernes Gewölbe unter der Straße zur Balge hingeht.‹ In dem Bericht über das Haus von Franz Havemann (1727) taucht schon sogar der technische Gedanke der Wasserspülung auf: ›Das Wasser, das von dem Dache aus der Gahte von Osten kommt, ist durch blecherne Trummeln in das s. v. Privé geleitet, welches sich dadurch selbst reinigt und so ferner unter der Erde über einen Rennstein zur Weser abgeführet wird.‹ Neben diesen bereits ein wenig modern anmutenden Einrichtungen stoßen wir aber nicht selten noch auf Verhältnisse, deren Primitivität unser Kopfschütteln erregt. So z. B. wenn in dem Protokoll über Heinrich Cöpers Haus an der Hutfilterstraße (1729) zu lesen ist: ›In dem Fußboden bei der Küche ist ein viereckiges Loch mit gemauerter Pfeiffe, aptieret s. v. zu einem Privet, so aber noch nicht brauchbar.‹ Oder wenn wir in dem Bericht über Fr. Willets Haus in der Langenstraße (1755) die Notiz finden: ›Auf dem steinernen Hofplatz bei der Küche ein Kump; davor ein hochliegender Gathenstein, hierin ein ausgemauertes Privet.‹ Dem Privet im Hause des Johannes Wecken am Brill (1701) wird nachgerühmt, daß es mit einem ›gefärbten Portal‹ versehen sei, ›so verschlossen werden kann‹. Vielleicht am schwersten verständlich ist die öfter uns in den Anschlägen begegnende Gewohnheit der gemeinsamen Benutzung eines Privets seitens mehrerer Nachbarn.«[21]

Ähnliche Ergebnisse brachten die Untersuchungen über das Wohnwesen der Stadt Münster[22]. Das »heimlich Gemach« fand sich im Hof, unter der Treppe, am Stall, an der »Sode« (d. i. der schmale Gang zwischen den Traufseiten der Häuser) und wurde auch gemeinsam mit Nachbarn benützt.

Wegen der Mängel der Abortanlagen behalf man sich mit verschiedenen Arten transportabler Nachtgeschirre und Abortstühle. Solche finden sich auf fast allen Schlafkammerdarstellungen. Die Kübel und Töpfe kippte man bedenkenlos in den Rinnstein oder eventuell in den Fluß.

In Lindau gab es im Innern größerer Hausblöcke Entwässerungsrinnen, die unter den Schlupftüren an den Fronten hinwegführten und oft auch größere Straßen querte. Man ließ sie nach Möglichkeit in den See münden. Das Abortreinigen bzw. die Grubenentleerung war ein recht unangenehmes Geschäft, das man gerne nachts erledigte. »Unehrliche« Leute wie Scharfrichter verrichteten es als lohnenden Nebenerwerb. In Frankfurt a. M. wurde das »Secret« während zweier Nächte von Maurern gereinigt[23].

Zwar gab es in großen Häusern schon früher eigene *Badestuben* mit kupfernen und hölzernen Bottichen; in der Regel benützte man wohl öffentliche Badeeinrichtungen oder man behalf sich damit, daß man jeweils Behälter in heizbaren Räumen (Küche, Waschküche) aufstellte. Das in Kesseln erwärmte Wasser wurde mit Schöpfkellen eingegossen. Bekanntlich waren das 17. und 18. Jahrhundert weit weniger badefreudig als das vorangehende Zeitalter.

So wie kein Barockschloß ohne Park zu denken ist, so gab es auch kaum ein vornehmes Bürgerhaus ohne anschließenden Garten mit zeitgemäßer Gestaltung. *Gartenzimmer* öffneten sich zu figurengeschmückten Terrassen. Sie waren freier und lockerer gehalten als die eigentlichen Wohnzimmer. Blumen in großen Behältern, Blumentapeten und leichte Möbel leiteten zur Atmosphäre der sommerlichen Grünanlagen über. Wo nur wenig Gartenraum zur Verfügung stand, wie etwa in den städtischen Patrizierhäusern Lübecks, verzierte man die Wände der festlichen Flügelanbauten mit heiteren Tapeten bzw. Landschaftsmalereien.

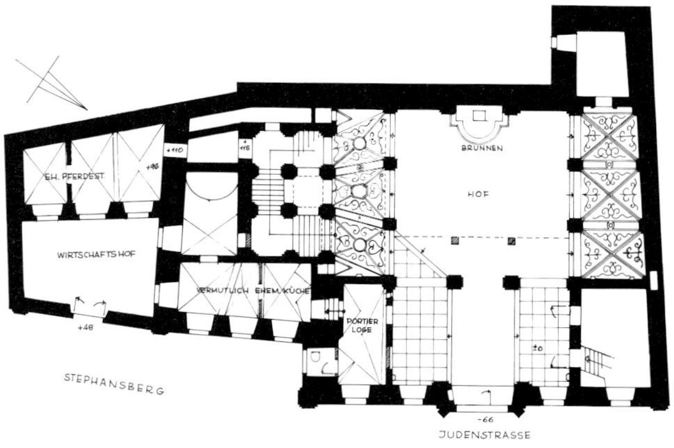

Fig. 18 *Grundriß (Erdgeschoß) des Böttingerhauses, Bamberg, Judengasse 14. (nach Erffa Abb. 34)*

In dem noblen Stadtpalais, das sich der Geheimrat Johann Ignaz Böttinger (1675–1730) in Bamberg errichten ließ, ist das Vorhaben, Freigelände in das Haus miteinzubeziehen, zu einer einmaligen Lösung gelangt: Aus der Judengasse wächst die Vierflügelanlage am Abhang des Kaulberges empor. Außer geräumigen Hallen, die ein elegantes Treppenhaus verbindet, und einem Brunnenhof sind in zwei Stockwerken auch Gartenterrassen eingeplant. Dieses Bauwerk

von vollendeter Harmonie wurde nach italienischem Vorbild geschaffen.
Einen anderen Ausweg, bei beengten Stadthäusern doch noch zu dem so begehrten Lustgarten zu kommen, erfanden die Bürger von Frankfurt in dem hier beliebten »*Belvederchen*«: Es waren hübsche kleine Dachgärten mit flachgewölbten Lauben, die über Treppentürmchen oder Aufgänge von der Hofgalerie aus zu erreichen waren.
Der »erhabene Ort«, von dem man eine freie Aussicht in die Natur genießt, konnte bei beschränkten Verhältnissen ein Dachstübchen sein, dem man den Charakter des Leichten, Blumigen gab, ein Raum, der in seiner legeren und bohèmehaften Art von den offiziellen Gesellschaftsräumen abstach. Gottfried Keller beschreibt in seinen »Züricher Novellen« ein altartiges, unheizbares Sommerquartier, das in etwa den Geschmack und die Einrichtung des 18. Jahrhunderts trifft: »Der alte Herr ließ sich aber nicht abschrecken, seinen Taufschützling selber aufzusuchen, und fand denselben im obersten Stockwerke des Hauses in seinem Sommerquartier, einer großen geweißten Kammer, deren hohe Fenster noch aus unzähligen runden Scheiben zusammengesetzt waren. In diesem Gemache standen die ältesten Schränke des Hauses, nicht etwa die schönen Nußbaumschränke, welche die Vorsäle der untern Gemächer zierten, sondern uralte, baufällige Kasten von Fichtenholz, mit Blumen und Vögeln bemalt. Von der Decke hingen verschollene Zierstücke, große Glaskugeln, die inwendig mit bunten Ausschnittbildern, Damen in Reifröcken, Jägern, Hirschen und dgl., beklebt und mit einem weißen Gipsgrunde ausgegossen waren, so daß sie bemaltem Porzellane glichen.«[24]

Leben im Haus

Nachdem wir einen Blick in die einzelnen Bereiche des Wohnens geworfen haben, sollen nun einige Stimmen zu Wort kommen, die dem Charakter des Wohnhauses insgesamt gewidmet sind. Von allen zeitgenössischen Darstellungen scheint der »Orbis Sensualium Pictus« von Johann Amos *Comenius* am meisten Authentizität zu besitzen. Dieses Schulbuch von 1654/58 ist auf die Veranschaulichung von ca. 4000 Begriffen angelegt; die ganze Welt, also auch das Haus und die Wohnung des Bürgers, sollten bildlich exakt erfaßt werden. Es handelt sich dabei nicht um eine regional geprägte Variante, sondern sozusagen um *die* Wohnung der Zeit[25].
Comenius beschreibt ein Idealhaus, wie es der zeitgemäßen Lehre vom Hausstand mit Großfamilie entsprach. Das arbeitsteilige Zusammenwirken von Mann und Frau und der ihnen zugeordneten Helfer ist die Grundkonzeption, die auch in der damals in Blüte stehenden Hausväter-Literatur angepriesen wird. Im Gegensatz zu dieser aber stellt Comenius nicht das Landgutshaus, sondern das gehobene Stadthaus dar.

Fig. 19 *Aufteilung des Hauses mit lateinischen und deutschen Bezeichnungen der einzelnen Räume aus dem »Orbis Sensualium Pictus« des J. A. Comenius, 2. H. 17. Jh.*

LXXI.

Partes Domûs.

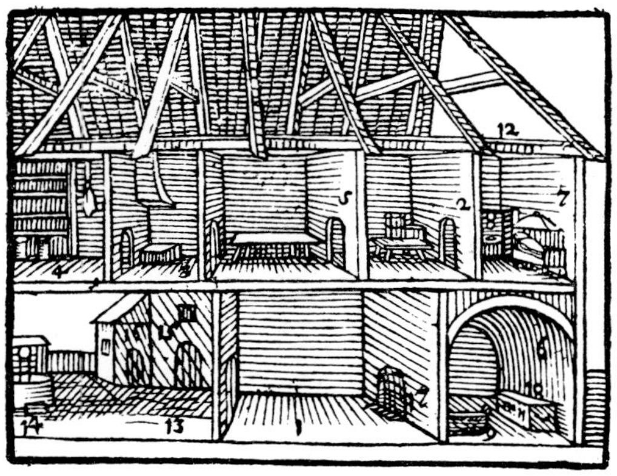

Die Hausgemächer.

Domus diſtinguitur in *Conclavia*, ut ſunt:	Das Haus wird abgetheilet in Gemächer / als da ſind:
Atrium, 1	(Saal) 1 das Vorgemach [der
Hypocauſtum, 2	die Stube / 2
Culina, 3	die Küche / 3
Cella penuaria, 4	die Speißkammer / 4
Cœnaculum, 5	der Eß-Saal / 5
Camera, 6	das Gewölbe / 6
Cubiculum 7 cum adſtructo Seceſſu (*Latrinâ*) 8	die Schlaffkammer 7 ſamt dem angebauten Secret (heiml: Gemach) 8
Corbes, 9 inſerviunt rebus transferendis;	Die Körbe / 9 dienen / die Sachen hin und wieder zu tragen;
Arcæ, 10 (quæ *Clave* 11 recluduntur) adſervandis illis.	die Kiſten (Truhen) 10 (welche mit dẽ Schlüſſel 11 aufgeſchloſſen werden) dieſelben zu verwahren.
Sub tecto eſt *Solum* [Pavimentum] (12 in *Areâ*, 13	Unter dem Dach / iſt der Boden; 12 im Hof / 13
Puteus, 14	der Schöpfbrunne / 14
Stabulum 15	der Stall 15
cum *Balneo*. 16	ſamt der Badſtube. 16
Sub domo, eſt *Cella*. 17	Unter dem Haus / iſt der Keller. 17

Bertuch, 1786:
Ueber die Belveders und eine neue Erfindung die Häuser mit Terrassen von nie verrostendem Eisenbleche zu decken. (S. 110)
Ein Belveder nennt man gewöhnlich eine Anlage auf dem Dache eines Hauses, oder an einem erhabenen Orte in einem Garten, wo man eine freye und schöne Aussicht genießt ... Für Leute die durch ihre Geschäfte und Lebens-Art in große Städte und ihre Häuser eingesperrt sind, und der freyen Land Luft fast gar nicht genießen können, muß es überaus angenehm seyn, in ihrem Hause selbst eine solche Anlage zu haben, wo sie wenigstens das Fantom eines Gärtchens schaffen, und wenn sie Blumisten sind, wenigstens eine Stunde des Tages, ohne beträchtlichen Zeit-Verlust unter ihren lieben Hyazinthen, Aurikeln, Nelken u.s.w. sitzen, und etwas gesündere als eingesperrte Zimmer-Luft athmen können.
(1. Bd., S. 118 f.)

Frankfurt a. M., um 1750, aus dem Haushaltbuch des Nikolaus Uffenbach (z. T. Mobiliar aus dem elterlichen Haus):
Stühle: 6 Tafelstühle, 1 Kanapee [grün bezogen]
6 Sessel mit Plüschsammet-Polster
2 Tabourets [Sessel ohne Lehne]
Tische: 1 runder Kaffeetisch, 1 Tisch mit schiefersteinener Platte, 1 Spieltisch mit rotem Wachstuch-Überzug, 2 nußbaumene Tische mit je 2 Nipptischchen
Betten: meist mit Himmel, eine Fülle von Federbetten.
1 sog. Nürnberger Bett: 2 Unterbetten, 1 Kopf- und 1 Fußpolster, 1 Deckbett, 2 Kopfkissen, 2 »Bauchküßlein«.

Wien, um 1775:
Es war wahrscheinlich 1775 oder 1776, daß wir die Wohnung, in der meine Geschwister und ich geboren worden, gegen eine stattlichere und viel geräumigere im Hause zum großen Christoph vertauschten, welches jetzt freilich ein ganz anderes Ansehen hat als damals, wo es, nur einen Stock hoch, mit eisernen Gittern vor allen Fenstern, einem hölzernen Kommunikationsgang im Hofe, einer freien, unbedeckten Treppe usw. im Äußern und Innern einer alten Schloßruine ähnlicher sah als einem Wohnhause in Wien. Doch der Zimmer waren viel, sie waren hoch, groß und stattlich, und damals hatte man von vielen Bequemlichkeiten und Bedürfnissen, die jetzt in jeder Wohnung gefordert werden, keinen Begriff. Auch waren die Menschen stärker und gesünder. Luftzug, kalte Gänge, die zu passieren waren, Fenster oder Türen, die nicht allzu wohl schlossen, hier und da eine feuchte Wand usw. wurden nicht geachtet und, weil sie keinen schädlichen Einfluß hatten, kaum bemerkt. Ich weiß, daß meine Eltern ganz zufrieden mit ihrer Wohnung waren. Die großen Zimmer, welche Sälen glichen, boten ihnen ein gewünschtes Lokal für die Bildersammlung meines Großvaters und für die zahlreichen Gesellschaften, welche sich in unserm Hause zu versammeln anfingen …
Auch große Musiken wurden gegeben, und obwohl ich ein ganz winziges Geschöpf von etwa 7–8 Jahren war, ließ mein Vater mich doch kleine Konzerte, die mein Klaviermeister Steffann eigens für mich komponierte, mit vollem Orchester produzieren. Natürlich wurde das Kind, die Tochter vom Hause, beklatscht, belobt, bewundert, und ich hielt mich bald für eine bedeutende Künstlerin.
(Pichler S. 40 f.)

Fig. 20 *Schlafkammer und Stube bei Comenius (wie Fig. 19).*

Einen ähnlich guten Einblick in das Hauswesen der Zeit erhalten wir durch komplett eingerichtete *Puppenhäuser,* die den Bürgerkindern als Anschauungs- und Lehrmaterial für ihr späteres Wirken dienten. Aus ihnen – wie aus zahlreichen Nachlaßinventaren – ist ersichtlich, daß die textile Ausstattung, die sich sehr selten erhalten hat, der Möbelausstattung an Wert nicht nachstand. Große Vorräte an Wäsche und Leinenballen sammelten die Frauen in Schränken und Kommoden[26]. Das Puppenhaus von 1639 im Germanischen Nationalmuseum Nürnberg zeigt in 15 Räumen über tausend Gegenstände, angefangen von jenen der Arbeits- und Lagerräume im Erdgeschoß, in den täglichen Aufenthaltsräumen des ersten Stockes bis zu der Ausstattung der Prunkstube und der Schlafstuben im zweiten Obergeschoß.
Den Bildern des Comenius und der Nürnberger Puppenhäuser seien zur Illustration der Einrichtungen einige *Wohnungsinventare* aus verschiedenen Städten angeführt, aus denen sowohl das zeittypische Mobiliar wie die soziale Breite der Ausstattung ablesbar ist.
Zuletzt wollen wir mit einem Barockdichter durch eine Anzahl von Räumen seiner Zeitgenossen schweifen. Der durch seinen »Simplicissimus« bekannte Hans Jakob Christoph von *Grimmelshausen* (1622–1676) erzählt in seinem weniger berühmten Werk »Das wunderbarliche Vogel-Nest« 1672 eine köstliche Geschichte: Der »Held« besaß die Gabe, unsichtbar zu sein, wodurch ihm alle Zimmer des Hauses offenstanden. Auf seiner abenteuerlichen Wanderung kam er »vor ein lustig Städtlein, bei dem es schöne Gärten hatte, sowohl zur Lust als zum Nutz gar zierlich aufgepflanzet…«[27]. Weiterhin ist zu vernehmen: »Der Saal, darin man speisen sollte, war über alle Maßen lustig akkommodiert, die Sessel mit Sammet beschlagen, mit Polstern und Stuhlkissen von schöner ausgenähter, so neuer als alter heidnischer Arbeit belegt, der Boden mit Rosenwasser begossen und neben der gedeckten Tafel mit allerhand schönen und wohlriechenden Blumen überstreuet und gezieret, die Wände aber anstatt der Tapezerei mit den allerkunstreichsten Gemälden behängt und das Trisur [Schenktisch] neben den kostbaren und kristallinen Gläsern von allerhand Formen beides mit güldenen, silbernen und überguldten Trinkgeschirren übergestellt… Darauf kam ich in die *Kuch,* da die Bratspieße von selbsten herumbgingen und das Feuer rund herumb mit Häfen besetzt war. Alle Wände waren von untenan bis obenauf mit metallen, kupfernen, messenen und zinnernen so hell geriebenen Geschirren besetzt, daß es schiene, als wann ich in keiner Kuchen, sondern irgends in einem stählinen Berg mich befunden hätte. Überdas gaben mir die nunmehr halb gar gekochten Speisen ein solchen lieblichen Geruch in die Nase, daß ich einen Appetit zum Essen bekam, ob mich gleich noch nicht hungerte… [Ich] kam in eine solche schöne Stub, daß sie gut genug gewest wäre, wanngleich der Tafilet [afrikanischer König] selbst darin hätte wohnen sollen. Ja, sie übertrafe den obgemeldten Saal weit, ohne daß hierin keine Bereitschaft gemacht wurde wie dorten, zu speisen… Folgends kam ich in eine Nebenkammer, worin das Konfekt stand, welches so kostbarlich zugerichtet war, daß ich mich verwundern mußte, weil ich dergleichen noch niemal gesehen. Da stunden ganze Türn [Türme] und Schlösser von Marzipan, ganze Platten von allerhand Obstwerk, ja, Schunken, Knackwurst und dergleichen Genäsch aus lauter Zucker gemacht, gemalt, überguldt und mit Blumen geziert, geschweige der kandierten und eingelegten Sachen…«

Ausklang des Barock

Im Laufe des 18. Jahrhunderts findet das Bürgertum mehr und mehr Geschmack am »Savoir-vivre« der höheren Gesellschaft. »Civilité«-Schriften erscheinen in Massen, man beschäftigt sich eingehend mit Wohnungsideen. Hausgrundrisse und -einrichtungen werden zum Gesprächsthema in Salons. Man kennt die berühmten Architekten wie die Franzosen J.-F. Blondel, A. C. Daviler u. a., die in theoretischen Abhandlungen ideale Wohnungen vorstellen. Gepflegtes Wohnen mit allen zeitgemäßen Neuerungen wird von größter Wichtigkeit. Natürlich stuft sich die Wohnkultur nach den zur Verfügung stehenden Mitteln ab.
Gegenüber dem 17. Jahrhundert bahnt sich allgemein eine Lockerung der strengen Vorschriften auf den Gebieten der Moral, der Umgangsformen, der gesamten Lebensauffassung an. Wie das prachtvolle Barockschloß von verspielten Pavillons, von Jagd- und Lustschlößchen abgelöst wird, so auch die massiv-bombastische Fülle der Möbel durch leichtere, gefälligere Formen. Zwanglose, oft frivole Manieren bedingen z. B. eine lässige Sitzhaltung, was sich wiederum in den Stuhl- und Banklehnen ausdrückt. Das ins Wanken geratene Gefüge der Sitten und Konventionen könnte man in

Parallele setzen mit der Vorliebe dieser Zeit für die Asymmetrie.

Genauere Kenntnisse des Fernen Ostens wirken sich in der Vorliebe nicht nur für chinesische Seide und Porzellan, sondern auch in der Zimmer- und Gartengestaltung aus, wo »chinesisch« und »indianisch« zur großen Mode der 20er und 30er Jahre wird. Die Ansprüche an die Bequemlichkeit wachsen.

Der gesteigerte Lebensdrang verlangt nach *Luxus*. Die Möbel passen sich dem Hang zum Eleganten wie zum Intim-Lasziven an. Wo die Wandvertäfelungen aus alter Zeit beibehalten werden, sucht man sie aufzuhellen: Weiß und Gold sind die beliebtesten Farbtöne, hellgrau – rosa – seegrün eine bevorzugte Komposition. Neue Paneele verziert man mit geschwungenen Holzleisten oder mit Malereien (Abb. 116–121). Türfüllungen, Getäfel, Decke: das ganze Szenarium des Raumes ist auch farblich aufeinander abgestimmt. Einen besonderen Effekt bieten die textilen *Wandverkleidungen.*

Das im 17. Jahrhundert häufig noch frei im Raum stehende Himmelbett rückt mehr und mehr an die Wand oder in den Alkoven, wo der Himmel fest montiert wird.

Unerschöpflich war vor allem die Phantasie der Franzosen im Erfinden graziöser gepolsterter *Sitz- und Liegemöbel.* Vom tonangebenden Paris ließen sich alle europäischen Zentren bestimmen. Da gab es die »Voyeuses«, auf denen die Herren rittlings saßen, wenn sie beispielsweise beim Kartenspiel zusahen, oder die kleinen runden Sessel für den Toilettentisch der Dame. Die Bergères waren recht bequeme Sessel, deren Rückenpolster in Armstützen übergingen und – wenn sie in die Länge gezogen waren – auch den Füßen noch Lagerung und Stütze boten: sie waren dann zur Chaiselongue geworden. Während diese ihre Herkunft vom Polsterstuhl nicht verleugnen konnte, betonte das Sofa – oft mit Kanapee gleichgesetzt – durch seine hohe, breite Rückenlehne den Bankcharakter. Das Sofa wird zum Sitzmöbel der Salons für das kommende Jahrhundert. Kostbare, farbenfrohe Bezüge spielen bei all diesen Polstermöbeln eine große Rolle.

Welches Ausufern in Form und Zahl erleben die *Tischmöbel!* Abstell- und Konsoltischen, Spiel- und Schreibtische, Toiletten- und Nähtischchen werden locker über die Räume verteilt. Zu den charmanten Gruppen gehören zierliche Stühle, deren Rückenlehnen sich dem Körper anschmiegen. Man kann sich lebhaft vorstellen, wie Damen und Herren hier zu regem Gedankenaustausch oder zum Kartenspiel zusammensitzen. Die Damen, die an dem geistigen Aufschwung der empfindsamen oder romantischen Salons wesentlich beteiligt sind, treffen sich zu Tee- oder Kaffeestunden; zierliche Handarbeiten gleiten durch ihre Finger, liebliche und spitze Worte, höfliche Floskeln und geistreiche Bemerkungen über ihre Lippen. Daniel Chodowiecki hat sie in Hunderten von Zeichnungen und Stichen festgehalten, diese Menschen gegen Ende des 18. Jahrhunderts, die auch im Affekt die schöne Form noch zu wahren verstanden (Fig. 17, 24).

Wie Tische und Stühle, so weisen auch die Hammerklaviere und Spinette gekurvte Beine und verschlungene Fußstege auf. In dieser musik- und festfrohen Zeit sind *Instrumente* nicht nur in aristokratischen Häusern obligat, sondern werden auch in vielen Bürgerfamilien »traktiert« (Abb. 120).

Die großen *Kleider- und Wäscheschränke* für die Verwahrung der Garderobe waren zwar unentbehrlich – modebewußt und putzsüchtig zeigten sich beide Geschlechter –, aber in das Ensemble der Gesellschaftsräume paßten sie durchaus nicht. Hier gab es nur zierliche Geschirrschränke, Kommoden, Kabinett- und Schreibschränke. Oft waren diese Möbel auch verwandelbar, etwa der Toilettentisch zum Schreibtisch. Kommoden wurden häufig mit Aufsätzen versehen, so daß eine Kombination von Kommode, Sekretär und Vitrine entstand. Auch reine Vitrinenschränke, im oberen und unteren Teil mit Glas versehen, sind beliebt. Es ist die Zeit, in der man die ersten kostbaren Porzellanstücke schützen und zugleich zur Schau stellen will. Alle die kleinen Luxusdinge aus Glas und Silber lassen sich in diesen Möbeln unterbringen (Abb. 88, 102).

Den überquellenden, von Einfällen sprudelnden Schöpfungen Süddeutschlands und Österreichs entsprachen im Norden Deutschlands ruhigere, vom englischen Stil beeinflußte Möbel. Von größter Bedeutung war in diesem Raum der englische Architekt und *Möbelentwerfer* Thomas Chippendale (1718–1779): In seinem weitverbreiteten Werk »The Gentleman and Cabinet Maker's Director« veröffentlichte er nicht nur kapriziöse Entwürfe für höchste Ansprüche, sondern auch solide gebaute Stücke für das gehobene Bürgertum[28]. Seine Kollektion vertrat ein gemäßigtes, fast zeitloses Spätbarock. Die Stühle beispielsweise wiesen zwar noch geschwungene Lehnen, aber bereits gerade Beine auf. Sein ab 1754 erscheinendes Vorlagewerk fand bei den Schreinern Norddeutschlands gute Aufnahme. Es ist bemerkenswert, daß hierin schon eklektizistische Momente des späteren Historismus anklingen. Die strengere Art des Nordens zeigte sich schon in den Fassaden der Häuser, etwa beim Berliner Ermelerhaus von 1760, bei den großen Leipziger Durchgangshäusern, z. B. Barthelshof 1748 u. a., deren Inneres von gemäßigten Barockformen geprägt war. Der Norden neigte auch schon frühzeitig einem nüchternen Klassizismus zu und war daher für die unterkühlten Möbel aus England empfänglich.

Ein Meister des Spätbarock auf deutschem Boden – in englischen und holländischen Werkstätten geschult – wirkte in Neuwied a. Rh., Abraham Roentgen. Er belieferte (seit ungefähr 1750) nicht nur den Weimarer Hof, sondern auch das wohlhabende Bürgertum besonders des mittleren Deutsch-

Nürnberger Testamente:

Frau Barbara Eckert, Witwe des Wirts zum Lamm, 30. Mai 1748:
4 versperrte Kälter, 5 Tisch, 20 Stühle, 2 doppelte u. 1 einfaches Spanbett nebst Sach, Zehentuch, groß u. klein Federbetten.

Johann Schleißer, Schneider, 3. Mai 1745, vermacht seiner unverheirateten Tochter:
ein völliges Ehe-Bett, nicht minder das einfache Bett, worauf sie lieget ... ein Schubladen-Kastn.

Witwe Magdalena des Joh. Peter Krafft, Rotgerber, 15. Dezember 1743:
zwey Ehebetten ... bestehend in einer doppelten mit Nuß Baum eingelegten Ehe Span Bett, mit Mößenen Anhalt-Schrauben, darinnen Vier Stroh-Sack, blau bezogen, zwey Unterbetten, zwey Pölster, Zwey Kopf Küssen u. ein Deckbett alles blau bezogen, nebst ... einen völligen weißen Überzug u. zwey Leylacher und drey Eiserne Stänglein ohne Vorhäng, [... noch ein anderes Ehe-Span-Bett] mit weiß leinenen Bettvorhängen.
(Nürnberger Testamente 1256, Staatsarchiv Nürnberg)

Stühle oder Tafel-Stühle,
Seynd hohe von Holtz gedrehete oder geschnitzte Gestelle, mit Hinter-Lehnen versehen, so über und über ausgestopfft, und mit Sammet, Plüsch, Trip, Tuch, gewürckter oder Stuhl- und TeppichtNahd-Arbeit auch bunten oder schwartzen gold oder silbernen Leder überzogen und bekleidet; man hat auch eine gewisse Art von Stühlen, so gar mit nichts überzogen, sondern statt des Leders oder Polsters von einer gewissen Art Holtz oder Rohr durchflochten und sauber umschlungen sind. Über diejenigen Stühle, so sauber oder kostbar beschlagen, pfleget man Stuhl-Kappen von Leder oder andern schlechten Zeugen zu streiffeln, wiewohl auch einige Gestelle ausgestopfft und nur mit einer rohen Leinwand beschlagen sind, bey dem Besuch und Aufputz aber mit saubern und nach dem Gestelle eingerichteten Kappen überzogen und bekleidet werden.
(Amaranthes 1715, Sp. 1950)

Fig. 21 *Mägdekammer unter einem Treppenaufgang: wenig Möbel, Kleidung an Wandstangen aufgehängt. Augsburger Zeichner, um 1726. Nürnberg, Germanisches Nationalmuseum*

Joh. Philippus Münch lernt als »Handlungsdiener« in Bremen und nimmt »Logiment« an der Werft:
Das Logiment war blutschlecht, kalt, ohne Fenster, das Bett aber war noch geringer, unten ein Strohsack, oben ein wullen Deckh. Mein Schlaft-Cameradt aber ware ein gantz grindigter Kammacher-Gesell... Dan die Mahlzeit ware in keinem warmen Logiment, sondern im kalten Hauß-Ehren: daselbst wolte mir das Eßen wegen alzu groser Kälte nicht schmeckhen. Endlich gab man uns unter den Tisch Kohlfeuer zu wärmen...
(S. 215)

Zürich, Ende 18. Jh.:
Die Kälte quälte mich nicht wenig. Meine Kammer konnte nicht geheitzt werden; das Steinpflaster darin machte mich geschwinde frieren; die untere warme Stube wimmelte von Kindern...
(Bronner, Bd. 3, S. 446)

lands mit seinen Intarsienkommoden, seinen reich geschnitzten Kleinmöbeln und ganzen Garnituren. Goethes Vater z. B. bezog von ihm Konsoltische und Lehnsessel.
Änderungen erfahren im Laufe des 18. Jahrhunderts die *Heizanlagen,* sowohl im formalen als auch im technischen Bereich. An die Stelle der turmartigen, kastenförmigen Kachelöfen treten nun weniger schwere, schlanke Gebilde, »vasenartig geschweifte Formen... oft cremegelb oder lavendelblau glasiert, mit Blumen und Blumensträußen bemalt«[29] (Abb. 96, 98, 99).
Immer mehr setzen sich auch Gußeisenöfen in verschiedenen Formen durch. Häufig sind sie als Hinterlader fest an der Wand angebracht. Es gibt aber auch schon »Windöfen« mit Luftzügen, die durch Klappen regulierbar und mit Ofenrohren versehen sind[30]. Ab 1700 sind sie gelegentlich auch von vorne beheizbar (Vorderlader).
Sehr beliebt wurden seit etwa 1700 Kamin- bzw. Ofenschirme mit geschnitzten Rahmen, innen mit Seide bespannt bzw. bestickt oder mit lieblichen Szenen bemalt.
Neben die Hochleistungen des Barock und Rokoko – zumeist von in berühmten Zentren ausgebildeten »Ebenisten« ausgeführt – treten die schlichten Arbeiten der bürgerlichen Schreiner. Natürlich haben auch sie von den Vorbildern gelernt, aber die Mittel ihrer Kunden erlauben keinen großen Aufwand. Wenn auch Stuhl- und Tischbeine die zeitbedingten Kurvenlinien nicht entbehren, wenn sich auch die Kommoden bauchen und an den Schränken mancher Schnörkel angebracht wird: Alles ist schlichter gehalten, von einfacher Bewegtheit, besser zum täglichen Gebrauch geeignet. Es kommt hier nicht zu einer Auflösung der konstruktiven Teile durch ornamentale Schwünge. Die Formen der Umrisse wirken wesentlich geschlossener und ähneln teilweise denen des Biedermeierstils.
Die Tischchen für die gute Stube werden oft mit eingepaßten Fayenceplatten ausgestattet, die sich bequem reinigen lassen und doch einen festlich-bunten Charakter bieten. Der im 18. Jahrhundert herrschende Laub- und Bandwerkstil kommt gelegentlich durch furnierte Bänder, Rauten und Blumenmotive zur Anwendung.

Soziale Unterschiede

Die beginnende Industrialisierung und der wachsende Einfluß des Geldes reißen die Kluft zwischen Arm und Reich noch weiter auf. Der Glaube an den gottgewollten Stand mit seinen Pflichten und Arbeiten kommt ins Wanken. Gewinnstreben emporgekommener Schichten auf der einen – wachsende Abhängigkeit und Not auf der anderen Seite bringen Unruhe, Unzufriedenheit und Unstetigkeit ins Arbeits- und Privatleben.

Mietwohnungen nehmen besonders in den Großstädten zu, werden bei wachsendem Bevölkerungsandrang rar und teuer, daher auch bald zu Spekulationsobjekten. Mahnungen zur Mäßigkeit, zu einfacherer Lebensweise, wie sie etwa von seiten des französischen Philosophen Rousseau oder des norddeutschen Aufklärers Justus Möser ertönen, verhallen zunächst ungehört. Durch den technischen Fortschritt, das Entstehen von Manufakturen und ersten Fabriken kommt es zu einer Umstrukturierung des Stadtgefüges und der Familien. Väter und Söhne arbeiten meist außer Haus, die Familie ist nicht mehr im Haus zu Arbeit und Wohnen vereint; dies führt allmählich zur Auflösung der großen Haushaltsfamilie und der ursprünglichen Funktionskomplexität des Hauses. Dieser Vorgang erstreckt sich über mindestens ein Jahrhundert und verzögert sich dort, wo durch die Weitergabe ererbten Besitzes, durch starke Traditionsgebundenheit oder durch ökonomischen Zwang ein Festhalten am Familienverband arbeitsnotwendig ist.

Bei dem Kaufmann Johann Gottfried Schramm in Hamburg lebten außer den drei Kindern noch sieben Angestellte. »Im Jahre 1798, als nur noch der Sohn bei den Eltern Schramm wohnte, hausten mit ihnen ein Kontorbedienter, ein Bursche, ein Diener und vier Mädchen. In anderen Hamburger Haushaltungen waren damals noch mehr Menschen eingestellt...«[31]

Das Schrammsche Haus in Hamburg vererbte sich von 1703 bis 1842 durch sechs Generationen hindurch fort. »Zu der Familie mit der verwitweten Großmutter, unverheirateten Tanten und sonstigen Verwandten, mit Kommis und Lehrlingen, die in die Eßgemeinschaft eingeschlossen waren, hatten auch Mieter gehört, die einzelne Zimmer oder ein ganzes Stockwerk bewohnten. Ein solches Haus – im Schrammschen Falle hatte es sich sogar um zwei Nachbarhäuser gehandelt – war wie ein Bienenstock gewesen, mit zahlreichen Bewohnern, die zwar ein sehr unterschiedliches Verhältnis aneinander band, die aber alle irgendeine Beziehung zueinander gehabt hatten: solche der Verwandtschaft, der ›Handlung‹ oder doch engster Nachbarschaft, die den einen auf den anderen angewiesen gemacht hatte. War einer krank geworden, hatte jeder Hausbewohner das erfahren und in seiner Weise daran teilgenommen; war eine Frau ins Kindsbett gekommen, hatten die anderen Frauen, je nach ihrer Art, Hilfe geleistet; hatte der Sohn aus der Fremde geschrieben, sprach sich das von der Diele bis in das Hinterhaus herum. Alle aber, ob alt oder jung, männlichen oder weiblichen Geschlechts, waren ausgerichtet gewesen auf den ›Hausvater‹, der als Familienoberhaupt, als Chef der Handlung, als Besitzer des Hauses das letzte Wort zu sagen gehabt hatte...«[32]

Wo die Hausfrau nicht zur Berufsarbeit gezwungen ist, wendet sie sich ihrem ganz privaten Wirkungskreis und der Erziehung der Kinder zu, wie es dann im 19. Jahrhundert in allen Bürgerschichten üblich werden sollte. Sie kann die Einnahmen ihres Mannes ihrerseits verbessern durch Vermieten von Zimmern, durch Aufnahme von Kostgängern oder durch Heimarbeit.

Schlimm stand es – wie in den vergangenen Jahrhunderten – weiterhin um die »*Logiments*« von Handwerksgesellen und Studenten. Sie waren nicht nur kalt und eng; in den Strohsäcken wimmelte es oft von Läusen und Wanzen. So berichtet der nachmals bedeutende Gefährte berühmter Romantiker, der Schöpfer der ersten Gewerbeschule, Karl Friedrich von Klöden (1786–1856), aus seiner Jugend in Berlin: Als armer Goldschmiedelehrling war er bei seinem Oheim in einer äußerst belebten Straße untergekommen, »drei Treppen hoch, höchst beschränkt, so daß ich in einem fensterlosen Verschlage auf dem Hausflur schlafen mußte«[33].

In den Bergwerksstädten des Harzes wurden für Fuhrleute und andere nicht seßhafte Bevölkerungsteile Schlafstellen in den Giebelwänden der Dachräume eingerichtet. »Unter der Dachschräge eingebaut, befanden sich ›Butzen‹ für die Dienstkräfte und die jungen Leute. Ein einfacher Brettrahmen auf dem Fußboden für die Begrenzung des Heulagers mußte reichen. Dazu kam an der geraden Wand noch ein hölzernes Hakenbört. Auch andere Verschläge, z.B. unter Treppen, oder Alkoven-Schränke einfachster Form dienten als Schlafstellen für Dienstkräfte bzw. für die ledigen Bergleute als Mietobjekte.«[34]

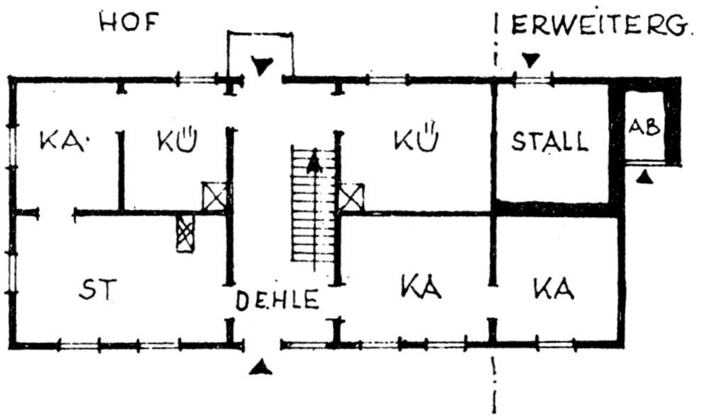

Fig. 22 *Grundriß des Hauses eines Eisensteinbergmannes in Braunlage/Harz, wie er ab dem 18. Jh. häufig vorkommt: links der »Dehle« die Wohnung des Eigners, rechts Wohnküche und Schlafkammern der »Hausgelittenen« (fremde Mieter); Stallanbau nach rückwärts in der Firstverlängerung. (nach Griep Abb. 39)*

Auch in Städten wie Mainz, wo nach kurfürstlichem Vorbild glanzvolle Barockhöfe errichtet wurden, wohnte die Mehrzahl der Bevölkerung in beengten Verhältnissen. So gab es z.B. in der Rechengasse schmale Judenhäuser (Breite 3,5 bis 4,5 m) mit zwei kleinen Räumen pro Etage oder in anderen Straßen Mietshäuser, die in jedem Stockwerk nur über zwei Stuben mit Flurküche verfügten[35].

In dem Städtchen Warendorf/Westfalen wurden von Kleinbürgern – besonders nach Kriegen oder Stadtbränden – ein-

Mietwohnung für Familie mit 3 Kindern, Großmutter und Lehrling, Berlin, »bestand aus einer Stube vorn heraus, in welcher gearbeitet wurde, und welche zugleich Wohnzimmer der Familie war, und einer Stube nach dem Hofe, in der die Großmutter wohnte. Zwischen beiden lag die kleine Küche, welche ihr Licht mittelst eines Zwischenfensters aus dem Zimmer der Großmutter empfing, und daher sehr dunkel war... Soviel hölzerne Stühle, als Personen da waren, hätten neben Tisch und Betten nicht untergebracht werden können, daher die Großmutter gewöhnlich auf der Bettlade Platz nahm...
(nach Möller S. 121)

»Henrich Stillings häusliches Leben«:
Jetzt stand nun das junge Ehepaar da, und sah sich mit nassen Augen an – der gesamte Hausrat war sehr knapp zugeschnitten, sechs bretterne Stühle, ein Tisch, ein Bett für sie, und eins für die Magd, ein paar Schüsseln, sechs fayancene Teller... (S. 229)

In der oberpfälzischen Kleinstadt Weiden wurde nach dem Tode des Lebküchners Wolff Ambacher am 24. April 1662 von der Stadtbehörde ein Inventar erstellt, das »In der Stuben« verzeichnet:

1. Marmorsteinerner tisch mit
1. Schubladen
1. Crucifix
1. Leinbanck [Lein = Lehne]
1. Leinstuhl
1. Bachtaffel
1. Eyßern Scher
1. Meßing leichter schrauben
1. trädener Löffel Korb
darinnen blechene Löffel
1. Waag mit 2. Messene Schalen
2. Messene Becken
1. dergleichen glutpfannen
10. Laas Kopff
1 1/2 Messing eingesetzt gewicht
1. Messener Mörßner mit dergleichen stempffel
1. Alte himmelbettstatt darinnen
1. Ober:
2. Vnterbett
2. Küß
1. Polster Alles mit flachsen Überzug
1. Leylach
1. garnhaspel
1. Bachmulter
1. Mehlsieb
1. Groß Siechel
1. Zwillicher Sack
1. Wag mit zwey Küpfern Schalen
3. Eyßern gewicht
1. Zienene Maas
1/2. Seiden Kannen
1. Dreußene mit Zien beschlagener Krug
1. Küpferne:
2. große Eyßerne:
1. Messenes pfannlein
1. klein pfännlein
2. Eyßerne faimblöffel
1. Pfann Eyßen
1. Rieb Eyßen
1. hackmesser
1. bradtrost
1 1/2. duzendt hülzerne deller
1. wasser Eymer
3. Kochlöffel
2. Blecherne trichterl
2. Kupferne becklein …
(Bedal in: Wiegelmann S. 221 ff.)

räumige *Kleinsthäuser* errichtet, sogenannte Gademe. »1758 überwogen mit 384 von 697 Wohnbauten die Gademe.«[36] Sie wurden auch als »Mietsgademe« zusammengefaßt, die bis zu acht Wohneinheiten haben konnten.

Gleich anderen norddeutschen Küstenstädten erfuhr auch Stettin, das in der zweiten Hälfte des 18. Jahrhunderts zu einer bedeutenden preußischen Handels- und Militärstadt geworden war, einen großen Wandel: »Aus dem Eigenhaus, das der Bürger seit Jahrhunderten mit seiner Familie und seinem Wirtschaftsbetrieb bewohnte, wurde überwiegend ein Haus, in dem außer dem Eigentümer noch mehrere Familien wohnten, also ein Mietshaus.«[37]

Wenn auch die Zahl der Mietwohnungen ständig zunahm, der Grund und Boden im Stadtbereich kostbar wurde, so galt doch allgemein, daß auch bei weniger Wohlhabenden noch im 18. Jahrhundert der Besitz von Wohnhäusern häufiger war als heute. Die Art und Weise des Wohnens zwischen der oberen und mittleren Klasse wies nur graduelle Unterschiede auf. So besaßen auch kleine Handwerker in der Regel ihr Häuschen, meist in Erbpacht, wie für Frankfurt a.M. nachgewiesen werden konnte[38]. In Quedlinburg waren 1798 von den 500 Handwerkern fast 80% *Hauseigentümer*[39].

Über die Verhältnisse der Berliner *Kleinbürger* im 18. Jahrhundert liegt eine Studie vor, die manches Detail über die Wohnverhältnisse aufdeckt. Aus zeitgenössischen Beschreibungen geht hervor, daß Schüler und Lehrlinge oft auf dem Boden, hinter Verschlägen auf dem Flur oder in sonstigen Winkeln nächtigen mußten, und daß sich der gemeine Mann mit einem »einzigen Zimmer, worinnen er nicht allein sein Handwerk treibt, sondern auch mit seiner ganzen Hausgenossenschaft wohnt und schläft«, begnügen mußte. »In solcher niederen Enge worin aus Mangel an Raum selbst das kaum Entbehrliche nicht vermißt wurde, konnte nur Reinlichkeit und Liebe das Zusammenleben der Familie erleichtern.«[40]

Nicht ungefährlich war es allerdings, wenn man diese Reinlichkeit durch vieles Naßputzen oder auch durch übertriebenes Scheuern mit Sand herzustellen versuchte. Feuchtigkeit und Staub schlugen sich, da man ja den Raum weiterbenutzen mußte, auf die Lunge.

Daß das Mobiliar in den meisten Fällen äußerst schlicht war und kaum Spuren der herrschenden Stilrichtungen aufwies, läßt sich denken. In München war z.B. »mit Ölfarbe angestrichener Hausrat … die Regel«[41].

In kleineren *Landstädten* trat der Zusammenhang mit der bäuerlichen Einrichtung des Umlandes noch deutlicher hervor. In vielen Fällen haben die nämlichen Tischler Bauern und Kleinstädter beliefert. So geht aus den Inventaren der oberbayerischen Stadt Traunstein, die im 17. Jahrhundert zahlreiche Ackerbürger und *Tagelöhner* in ihren Mauern wohnen hatte, hervor, daß die Bürger mit Möbeln versehen waren, die genauso einem ländlichen Haushalt entstammen konnten. Da gab es 1674 noch Handwerker, die kein Schrankmöbel ihr eigen nannten, sondern ihr Gewand in Truhen verwahrten. Am 16. Januar 1635 starb Magdalena Lechner und hinterließ »ain grien angestrichen Kasten mit Fuß und Kranz, auch einer Schubladen darinnen«. Im Haushalt des verstorbenen Stadtschreibers Melchior Mayr inventarisierten die Amtsleute 1637: »1 grien angestrichen rund Tischl mit einer Schubladen, in der Stubenkammer ein groß gewandt Casten…«[42]

Bemalte Möbel, wie sie im bäuerlichen Bereich in Süddeutschland allgemein üblich waren, verzeichnen auch die (292 untersuchten) Verlassenschaftsinventare der oberbayerischen Kleinstadt Weilheim zwischen 1650 und 1724: Blau und grün angestrichene Truhen, Tische und Bänke sind mehrfach genannt. Fast jedes Haus hat seinen landwirtschaftlichen Nebenerwerb, worauf nicht nur Stallungen, sondern auch Geräte in der Wohnung – ein Milchkasten in der Stube – hinweisen[43].

Zusammenfassend läßt sich sagen, daß die Kleinbürger des 18. Jahrhunderts weit weniger für das von höfischen Kreisen ins Bürgertum eingedrungene laszive und kapriziöse Lebensgefühl leichter Dekadenz anfällig waren und dem »Aufweichen des überkommenen Normensystems«[44] widerstanden. Sie verharrten im Wohlanständigen, beim vorgezeichneten Leitbild der Ehrbarkeit und der steten Pflichterfüllung in Arbeit und Familie. Das Haften am Hergebrachten und Formalen umgab sie wie eine Schutzhülle, und darin kann man einen stabilisierenden Faktor der kleinbürgerlichen Familie sehen. Diese Haltung fügte sich in die von den Aufklärern geforderte Natürlichkeit und Vernünftigkeit ohne Bruch ein und entsprach dem von der frühen Klassik angestrebten Lebens- und Wohnstil des Schlichten, Einfachen, Humanen.

Klassizismus und Napoleonzeit (1760–1800)

Ideeller Hintergrund: der Weg zum Wahren und Schönen

Nicht nur der am meisten benachteiligte »Dritte Stand« begann im 18. Jahrhundert gegen Ungerechtigkeit, Bevormundung und Willkür aufzubegehren; breite Kreise des Bürgertums wandten sich gegen die Verschwendungssucht und Unmoral höfischer Kreise. Sie setzten dem die Werte der Biederkeit, der Rechtlichkeit, des natürlichen Lebens entgegen. Den Grundsätzen der Aufklärungsbewegung stand gerade jenes durch Sparsamkeit und Fleiß hochstrebende Mittelstandsbürgertum aufgeschlossen gegenüber. Aus diesen Schichten gingen zahlreiche Aufklärungsschriften hervor. Männer wie der Oldenburger Journalist Justus Möser oder auch die Verfasser von Schullesebüchern haben dieser Bewußtseinshaltung Ausdruck verliehen und neue pädagogische Impulse gesetzt.

In *England* und – von dorther beeinflußt – im nördlichen Deutschland (s. S. 41) hatte sich der Wohnstil bereits in der ersten Hälfte des 18. Jahrhunderts durch größere Schlichtheit ausgezeichnet. Thomas Chippendale hat in seinem letzten Lebensjahrzehnt zahlreiche Möbelentwürfe des englischen Architekten Robert Adam verwirklicht, die mit ihren klaren Linien und Flächen bereits dem Klassizismus zuzurechnen sind. Diese edlen, manchmal recht spröden Einrichtungsstücke verwenden gerne das dunkle Mahagoniholz, von dem die norddeutsche Wohnung bis in die Zeit des Biedermeier beherrscht wird.

In *Frankreich* hatte das Rokoko schon während seiner Blütezeit Feinde gehabt, die das allzu Schmuckhafte als Geschmacklosigkeit anprangerten[1]. Der Louis-seize-Stil, der schon vor der Thronbesteigung des 16. Ludwig anzusetzen ist, mischte klassizistische Formen mit Rokoko-Elementen. Johann Wolfgang von *Goethe* verstand es, während seines langen Lebens den jeweiligen Zeitgeist mit prägnanten Worten zu fixieren; mit phänomenalem Gespür hat er auch diese Wende vom Geist des Rokoko zu einem neuen Empfinden festgehalten. In Leipzig, wo er Ende der 60er Jahre seine Studien begann, wurde ihm der Professor für Kunstgeschichte, A. F. Oeser, eine Offenbarung: nicht allein wegen seiner Werke – vor allem Plastiken an Urnen, Sarkophagen, Säulen –, sondern auch durch die Wohnumgebung, die er bei ihm vorfand. In einem Brief vom 9. November 1768 schreibt er ihm in leidenschaftlichen Tiraden: »Was bin ich Ihnen nicht schuldig, teuerster Herr Professor, daß Sie mir den Weg zum Wahren und Schönen gezeigt haben, daß Sie mein Herz gegen den Reiz fühlbar gemacht haben…«[2] Plötzlich gehörte nun nicht mehr dem »Schnörkel- und Muschelwesen« die Liebe und Bewunderung der jungen Menschen; zu unnatürlich und geziert fand man die üppige, parfümierte Atmosphäre der spätbarocken Salons. Sie zu beseitigen war nicht nur ein ästhetisches, sondern auch ein moralisches Gebot. Die ethische Komponente des Wohnwesens rückt in den Mittelpunkt der Bemühungen.

Um die Jahrhundertmitte hatte man die besterhaltene antike Stadt – *Pompeji* – wiederentdeckt. William Hamilton, der damals englischer Gesandter in Neapel war, legte sich eine immense Antikensammlung zu, die er in einem Katalog der Öffentlichkeit vorstellte. Entscheidend zur Verbreitung der griechischen (später auch römischen und ägyptischen) Formen und Motive trug die Druckgraphik bei. Zeichnungen und Stiche der pompejanischen Wandmalereien und zahlreichen Einrichtungsgegenstände des Pompeji benachbarten Herculaneum förderten den »goût antique« und somit auch den Wandel der Innenausstattung. »Den zeitgenössischen Publikationen über die Ausgrabungen kommt fast die Bedeutung von Vorlagewerken zu.«[3]

Klassizistischer Wohnstil

In Parallele zum französischen »Louis-seize« setzte der Klassizismus in Deutschland um 1760 ein und erreichte etwa ein Menschenalter später »den Charakter einer allgemeinen europäischen Epidemie…«[4].

Die klassizistische Strömung durchdrang alle Lebensbereiche – zumindest der Ober- und Mittelschichten – und bildete das Gefäß, in das die Menschen ihre eigenen Ideale gießen konnten. Angeregt durch den einflußreichen Kunsttheoretiker Johann Joachim Winckelmann (1717–1768), suchten sie bei den Griechen jene »edle Einfalt und stille Größe«, die sie in ihrer Zeit nicht zu finden vermochten. In Deutschland las der verdiente Göttinger Philologe Christian Gottlob Heyne seit 1767 über »Archäologie der Kunst des Altertums, insbesondere der Griechen und Römer«. Und ungefähr um dieselbe Zeit begann Wieland seine lange Serie von Romanen aus dem alten Hellas, von denen er selbst sagte, ihre Farben seien von Winckelmann geborgt: Lessing erklärte den »Agathon« für den ersten deutschen Roman von klassischem Geschmacke und Goethe erzählt in »Dichtung und Wahrheit«, im »Musarion« habe er das Antike lebendig und wieder neu zu sehen geglaubt.

Der neue Denk- und Lebensstil war nicht auf Länder oder Regionen beschränkt. Im Gegensatz zur politischen Kleinstaatlichkeit in Europa entwickelte er ein gesamteuropäisches Bildungsziel, ein »klassisches« Menschenbild.

Aus vielerlei Rinnsalen unterschiedlicher Richtung und Stärke fließen dem Strom des sich wandelnden Lebensgefühls frische Quellen zu. Nicht mehr allein aus der höfischen Welt werden sie gespeist, sondern vom gebildeten Bürgertum, das nun die geistige Führung übernimmt. »Der Klassizismus wurde daher der Stil des Bürgertums, vor allem in Deutschland.«[5]

Wie die klassische Dichtung – inspiriert vor allem durch die Idee der griechischen Schönheit – eine Fülle ausgereifter poetischer Werke hervorbrachte, so gelangen auch der

»Schreiben eines Frauenzimmers vom Lande, an die Frau … in der Hauptstadt« (Hannover), 1760:
Ihnen … steht es sehr wohl, daß Sie des Morgens bis zehn Uhr schlafen, drei Stunden am Nachttische sitzen, und die übrige Zeit in angenehmen Gesellschaften zubringen … Sie haben Recht, über Langeweile zu klagen, sobald Ihnen Spiel und Gesellschaft fehlt. (S. 83)
Wissen Sie nicht, daß die Menge Ihrer Bedürfnisse nur ein Zeichen Ihrer Armuth sei? (S. 85)
… ich glaube, daß die Pracht des Meubles, Nippes und Ajustemens die besten Puppen für solche großen Kinder sind.
(Möser, 1. Teil S. 89)

Leipzig, Ende der 60er Jahre 18. Jh.:
… wir gelangten auch manchmal in sein daranstoßendes inneres Kabinett, welches zugleich seine wenigen Bücher, Kunst- und Naturaliensammlungen, und was ihn sonst zunächst interessieren mochte, enthielt. Alles war mit Geschmack, einfach und dergestalt geordnet, daß der kleine Raum sehr vieles umfaßte. Die Möbel, Schränke, Portefeuilles elegant, ohne Ziererei oder Überfluß. So war auch das erste, was er uns empfahl und worauf er immer wieder zurückkam, die Einfalt in allem, was Kunst und Handwerk vereint hervorzubringen berufen sind. Als ein abgesagter Feind des Schnörkel- und Muschelwesens und des ganzen barocken Geschmacks, zeigte er uns dergleichen in Kupfer gestochne und gezeichnete alte Muster im Gegensatz mit besseren Verzierungen und einfacheren Formen der Möbel sowohl als anderer Zimmerumgebung, und weil alles um ihn her mit diesen Maximen übereinstimmte, so machten die Worte und Lehren auf uns einen guten und dauernden Eindruck.
(Goethe, DuW, Bd. 6, S. 259)

Ideen zu einem kleinen Neben-Zimmer, Kabinet oder Solitude... Ich habe oft darüber gedacht, diese Art kleiner Plätze, die man so gern der Ruhe, der Einsamkeit, dem Lesen oder der Meditation widmet, ihren Bewohnern durch eine edle Simplizität der Decoration, und eine heitere Harmonie des Ganzen, noch angenehmer... zu machen.
(Bertuch 1786, 1. Bd., S. 424 f.)

Was den Ofen betrift so ist es fast nöthig daß er in einer Nische stehe, welche voran mit einer eben so verzierten Leiste als die Thürstücke, eingefaßt ist. Die Nische muß in etwas hellem grünen Porphyr ausgemahlt werden, und der Ofen kann eine weisse antike Vase mit vergoldeten Ornements vorstellen. Kann in dem Zimmer dem Ofen gegenüber noch eine Nische angebracht werden, so ist es desto schöner, indem man in solche eine weis geschliffene schöne antike Statue, auf ein Piedestal von schwarzen oder auch grünen geschliffenen Porphyr, stellen kann. Es versteht sich, daß das Zimmer mit guten Parquets muß ausgelegt werden, daß die Thüren zwey Flügel haben, und mit einer schönen lichtgrauen Lack-Farbe angestrichen werden müssen.
(Bertuch 1789, 2. Bd., S. 399)

Raumkunst dieser Epoche Schöpfungen von erlesener Feinheit. Sie beeindrucken mehr durch vollendete Proportionen und Eleganz als durch intuitive Lebendigkeit und überraschende Reize. Ein klarer Rhythmus beherrscht nun den Raum, der frei bleibt von verspielter Lässigkeit, von kapriziöser Willkür und leidenschaftlicher Bewegtheit. *Symmetrie und Gerade* herrschen vor. Die Wände sind belebt durch

Fig. 23 *Vorhalle in F. J. Bertuchs Wohnhaus in Weimar, 2. H. 18. Jh.*

flache Pilasten und eingeschobene Füllungen, sogenannte Panneaux, die oft mit antiken Motiven, mit Landschaften und italienischen Grotesken bemalt sind. Im allgemeinen zeichnet sich die Einrichtung durch sparsame Schmuckformen, aber durch Verwendung wertvoller Materialien aus. Flechtverzierungen, Wellenbänder und Eierstab sind die meistgebrauchten strengen Ornamente. Bei festlicher Ausstattung werden in flacher Reliefschnitzerei Medaillons, Gehänge, Lorbeerkränze, Vasen und Urnen mit eckigen Griffen, Genien, Adler und Sphinxe herausgearbeitet.

Da man annahm, daß die Bauten des Altertums ehedem in reinstem Weiß erstrahlten, bevorzugte man weiße bzw. blaßzarte *Farbtönungen* auch im Innern der Häuser. Gegenüber der barocken Buntheit ist die Farbigkeit sehr zurückgenommen. Die Zimmer wirken eher kühl-vornehm. Das gilt vor allem für die nördlichen Regionen. Der Süden neigt eher zur zarten Farbigkeit, die sich an den Geschmack des Rokoko anschließt. Denken wir nur an die fast bunt zu nennende Ausmalung mit Blumen und Tieren im Schloßsaal zu Ismaning bei München. Der höfische Klassizismus und sein Einfluß auf die tonangebenden Bürgerschichten ist noch kaum untersucht und analysiert worden. Er scheint für die ersten Jahrzehnte des 19. Jahrhunderts stärker gewesen zu sein als bisher angenommen[6].

Die *Öfen* sind in das Raumganze miteingeplant, man sieht häufig sogar eigene Nischen für sie vor. Ihre zumeist runde, turmartige Gestalt ist nur sparsam mit Ornamenten besetzt; weiße, cremefarbene oder malachitgrüne Kacheln finden bevorzugt Verwendung.

Prunkküchen kamen völlig aus der Mode. Die *Küche* war zum nüchternen Arbeitsraum geworden und – wo man sich Angestellte leisten konnte – zum Raum für Bedienstete. Die Dame des Hauses betrat sie höchst selten, und auf keinen Fall richteten Gäste dorthin ihre Schritte. Beim Mittelstand und in Kleinbürgerkreisen mußte die Hausfrau natürlich selbst die Küche versorgen, und diese wies in ihrer Einrichtung wenig modische Veränderungen auf, wie aus Inventaren hervorgeht.

Mobiliar

Betten waren in allen Kreisen aus den Gesellschaftsräumen verbannt. Sie wurden häufig mit der Längsseite an die Wand gestellt oder – im Eheschlafzimmer – symmetrisch zum Mobiliar plaziert. Ein kronenförmiger Betthimmel ließ die Vorhänge in geregeltem Faltenwurf nach unten fallen. Gäste empfing man nicht mehr in den Schlafräumen. Dafür diente der Salon oder – falls dieser fehlte – das Wohnzimmer.

Mancherlei neue *Kleinmöbel* vervollständigten die Einrichtung; sie wurden nach Gebrauch an den Wänden aufgereiht. Im Norden entstanden unter englischem Einfluß mehrere Spielarten von Klapptischen, Wandeltischchen und schmale Anrichten.

Als neue Möbel kommen *Tischchen* in halbrunder Form hinzu. Die anwachsende Neigung für Blumenschmuck in den Zimmern bringt eine Fülle von Blumentischen hervor. Ab 1790 sieht man in gleicher Weise wie die Panneaux verzierte *Ofenschirme,* von den Damen des Hauses gerne mit eigenen Einfällen bemalt oder bestickt.

Wie alle Möbel, so verlieren auch die *Stühle* ihre Kurvungen; die Beine laufen spitz nach unten zu und sind manchmal kanneliert. Leichte Sessel weisen ovale Rückenlehnen auf oder bandförmige geometrische Formen, die das Oval durchdringen. Wie die anderen Sitzmöbel so passen sich auch die Stühle funktionell mehr und mehr den menschlichen Körperformen an. Auch in einfachen Bürgerwohnungen fügen sie sich dem Grundschema der Zeit ein: hohe, gerade Lehnen, die zum aufrechten Sitzen anregen, hohe, dünne Beine. Die Polsterungen sind weniger üppig als im Rokoko, lose Sitzkissen werden wieder Mode.

Die *Kommoden* – kubisch vereinfacht – stehen auf kurzen, nach unten verjüngten Beinen. Architekturelemente wie Halbsäulen mit Basen und Kapitellen treten als Schmuck auf. Auch die (vergoldeten) Bronzebeschläge an den Möbeln dienen zur Verschönerung und bieten zugleich Schutz. Sehr en vogue sind die sogenannten Chiffonieren, hohe Schubladenschränke aus edlem Holz.

Ein Meister dieser Schubladen- und Kabinettschränke war David Roentgen, der 1772 in Neuwied die Werkstätte seines Vaters (s. S. 41 f.) übernommen und vergrößert hatte. Er arbeitete mit ca. vierzig Gesellen, belieferte die Messen in Paris und Frankfurt, richtete in Berlin eine Zweigniederlassung ein. Ständig war er unterwegs zur Kundenwerbung – dem Stil nach eigentlich kein Handwerksmeister mehr, sondern ein Manufakturist[7].

Die Blüte des Klassizismus in den Hansestädten

Zur selben Zeit, als David Roentgen sich von dem Rokoko der väterlichen Werkstatt löste, vollzog in München François Cuvilliés d. J. die Hinwendung zu den strengeren Formen des neuen Stils. Beide Meister arbeiteten freilich noch vorwiegend für höfische Kreise. Im Norden Deutschlands wurde der Klassizismus jedoch recht bald auch in Bürgerkreisen aufgenommen, in denen auch Adlige verkehrten. Große Häuser sind um diese Zeit nicht mehr ständisch geprägt. Dabei mag auch die republikanische Tradition der Hansestädte eine gewisse Rolle gespielt haben: Die Hinwendung zum Altertum schloß auch eine politische Hinwendung zum antiken Ideal der Volksherrschaft mit ein.

In exemplarischer Weise vertritt den norddeutschen Klassizismus das Behnhaus zu *Lübeck* (Königstraße 11): Der wohlhabende Handelsherr und spätere Bürgermeister Peter Hinrich Tesdorf hatte ab 1778 aus zwei alten Bürgerhäusern diesen Komplex erstellen lassen; ab 1805 richtete sein Nachbesitzer, Senator M. Rodde, das Haus nach neuestem Geschmack ein. (1823 erwarb es der Arzt H. G. Behn, nach dem das Haus benannt ist.) Der Schöpfer der Gesamtanlage, der Däne Josef Christian Lillie, war erfahren im Ausgestalten von Schlössern und vornehmen bürgerlichen Stadtwohnungen.

Eine große, prächtige Diele umfaßt den Raum zwischen Erdgeschoß und zweitem Obergeschoß. An der zentralen Längswand führt ein lichtdurchfluteter Treppenaufgang zur Galerie (Abb. 162). Zurückhaltend sind die Ornamente: Postamente mit leuchtertragenden Figuren, kannelierte Säulen und sparsamer Geländerschmuck. Der geringe Aufwand an Dekor betont die Großzügigkeit und auf Repräsentation abgestimmte Komposition des Raumes. Auch die Fest- und Privaträume in den Obergeschossen verbinden symmetrische Strenge mit lichterfüllter Anmut.

Besonders das Gartenzimmer im Erdgeschoß des Seitenflügels ist von bestechender Schönheit (Abb. 161): »Die Gliederung des beinah quadratischen Raumes wird von den drei rundbogigen Öffnungen, zwei Fenstern und einer mittleren Tür in der einen Frontwand, bestimmt. Dies Motiv wurde, in scheinbare Durchblicke verwandelt, auf die übrigen Wände gemalt, welche zuvor mit Papier auf Leinwand bespannt worden waren. So blickt man nach vorn in den wirklichen, seitlich in einen imaginären Garten; er erstreckt sich hinter einer weißen Brüstung, die Spitzen des Gebüschs ragen noch an manchen Stellen über das Geländer, auf dem jeweils in der mittleren Arkade kostbare Rosenschalen auf bronzenen Ständern stehen. Zwischen die Bögen sind zierliche Stäbe mit herabhängenden Blumenkörben gespannt, um sie herum treiben bunte Vögel ihr schwirrendes Wesen. Wie zur Verstärkung des gleichsam verzauberten Eindrucks sind die Arkadenpfeiler mit federleichten Gebilder aus Tüchern, Girlanden und Zweigen verziert, und vom Blau des Himmels, hier die Decke, schwebt ein Adler herab, den Kronleuchter in seinen Fängen. Sogar der Ofen ist Teil der elegischen Gartenatmosphäre: Als antikes Grabmal steht er in der zur Nische ausgebuchteten Mitte der Rückwand, melancholisch von teils plastisch ausgebildeten, teils gemalten Bäumen überschattet.«[8]

In der Altstadt von Lübeck fanden derartige Anlagen wenig Nachahmung; aber jenseits der Trave, besonders in der Gegend vor dem Burgtor, wurden Sommerhäuser im neuen Stil errichtet. Es gehörte nun zum guten Ton, im Sommer »auf dem Garten« zu wohnen. Thomas Mann hat es in seinem Buch »Die Buddenbrooks« (2. T., 2. Kap.) dargestellt.

Auch in *Hamburg* entstanden außerhalb der alten Stadt, in unbeengter und freundlicher Umgebung (Elb- und Alster-Chaussee, Neuer Jungfernstieg) reihenweise klassizistische Häuser. Ein Herrenhaus im Park ließ sich der Senator M. J. Jenisch d. J. 1828–1834 errichten. In seiner strengen Symmetrie, der straffen waagerechten Gliederung, dem dori-

Fig. 24 *»Auf dem Beischlage des englischen Hauses« in Danzig, einer Vorterrasse, die eine Verbindung zwischen Haus und Straße herstellt. Hinter der steinernen Brüstung sitzt man beobachtend beim Kaffeeplausch. Zeichnung von Daniel Chodowiecki, 1788.*

schen Porticus, dem umlaufenden Gitterwerk ist das Äußere eine späte Ausformung des klassizistischen Ideals. Im Innern wurde ein nobles Ensemble von repräsentativen Räumen erstellt (Abb. 155–159). Der Weiße Saal zeigt eine schlichte, kühle Stuckierung an Wänden und Decke, die Möbel sind aus der Zeit von 1775 bis ca. 1800. (Heute ist in diesem Haus, Baron-Vogt-Str. 50, im ersten Stock eine Ausstellung großbürgerlicher Wohnkultur untergebracht.)

Trier, um 1820 erbaut:
Mein Großvater ... schenkte meinen Eltern zu ihrem Einzug in Trier ein wunderschönes Haus in der Antoniusstraße 3. Es stand unter Denkmalschutz, seine Fassade war in klassizistischem Stil. Eine breite Toreinfahrt führte in einen großen, mit Akazien umpflanzten Hof zu einer Säulenhalle, anschließend war ein großer Garten. Im Hochparterre des großen Hauses waren zwei Gesellschaftsräume – das Eßzimmer, das Herrenzimmer –, das Bad und die Küche. In der 1. Etage waren 5 große helle Schlafzimmer und das Kinderzimmer, im Dachgeschoß 4 ausgebaute Mansarden und ein großer Trockenspeicher.
(Haag S. 3)

Danzig:
Besonders schöne Beischläge sind noch in der Jopengasse, einer Parallelstraße der Langen Gasse, erhalten. Es sind breite, mehrere Stufen über der Straße erhobene, die ganze Front des Hauses einnehmende Vorplätze, die mit steinernen Balustraden oder kunstvoll geschmiedeten eisernen Geländern eingefaßt und mit Bänken ausgestattet sind. Sie sind von einander durch eine Mauer getrennt, deren Abdeckung als Rinne ausgebildet ist und in einen weit vorspringenden Delphinkopf endet. Alte Lindenbäume beschatten den traulichen Platz, auf welchem am Tage oder am Abend nach vollbrachtem Tagewerk das Familienleben auch des reicheren Kaufherrn sich abspielte.
(Erbe S. 46 f.)

Hamburg, 1807:

Es war um das Jahr 1807; Hamburg noch in seiner alten Gestalt, mit engen Straßen, voll himmelhoher Häuser mit unzähligen Fenstern, die aus kleinen Scheiben zusammengesetzt und eng aneinandergerückt waren. Diese Fenster wurden fast täglich mit einem großen Pinsel gewaschen, bei welcher Gelegenheit ich oft über und über mit Wasser bespritzt wurde, so daß ich weinend zur Mutter lief. Auch wir hatten solch ein altes Haus bezogen mit vielen Stockwerken; oben, dicht unter dem Dache, lag die Rauchkammer, die keinem rechten Hamburger Haushalt fehlen durfte. Unsere lange, schmale Hausflur, der Boden von schwarz und weißen Fliesen, die schwere, eichene Haustüre mit dem Messingring, das alles hatte ein behagliches Aussehen. Dazu gab die dicke Eisenkette an der Türe, die jeden Abend vorgehängt wurde, das beruhigende Gefühl der Sicherheit. Von allem das Hübscheste, wenigstens für uns Kinder, waren die vier steinernen Stufen, mit den Steinbänken zu beiden Seiten, die von der Haustüre auf die Straße hinunterführten. Hier saßen wir mit unserm Pudel Cäsar, unsern Puppen und Bilderbüchern...

(Devrient S. 5 f.)

Berlin, 1. H. 19. Jh.:

Die Eltern bezogen in jedem Jahre vom Juni bis Oktober eine Sommerwohnung in Charlottenburg, wie das viele Hunderte von Berliner Familien zur Gewohnheit hatten. Wer nicht reich genug war, ein eigenes Haus und Garten in dieser kleinen Residenzstadt zu besitzen, der suchte sich daselbst eine passende Mietwohnung, deren man in jedem Hause mehrere finden konnte. Charlottenburg glich während der warmen Jahreszeit einem sehr besuchten Badeorte ohne Heilquellen. Zwischen den Familien, die auf diese Weise mehrere Monate lang unter ein gemeinschaftliches Dach oder doch in nahe Nachberschaft kamen, sich täglich, ja stündlich vor der Tür oder im Garten trafen, entstanden dann viele Beziehungen engerer oder entfernterer Art, aus denen indessen, grade so wie es bei Badebekanntschaften geschieht, nur selten eine länger dauernde Freundschaft entsprang.

(Eberty S. 127)

Hier wird wieder einmal anschaulich, daß der Klassizismus der reservierten Haltung des nördlichen Deutschland eher gemäß war, als das anmutig-freie Spätbarock, das in Süddeutschland mit großer Sympathie gepflegt wurde und weiterwirkte – in einfacherer und den praktischen Bedürfnissen des bürgerlichen Wohnens angepaßter Form bis in die Zeit des Biedermeier.

In Hamburg war der Klassizismus bis weit ins 19. Jahrhundert hinein die bevorzugte Stilrichtung. Das pompösere Empire fand nicht Eingang, und so erfolgte der Übergang vom Zopf zum Biedermeier als konsequente Entwicklung. In dem Erinnerungsbuch, das Percy Ernst Schramm den Senatorenfamilien Jencquel und Luis widmet, kommt das deutlich zum Ausdruck. 1830 bewohnt das Ehepaar Adolph und Emma Jencquel ein Haus, »das durch einen großen Saal für 36 Personen ausgezeichnet war... Neben seinem Stadthause besaß Adolph Jencquel noch ein Landhaus auf dem Harvestehuderweg, auf dem von 1819 an ein Gartenplatz nach dem anderen bebaut wurde«.

1839 bezieht die Familie mit sechs Kindern ein Haus auf dem Gänsemarkt: Der herrschaftliche klassizistische Bau ist in spätklassizistischer Manier eingerichtet; nur die Fenster lassen ein Zugeständnis an biedermeierliche Modeerscheinungen erkennen: alle waren »veilchenblau getönt«[9].

Auch in *Bremen* entstanden nach 1800 beidseits des ehemaligen Befestigungsgrabens Garten- und Sommerhäuser sowie dauerbewohnte, sehr persönlich gestaltete Villen. Es waren großräumige Gebäude mit Säulenvorhallen wie z. B. jenes des Bürgermeisters Johann Smidt, des Gründers von Bremerhaven. Das gebildete Bürgertum war der Überzeugung, daß Wohnen und musische Betätigung in die Natur eingebunden sein müsse, daß die Betrachtung der Natur für die seelisch-geistige Vervollkommnung des Individuums unumgänglich sei. In diesen Gartenhäusern und Villen führte man ein gastfreies Leben; stilvolle Geselligkeiten und heitere Feste erfreuten die Familien.

Wohnen im Grünen

Wo Industrieanlagen und Miethäuser die Stadtlandschaft »verunzierten«, wo der Geruch körperlicher Last und mühsamer Existenz das Haus umbrandete, fand es das Großbürgertum nicht akzeptabel, die eigene Häuslichkeit diesen unangenehmen Begleiterscheinungen des Arbeitslebens auszusetzen. Zu dieser Schicht gehörten nun auch jene, die weder dem alten Patriziat noch der »Zunftherrlichkeit« entstammten: zu Geld gekommene Aufsteiger, Neureiche. Das ständische Gefüge hatte sich unter dem Einfluß des Geldes gelockert. Während bisher der Fabrikherr stolz inmitten seiner Produktionsanlagen lebte, dem Gutsherrn auf der ländlichen Hofmark ähnlich, wurde nun Wert auf Abstand und Zurückgezogenheit gelegt. Man wollte im Grünen leben, nur mit der Familie und unter seinesgleichen, getrennt vom Anblick der Untergebenen. Man setzte sich also von der Welt der Arbeit bewußt ab, indem man draußen vor der Stadt ein Grundstück erwarb und dort sein Wohnideal verwirklichte. Das galt für alle Hansestädte ebenso wie für die wachsenden Städte *Mittel- und Süddeutschlands*. So hatte der Kaufmann und neugeadelte Bürgermeister der Stadt Schwäbisch Gmünd, F. G. von Pfeilhalde, 1780 einen großen Garten außerhalb der Stadtmauern erworben; er ließ ihn architektonisch gestalten und von dem bekannten Baumeister Johann Michael Keller ein »Lusthaus« auf ihm errichten. Der Festsaal im Obergeschoß nahm die ganze Breite des Hauses ein; er war mit Stuckaturen, Spiegeln, Konsoltischchen u. a. aufs Eleganteste ausgestattet[10].

Eine ähnliche Erscheinung können wir in einer für die *Südtiroler* Wohnkultur charakteristischen Art des »Aussteigens« sehen: Man setzt sich vom städtischen Getriebe und der im Sommer unangenehm heißen Stadt ab und zieht in die bequemen Quartiere der Sommerfrischen in kühleren Gebirgslagen (z. B. bei Bozen). Diese waren im ausgehenden 16. Jahrhundert bereits für adelige Familien als heitere Sommersitze geschaffen worden; im 17. und zunehmendem 18. Jahrhundert leistete sich auch das Bozener Bürgertum solche »Frischhäuser«, allerdings einfacher ausgestattet. »Als ob die umgebende Natur mit dem erfrischenden Grün auch in die Räume hereingeholt werden sollte, bildet das Grün der Blattranken an den einfachen Balkendecken die dominierende Farbe.«[11]

Künstlerwohnungen

Naturnähe bestimmt auch die Atmosphäre von Wohnungen und Häusern klassischer Künstler. Die Räume von Johann Ephraim *Lessings* ebenerdiger Wohnung waren von einem Parkgelände eingerahmt. Er hatte das Diensthaus am Schloßplatz zu Wolfenbüttel 1777 bezogen. Von den fünfzehn Zimmern geben nur das Sterbezimmer seiner Frau mit dem Schreibtisch, an dem »Nathan der Weise« entstand, sowie das Gartenzimmer einen authentischen Eindruck. Die Räume, deren Möbel nach Lessings Tod verkauft wurden, sind 1975 völlig restauriert worden (Abb. 153, 154). Der Dichter hatte von Zeit zu Zeit eine interessante Freundesrunde zu Gast, Braunschweiger Gelehrte und Literaten; Friedrich Nicolai und Moses Mendelssohn gehörten zu diesem Kreis, der sich in dem lichten, schön stuckierten Gartensaal zu Kaffee- und Rauchabenden traf und um den großen runden Tisch im Gespräch fand.

Goethes liebster Aufenthalt in *Weimar* war sein »Gartenhaus«, und Spaziergänge in die nächste Umgebung waren in den Tagesablauf des Dichters und Staatsbeamten miteingeplant. Besucher Weimars haben die Wirkungsstätten Goethes und Schillers aufgesucht und detailgetreu geschildert. Sie haben die Askese der beiden Geistesheroen, die sich in einer nahezu puristischen Wohnweise ausdrückt, bestaunt.

Sie waren erfüllt von der Sphäre idealistischer Haltung, die mit einem Wunder an Bedürfnislosigkeit in bezug auf zivilisatorischen Luxus und Bequemlichkeit Hand in Hand ging (Abb. 170–173, 175).

In Weimar avancierte zur gleichen Zeit ein Mann namens Friedrich Justin Bertuch, Kabinettssekretär und Legationsrat, dessen »Journal des Luxus und der Moden« weit verbreitet war (Fig. 25, 39). Er stellte in dem vom idealistischen Lebensstil geprägten Residenzstädtchen ein ganz neues

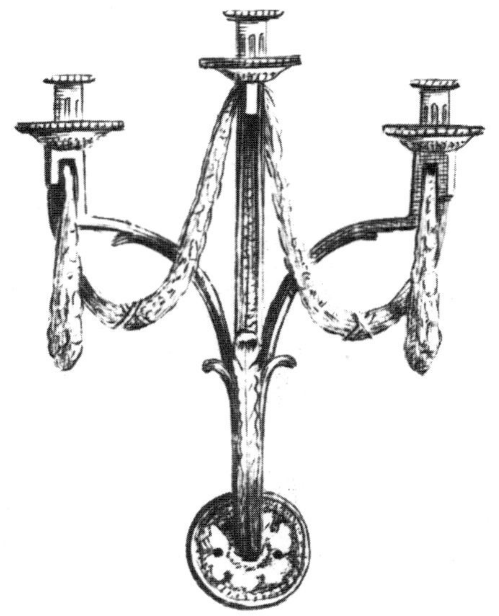

Fig. 25 *Klassizistische Deckenbeleuchtung aus dem »Journal des Luxus und der Moden« von F. J. Bertuch, 1889.*

Element dar, den »Prototyp des frühen deutschen Unternehmers«[12]. Ein Bertelsmann des ausgehenden 18. Jahrhunderts, verbreitete er vielbändige Reisewerke und populäre Schriften aus allen Wissenschaftsbereichen. Er machte Weimar mit den Tendenzen des französischen Empirestils bekannt.

Napoleonzeit: Goldene Adler und fliegende Federbüsche

Von Frankreich aus verbreitete sich ein Repräsentationsstil, der die Ära Napoleon kennzeichnet: Aus Formen des Louis-seize und des bürgerlichen Directoire hatte sich ein neuer Antrieb zu pompöser Dekorationsmanier entwickelt. Napoleon fand darin den ihm gemäßen Stil kaiserlicher Prachtentfaltung, den Ausdruck staatlichen Machtwillens. Die lässige Grazie des Gewachsenen und die Raffinesse des aristokratischen Repräsentierenkönnens allerdings fehlte diesem Empirestil. Viel klotziger und schwerer, gewollt-großartiger bot sich nun das Mobiliar dar, von Architekten am Reißbrett entworfen. »Der Empirestil oder Napoleonstil, der sich unter ihm entwickelt, ist farbenscheu, verwendet nur Weiß und Gold, sparsamst ornamentierte Tapeten, dunkles Mahagoni und matte Bronzebeschläge; seine beliebtesten Schmuckformen sind Lorbeerkranz und Lyra, Medaillons, gekreuzte Fackeln, steife Mäander, Eierstäbe und Lilienketten: lauter ›antike‹ Motive. Daß man in einer permanenten Kriegszeit lebt, zeigt sich an der Vorliebe für Waffentrophäen, Flortücher und Aschenurnen. Nicht nur an den Fassaden, sondern auch in den Zimmern wimmelte es von Sphinxen, Karyatiden, Säulen, Obelisken. Die Bücher- und Kleiderschränke, selbst die Kasten, in denen sich das Nachtgeschirr befand, waren griechische Tempel mit Kapitellen und Architraven, die Waschtische Dreifüße, die Réti-

Fig. 26 *Empire-Stuhl nach dem Vorbild der französischen Raumausstatter Percier und Fontaine, um 1800.*

cules [Beutel] Urnen, die Öfen Altäre; in Hamburg bestanden sogar die Galgen aus korinthischen Säulen.«[13]

Die französischen *Raumausstatter* Charles Percier und Pierre Française-Léonard Fontaine erlangten internationale Bedeutung vor allem durch ihr großes Vorlagewerk für Innendekoration »Recueil de Décoration«, das ab 1801 in Folgen bis 1827 erschien. Die Kupferstiche wurden 1888 im Zeichen des Neo-Klassizismus in Berlin nochmals neu aufgelegt unter dem Titel »Innendekoration, Moebel und Geraethe«. Die wichtigste ausführende Firma war Jacob Frères; mit Hilfe von Versandkatalogen belieferte sie nicht nur fast alle europäischen Höfe, sondern zwang auch zahlreiche deutsche Designer und Möbelschreiner in ihr Gefolge.

Die »etruskischen« Entwürfe französischer Provenienz glichen Rekonstruktionen pompejanischer Einrichtungen mit antiken Allegorien und Löwen, Sphinxen, Greifen, Siegestrophäen. »Ägyptische« Räume wirkten wie Bühnenbilder zur Oper Aida. Zimmer entstanden, die den antiken Göttern eher zugemessen erschienen, als den Menschen einer neuzeitlichen Welt. Viel direkter als im dezenten Klassizismus zitierte und imitierte man nun Verhalten und Einrichtungsstil der Alten.

In den napoleonisch besetzten Ländern geschah die Übernahme des Empire nicht zuletzt aus politischen Motiven.

Weimar, um 1800:
Unweit des Theaters von Weimar steht ein kleines Häuschen, zusammengeknickt und versperrt mit grünen, verblichenen Jalousien, das war Schillers Haus. Fast überall, wo ich Schillers häuslichem Leben nachspürte, sind mir kleine, niedrige Räume begegnet. Man sollte doch denken, die hohen Gestalten seiner Poesie hätten sich an der niedrigen Decke die Köpfe einstoßen müssen. Es war in seinen Gewohnheiten etwas bürgerliches und zynisches, das keine besonderen Ansprüche machte. Oder richtiger, sein Idealismus nahm keine weitere Rücksicht auf solche Nebendinge...
(Laube S. 160)

Goethes Haus in Weimar:
Das Arbeitszimmer ist klein, einfach und schmucklos. Diese größte Einfachheit, der Mangel alles modernen Komforts an Gardinen und an Sofas erinnert an antike Schmucklosigkeit... Ein großer einfacher Tisch steht in der Mitte. Das kleine Kissen liegt noch darauf, wo er seine Arme auflegte, wenn er diktierte...
(Laube S. 161)

Eine kleine Kammer mit einem Fenster stößt an das Zimmerchen. Da steht noch das einfache Bett mit leichter Decke, wie er es aus Süddeutschland gewohnt war und immer beibehalten hat. Der alte Lehnstuhl, in dem er zum letzten Schlummer einschlief, ist auch noch im Zimmer... Das kleine Zimmer war übrigens nur den vertrautesten Freunden geöffnet. Fremde wurden vorne in den großen Gemächern empfangen, wonach er sie meistens zu Tische lud. Wenn ihn nicht schönes Wetter zum Spazierenfahren lockte, so war er bis zur späten Tischzeit fast nur in diesem Arbeitskämmerchen. Seine größeren Werke schrieb er gewöhnlich selbst. Er stand dabei an einem kleinen, unscheinbaren Pulte...
(Laube S. 162)

Fig. 27 *Männer bei der Arbeit im Kontor und Lagerraum eines Kaufherrenhauses; Einrichtung im Empirestil. Federzeichnung, um 1800, J. M. Volz zugeschrieben. Nürnberg, Germanisches Nationalmuseum*

Ludwig Grimm beschreibt in seinen »Erinnerungen aus meinem Leben« die elterliche Wohnung (um 1800) in Steinau/Hessen: Im Wohnzimmer wurde gewöhnlich gegessen, und ich weiß noch genau alle Plätze, wo wir saßen. An der Wand hingen Familienbilder... Auch entsinne ich mich noch, daß einmal wahrscheinlich auswärtige Verwandte dagewesen sind, da wurde in einem großen Saal mit Stuckarbeit an den Wänden gegessen. Die Stühle waren mit blauem Seidenzeug, worin weiße Blumen waren, überzogen; es war eine große Tafel... (S. 69 f.)

Westpreußen, 1. V. 19. Jh.: Ein mysteriöses Helldunkel und ein kühler, imponirend vornehmer Duft so recht wie in Palästen, von Cederngetäfel, von Marmor und Oelgemälden ausgehaucht, welche letztere alle Wände einer zusammenhängenden Zimmerreihe mit offnen Flügelthüren ausschmückten, stimmte die Seele in der lautlosen Stille und Einsamkeit des Hauses wie zur Andacht und ließ den stattlichen Hausherrn in seinem langen, schwarzseidnen Kaftan, mit weißgrauen Haaren auf dem Scheitel, als den hohen Priester dieses Heiligthums erscheinen. Die schönen, alle Fußböden bedeckenden Teppiche, die köstlichen Schränke und alle andern Mobilien von Nußbaum- und dunkelbraun gewordenem, massivem Mahagoniholz, harmonirten mit den räumlichen und klimatischen Verhältnissen und mit allen anderen Elementen der Behausung, gleich wie mit der persönlichen Erscheinung des Hausherrn selbst. (Goltz S. 190)

Bayern unter König Max Joseph (1799–1825) und seinem Minister Montgelas war politisch gezwungen, sich nach Frankreich hin zu orientieren. Die dem französischen Empire eigene Monumentalität des Wohnstils jedoch fand hier keinen Eingang, wenngleich einige Residenzmöbel nach 1800 Motive (z. B. Löwenfüße) der neuen Stilrichtung aufnehmen. Aus Sparsamkeit und persönlicher Bescheidenheit lebte der erste bayerische König in schlicht-eleganten, biedermeierlich anmutenden Möbeln[14]. Noch ist eine Beeinflussung des bürgerlichen Wohnens und der einfachen Handwerker in München durch den Hof in dieser Zeit nicht nachweisbar.

In Berlin war es Karl Friedrich Schinkel, der im Vergleich mit dem französischen Empire einen Hofstil von weniger pompöser Repräsentanz schuf. Er wirkte stilbildend auch auf die bürgerlichen Handwerker, u. a. durch sein Werk »Vorbilder für Fabrikanten und Handwerker« (ab 1819). Durch enge Kontakte mit Tischlern und ständigen Austausch mit ihren praktischen Berufserfahrungen kam er zu »klaren, handwerksgerechten Formen«[15]; in seinen gefälligen, gebrauchsfähig gestalteten Möbeln zeigt sich schon Biedermeierliches. Während man zweihundert Jahre vordem gewerbliche Kenntnisse in der Regel noch mündlich überliefert hatte, gab es in der Folgezeit sogenannte Kunstbücher und – vom ausgehenden 19. Jahrhundert an – eine regelrechte Fachliteratur für Handwerker.

Am unbeschwertesten übernahm und verwandelte das *Österreich* Kaiser Franz I. den Zeitstil: Hier war Monumentalität durch Jahrhunderte gewachsen und wirkte daher nicht fremd und aufgesetzt. Man gab sich weniger pompös, in beschwingten Formen, manchmal schon ein wenig biedermeierlich. Rokoko, Klassizismus und Biedermeier sind in manchen Einrichtungen, ja selbst in einzelnen Möbelstücken organisch vereint[16].

Charakteristisch für den Zeitstil waren vor allem zwei *Möbelstücke,* das Bett und der Schreibtisch. Empire-Betten – häufig in Schifform – benötigen viel Raum um sich. Sie stehen meist auf Podesten; als Pfosten dienen antike Symbolfiguren. Oft sind sie von pompösen Draperien teilweise verhüllt.

Die riesigen *Schreibtische* gebärden sich wie imposante Throngestalten. Die schubladenbestückten Unterteile und

die Aufsätze sind mit zahlreichen geschnitzten Zwischengliedern besetzt, die Gelegenheit bieten, antike Motive zu entfalten. Antikisierende Plastiken zieren oft auch die Stützen der Tische (Abb. 169, 189). Als beliebtes Motiv für Tischstützen und Rückenlehnen von Stühlen fungiert die Lyra.
Heinrich Heine mokiert sich über diesen »pathetischen Materialismus«, der etwas von dem Theatereffekt des späteren Historismus vorwegnimmt. Wie in den siebziger Jahren des 19. Jahrhunderts sich die Parvenues der Industrie in »künstlerischem« Milieu gefielen, so die »bonapartischen Helden« um 1812 in antikisierender Großartigkeit: Vor dem Zubettgehen erquickt der kränkliche Held seine Gattin täglich mit Schlachtenschilderungen.
Im großen und ganzen blieb diese Richtung auf eine von der Antike begeisterte Gebildetenschicht, die wiederum Sammler und neuerungssüchtige bzw. auf Prestige angewiesene Höfe inspirierte, beschränkt[17]. Weder die Grekomanie, der Pompejanismus, noch die Egyptomanie wurde je Allgemeingut. In bürgerlicher Ausprägung wurde das Empire erst nach dem Verklingen des Biedermeierstils um 1830/40 angenommen, während es sich an den Höfen noch bis über die Jahrhundertmitte großer Beliebtheit erfreute.

Etagenwohnungen und Mietshäuser

Inzwischen war eine gesellschaftliche Umstrukturierung erfolgt. Die traditionellen Bürgerhausbereiche des Werkens und Wohnens hatten sich weitgehend getrennt (s. S. 43). Viele alte Handwerkerhäuser hatten sich zu Etagenwohnhäusern gewandelt, wie uns etwa folgender Bericht aus Hamburg (um 1830) kundtut. »Ein ansehnliches Haus vom Ende des 18. Jahrhunderts in der Großen Bleichenstraße, das einstmals eine wohlgegliederte Fassade im ›Zopfstil‹ aufzuweisen gehabt hatte, beherbergte jetzt im obersten Geschoß einen Tapezierer, der sich mit Polstermöbeln befaßte, in der zweiten Etage einen Papierfabrikanten, in der ersten ein Musterlager für Figuren und Schalen und im Erdgeschoß eine Weinhandlung. Noch wohnte wohl ein Teil der Geschäftsinhaber im Hause, aber ein vermutlich bereits größerer schloß abends die Türe ab und fuhr mit der Pferdebahn in eine der Vorstädte, wo die Frau auf einer Etage mit dem Abendessen wartete.«[18]
Mietwohnungen wurden immer häufiger; auch für »Herrschaften« galt es keineswegs als diffamierend, nicht im eigenen Haus zu wohnen. So zog z. B. Goethes Mutter nach dem Tod ihres Gatten in eine Drei-Zimmer-Wohnung.

Auf der untersten Stufe der Zinshäuser rangierten die außerhalb des Stadtkerns neu errichteten Proletarierhäuser. Sie zeigen sich in völlig schmuckloser Zweckgebundenheit – der Zweck war allein die möglichst billige Unterbringung möglichst vieler Menschen. Franz Schuberts Geburtshaus in Wien ist so eine Mietskaserne übler Art.
Die Kriegsgeschehnisse um die Jahrhundertwende schufen Verhältnisse, die zur Einschränkung zwangen. Die Lebensführung der breiten Bevölkerung mußte bescheidener, die Wohnweise schlichter werden; bittere Not machte bei vielen alles Überflüssige hinfällig. So ergab sich, durch die Umstände bedingt, vielerorts eine Art der Ausstattung, die den überlieferten Bestand an Mobiliar weiternützte, dem Ideal der klassischen Einfachheit entsprach und bereits eine Vorahnung des biedermeierlichen Wohnstils bedeutete.
Nehmen wir das Beispiel *Wien:* Als die österreichischen Truppen am 14. Juni 1800 die Schlacht von Marengo gegen Napoleon verloren hatten, änderten sich die Wohn- und Lebensverhältnisse für große Bevölkerungsteile der Stadt schlagartig.
»Wien, schon immer eine dicht bevölkerte Stadt, füllte sich zum Bersten. Flüchtlinge strömten aus den Randprovinzen herein, unter ihnen ein Schwarm von Herzögen und Großherzögen und Baronen und Verwandten der Habsburger, alle mit ihrem zahlreichen Hofstaat. Die Wohnungen wurden knapp. Um 1804, schrieb ein Reporter der ›Zeitung für die elegante Welt‹ [10. März 1804] kostete eine Luxuswohnung 200 Florin (dreitausend Mark) im Monat und das billigste Hinterzimmer fünfzehn Florin (230,– DM)! Man erließ Gesetze zur Begrenzung der Mieten. Die Hauswirte lernten schnell, wie sie diese Regelungen umgehen konnten, und ein schwarzer Markt blühte auf. Obwohl ein paar große neue Wohnhäuser gebaut wurden, mußten die Wiener ›unter dem Dach, unter der Treppe, unter der Erde‹ wohnen und in Behausungen, ›wo man den ganzen Tag lang künstliches Licht brauchte‹. Flure und Treppen starrten vor Schmutz, und man war überrascht, daß sie zu schönen und sauberen Wohnungen führten. 1799 hatte Beethoven einige Räume am Petersplatz gemietet, zu denen man vier Stockwerke emporsteigen mußte. Es war eine gute Gegend im Zentrum der Stadt; die Wohnung war zweifellos teuer, obwohl es ihn mehr gekostet hätte, in einer der unteren Etagen zu wohnen.«[19]
So hatte Wien, das zu dieser Zeit ein Zentrum gehobener Handwerkskunst war, den weniger Bemittelten nur enge, eingeschränkte Lebensverhältnisse zu bieten.

Carl Neumann, um 1840:
… Nicht weit davon war wieder eine Wohnung zu vermiethen. Hier ging es in die Höhe; eine steile gebrechliche Treppe ohne Geländer führte unter das Dach. Hier war eine Art Stube abgeschlagen; die Seitenwände so dünn, das Dach mit den dünnsten Brettern verschaalt, eine große Dachluke als Fenster benutzt und nur ein Blechofen in der Stube.
Die Gefahr, im Winter zu erfrieren, war hier sehr groß. Eine Küche war nicht da; der Miether mußte mit in der Wirthsküche kochen.
(Emmerich S. 75)

Heinrich Heine berichtet in »Florentinische Nächte«:
In diesem Schlafzimmer … loderte ein sehr gutes Kaminfeuer, welches um so ersprießlicher, da das Zimmer ungeheuer groß und hoch war. Dieses große Schlafzimmer, dem vielmehr der Name Schlafsaal gebührte, hatte auch etwas sonderbar Ödes. Möbel und Dekoration, alles trug dort das Gepräge einer Zeit, deren Glanz uns jetzt so betäubt, und deren Erhabenheit uns jetzt so nüchtern erscheint, daß ihre Reliquien bei uns ein gewisses Unbehagen, wo nicht gar ein geheimes Lächeln erregen. Ich spreche nämlich von der Zeit des Empires, von der Zeit der goldenen Adler, der hochfliegenden Federbüsche, der griechischen Coiffüren, der Gloire, der militärischen Messen, der offiziellen Unsterblichkeit, die der Moniteur dekretierte, des Kontinentalkaffees, welchen man aus Zichorien verfertigte, und des schlechten Zuckers, den man aus Runkelrüben fabrizierte, und der Prinzen und Herzöge, die man aus gar nichts machte. Sie hatte aber immer ihren Reiz, diese Zeit des pathetischen Materialismus … (S. 1012 f.)

Biedermeier (1815–1845)

Während das verfremdete, pompöse Mobiliar des Empirestils in die breiten Schichten des Bürgertums kaum oder nur in Teilmotiven Eingang fand, wirkten spätbarocke Elemente, verbunden mit dem klassizistischen Prinzip der Klarheit und Einfachheit im bürgerlichen Wohnstil nach 1800 fort und bewirkten (ab ca. 1815) ein eigenständiges deutsches »Biedermeier«[1].

Einheit der Wohnkultur

Die »Gleichheit«, die der Bürger in der Französischen Revolution gefordert hatte, trat mit Verspätung in der Wohnkultur hervor und führte zu einer Anpassung aristokratischer Einrichtung an den bürgerlichen Geschmack. Umgekehrt läßt sich die Vorbildwirkung der oberen Gesellschaftsschichten auf die Einrichtung der Aufsteiger nicht verleugnen. Erst in jüngerer Zeit hat man festgestellt, daß der vermeintlich vom Bürgertum geschaffene Biedermeierstil zuerst für die Höfe, namentlich für die Wohnungen in den bayerischen Residenzen, bestimmend war. Ein bis drei Jahrzehnte ehe die neuen Stilelemente in die Bürgerstuben Eingang fanden, waren sie dort akzeptiert, während der Bürger zumeist noch in dem Mobiliar des Spätbarock oder Klassizismus lebte[2].

Kaiser Franz I. ließ sich im Kreise seiner Familie inmitten eines schlichten Biedermeierinterieurs malen. Das Arbeitszimmer König Ludwigs I. von Bayern zeigt, wie dieser Herrscher, der in den offiziellen Prunkräumen auf staatlicher Repräsentation bestand, sich im privaten Bereich einer bürgerlich-schlichten Atmosphäre erfreute.

Die Dichterin Annette von Droste-Hülshoff, die aus altem westfälischem Geschlecht stammt, begnügte sich in den Räumen des Rüschhauses zu Münster und auch in dem von ihr über Meersburg am Bodensee eingerichteten »Fürstenhäusle« mit teils ererbtem, teils zeitgenössischem Mobiliar: Weniger aristokratisch als bürgerlich-gemütlich könnte man ihren Wohnstil bezeichnen (Abb. 185, 189–191).

Das Arbeitszimmer der Prinzessin Elisabeth am Tegernsee, wie es der Maler F. X. Nachtmann in seinem Aquarell wiedergibt, könnte genau so gut ein vornehmes Bürgerzimmer sein: strenge, glatte Kastenformen herrschen vor, eine schlichte Vornehmheit[3]. »Diese Verringerung der Kontraste in der Gesellschaft wie in den Individuen, diese eigentümliche Durchdringung und Mischung von Verhaltensweisen, die ursprünglich extrem verschiedenen sozialen Lagerungen entsprechen, ist für die ganze Entwicklungsrichtung der abendländischen Gesellschaft nicht wenig charakteristisch. Sie ist eine der wichtigsten Eigentümlichkeiten des Prozesses der ›Zivilisation‹.«[4]

Es entstanden um diese Zeit zahlreiche Zeichnungen und Aquarelle von Interieurs, »geduldige Werke kleiner Künstler oder Dilettanten, die jedes Möbelstück und jeden Einrichtungsgegenstand, jede Geringfügigkeit der Teppiche und der Vorhänge, des Lichtes und des Schattens im Zimmer wiedergeben«[5]. Durch solche Bildquellen wird der Geist dieser Epoche mit einer Intensität offengelegt, wie es bei zurückliegenden Zeiten kaum der Fall war. Hinzu kommt, daß durch die Vorliebe zu schriftlicher Äußerung in Tagebüchern und Briefen ein genaues Panorama des Tagesablaufes mit seinen kleinen Freuden und Bedrängnissen, mit allem Drum und Dran bürgerlicher Lebensgewohnheiten festgehalten wurde.

Die geschlossene Welt der Aufklärung und des Idealismus war zusammengebrochen, die Vielfalt subjektiven Gefühlslebens und das romantische Schicksalsbewußtsein für den Menschen zu einer Belastung geworden. Ideal und Wirklichkeit klafften weiter auseinander denn je. Das *Zentralerlebnis* der Generation ist der Schrecken der Berésina, die Rückzugskatastrophe Napoleons im Jahre 1812, die Niederlage des absoluten Siegers, der Wandel in allem Menschenschicksal[6]. Gottes Finger war drohend über dem Geschlecht erschienen. Franz Grillparzer faßt dieses Erlebnis am Ende seines Dramas »Der Traum ein Leben« in die Worte:

»Was ist der Erde Glück? Ein Schatten.
Was ist der Erde Ruhm? Ein Traum.
Du Armer, der von Schatten du geträumt.«[7]

Man mußte sich also fassen und zur Tagesordnung übergehen, man mußte leben mit der Bedrohung durch das Schicksal und der Fragwürdigkeit des Glücks. Im Ausbau überpersönlicher Ordnungen bzw. durch das Sicheinfügen in diese Ordnung gewinnt der Mensch Haltung. Das Biedermeierliche ist zu verstehen als eine Abwehrstellung gegen das Dämonische, das viele der romantischen Künstlernaturen zu vernichten drohte.

Alle diese Gedanken wurden in Innenräumen geboren, die der Gefährdung des Ich eine umschlossene, begrenzte,

Zu Seite 52:
Fig. 28 *Eduard Mörike in seiner bescheiden ausgestatteten Vikarstube. Federzeichnung von J. Owen, 1830. Marbach, Schiller Nationalmuseum*

scheinbar heile Welt entgegensetzten: Die Selbstbewahrung erforderte den Weg nach innen, das Leben im Stillen, das »*holde Bescheiden*« (Mörike). Und dieser Geist weht uns an, wenn wir ein Biedermeierzimmer betreten. Während der Romantiker noch vielfach die freie Liebe und das ungebundene Wander- und Bohèmeleben preist, sieht der Künstler des Biedermeier nun das Glück der Familie, die Geselligkeit mit Gleichgesinnten, als hohes Gut. Es liegt darin nicht nur die Gefahr des Rückzugs ins Enge, sondern auch die Möglichkeit der Treue, der Mühseligkeit in Arbeit und Hingabe an ein Lebenswerk, der Opferbereitschaft. Diese Werte gelten den Bürgern des 19. Jahrhunderts in der Regel noch als erstrebenswert. Man hält sie dem anstürmenden Zweifel, dem Nihilismus, der Ungerechtigkeit und Not entgegen. Gerade hier wird einsichtig, daß »Wohnen« auch eine ethische Komponente in sich birgt (s. S. 45).

Wohnstube

Treten wir also ein in eine normale biedermeierliche Wohnstube. Der erste Eindruck ist: hier wird wirklich gewohnt, und zwar von mehreren Generationen. Eine große Familie versammelt sich um den Teetisch oder zur Musikstunde um das Klavier. Alles ist sauber und ordentlich aufgeräumt. Zwischen den Möbeln bleibt Platz – wiederum aber nicht soviel Platz, daß die Familie auseinandergerissen wäre. Die Möbel sind zumeist an die Wand gerückt; in der Mitte liegt ein einfacher, bunter Wollteppich auf dem blankgescheuerten (oder gestrichenen) Bretterboden. Es gibt kleine geschlossene Einheiten im Raum: dort das Erkerpodest mit dem Nähtisch, hier die Sofagruppe, eine Nische mit dem Ohrensessel der Großmutter, hinter den berankten, dünnen Holzgittern vielleicht junge Mädchen, die mit Handarbeiten oder ihrem Poesiealbum beschäftigt sind. Blumen am Fenster oder rankende Gewächse im Zimmer betonen die Freude am Lebenden, Natürlichen.
Die *Fenster* sind von duftigen weißen Voile- oder Musselinevorhängen gerahmt oder halb bedeckt; auch zartgeblümte Stoffe liebt man sehr. Nicht immer treten dunkle Übergardinen hinzu. Auch Nischen und Türen werden auf diese Weise durch textile Draperien kunstvoll um- oder verkleidet. Ebenso weisen die *Tapeten* gerne Blumenmuster auf, die durch breite, bunte Borten abgeschlossen sind (Abb. 220–223). Stifters Beschreibung seines Elternhauses bietet das Bild eines gemütlichen, warme Häuslichkeit ausstrahlenden Heimes. Heinrich Hoffmanns »Struwwelpeter« widmet sich diesem Bild mit negativem Vorzeichen: Die Kinder sind als Störenfriede gezeichnet, die sich dem biedermeierlichen Tugendkatalog, der kindlichen Wohlerzogenheit und der patriarchalisch bestimmten Familienordnung zu entziehen trachten. Das Buch, 1845 in Frankfurt a. M. erschienen, wurde bald international berühmt und erlebte über 500 Auflagen.

Fig. 29 *Bürgerliches Hauskonzert, auf den Flügel einer Hausorgel gemalt. Schwellbrunn 1811. Zürich, Schweizerisches Landesmuseum*

Zahlreiche zeitgenössische Bilderbogen mit genrehaft gemalten Geschichten gestatten Einblick in das Heim des Bürgers und des häuslichen Geschehens. Oft ist das Mobiliar minutiös genau gesehen, so daß ein Schreiner es danach fer-

tigen könnte. Details sind präzis festgehalten, wie z. B. die an drei Ketten vom Plafond hängenden Tischleuchten, die zu dieser Zeit auch schon Lampenschirme als Reflektoren aufweisen. Die »Ölfunsel« wurde um die Jahrhundertmitte durch die Petroleumlampe abgelöst und später durch Gasbeleuchtung – zuerst in Fluren und Treppenhäusern dann auch in den Wohnräumen – ersetzt. All diese Dinge sind nicht naturalistisch dargestellt, sondern in einer Art »poetischem Realismus« verklärt wie etwa in dem Bild »Am Stickrahmen« (1827) von Georg Friedrich Kersting oder in dem »Baseler Familienkonzert« (1849) von Sebastian Gutzwiller (Abb. 194). Die Atmosphäre diskreten Behagens vermittelt auch Eduard Gärtner in dem Gemälde »Die gute Stube des Schlossermeisters Hauschild« (Abb. 222).

Wien

Der seltene Fall einer bis ins Detail erhaltenen Einrichtung liegt uns in *Grillparzers Wiener Wohnung* (Abb. 227, 228)

Gustav Freytag schreibt in seinen Lebenserinnerungen:
... obgleich die Eltern, nach den Verhältnissen jener Zeit, in mäßigem Wohlstande lebten. Die Papiertapete galt für einen Luxus, den wir in keiner Wohnstube hatten, die Wände waren mit bunter Kalkfarbe blau, rosa, gelb getüncht, eine kleine gemalte Rosette an der Decke der »guten« Stube wurde sehr bewundert. Auch das Streichen der Fußböden war noch ungebräuchlich, und zur großen Beschwer der Familie und der Dienstmädchen blieb ein ewiges Scheuern der weißen Dielen notwendig; die Möbel standen gradlinig und einfach, kaum ein altes Stück in Rokoko darunter ...
(nach Böhmer S. 71)

Wien, 1. V. 19. Jh.:
In der Wohnung war ein Zimmer, welches ziemlich groß war. In demselben standen breite flache Kästen von feinem Glanze und eingelegter Arbeit. Sie hatten vorne Glastafeln, hinter den Glastafeln grünen Seidenstoff, und waren mit Büchern angefüllt. Der Vater hatte darum die grünen Seidenvorhänge, weil er es nicht leiden konnte, daß die Aufschriften der Bücher, die gewöhnlich mit goldenen Buchstaben auf dem Rücken derselben standen, hinter dem Glase von allen Leuten gelesen werden konnten, gleichsam als wolle er mit den Büchern prahlen, die er habe. Vor diesen Kästen stand er gerne und öfter, wenn er sich nach Tische oder zu einer andern Zeit einen Augenblick abkargen konnte, machte die Flügel eines Kastens auf, sah die Bücher an, nahm eines oder das andere heraus, blickte hinein und stellte es wieder an seinen Platz. An Abenden, von denen er selten einen außer Hause zubrachte, außer wenn er in Stadtgeschäften abwesend war oder mit der Mutter ein Schauspiel besuchte, was er zuweilen und gerne tat, saß er häufig eine Stunde, öfter aber auch zwei oder gar darüber, an einem kunstreich geschnitzten alten Tische, der im Bücherzimmer auf einem ebenfalls altertümlichen Teppiche stand, und las. Da durfte man ihn nicht stören, und niemand durfte durch das Bücherzimmer gehen. Dann kam er heraus und sagte, jetzt könne man zum Abendessen gehen, bei dem die Handelsdiener nicht zugegen waren, und das nur in der Mutter und in unserer Gegenwart eingenommen wurde.
(Stifter S. 252 f.)

vor; der Dichter hatte sie von 1849 bis 1872 inne (Spiegelgasse 21, 4. Stock). Sie ist gewissenhaft und exakt in das Historische Museum am Karlsplatz übertragen worden (in ein freistehendes Gehäuse von 14,10 auf 5,84 m, Höhe 2,97 m), mit all ihren baulichen Unregelmäßigkeiten. Zeitgenössische Darstellungen ermöglichen die Feststellung, daß der allgemeine Eindruck und die Originalität im Detail gewahrt sind. Alles steht und liegt, wie es der Dichter seinerzeit benützt hat: die beiden Stehpulte, die Bücher auf dem Schreibtisch und die Tintengarnitur, die Faltvorhänge an den Fenstern, die mit Schnurzug zu bedienen sind, der am Fensterkreuz aufgehängte Rasierspiegel, die Kommode mit den vier Kerzenleuchtern usw. Die beiden schlichten Stuben (Wohn-Schlafzimmer und Bibliothek) sind Zeugnis von der Bedürfnislosigkeit des größten Dramatikers Österreichs. »Was bleibt, ist die Gestalt der Dinge und ihr Zusammenklang, worin ein Teil vom Wesen eines Menschen eingefangen ist«, schreibt Peter Pötschner in seinem ausführlichen Bericht über die Geschichte dieser Wohnung[8].
Die Wiener Landschafts- und Genremaler Friedrich Gauermann (1807–1868) und Ferdinand Georg Waldmüller (1793–1865) trafen und prägten zugleich in ihren Darstellungen das österreichische Biedermeier. Josef Danhauser (1805–1845) malte ein zurechtgestutztes kleinbürgerliches Milieu, aber auch – immer ein wenig moralisierend – Gesellschaftsszenen aus der Großbürgerwelt. Es ist nicht von ungefähr, daß auch das Kunstgewerbe von Wien in der Biedermeierzeit einen Höhepunkt zu verzeichnen hat. Die politische Situation mag dazu ihren Teil ebenso beigetragen haben wie die Mentalität der Bevölkerung. Das glänzende Fürsten- und Diplomatentreffen des Wiener Kongresses 1814/15 brachte dem Handwerk der Stadt zahlreiche Aufträge und machte es in aller Welt bekannt.
Private und öffentliche Institutionen wie die ab 1825 florierende Zeichenschule Carl Schmidts förderten eine Handwerkstradition, die nicht auf Verschleiß, sondern auf Qualität und Dauer zielte. In gleicher Richtung wirkte das 1825 erschienene Werk »Wiener Kunst- und Gewerbefreund oder der neueste Wiener Geschmack« des W. C. W. Blumenbach.
Joseph Ulrich *Danhauser,* der Vater des Malers, betätigte sich als Tischler und Designer; vom Holz bis zur Möbelquaste bestimmte er alles in seiner Produktion. Tausende von Entwürfen aus seiner Hand haben sich erhalten. Er führte die erste gutgehende Möbelfabrik in Österreich. 1807 beschäftigte er 70 Handwerker, ein Jahr später arbeiteten bereits 130 Tischler bei ihm[9]. (Im Jahr 1823 wirkten in Wien 951 Tischlermeister[10].)
Zu einem führenden Meister des späten Biedermeier entwickelte sich in Wien der Nordtiroler Johann Nepomuk *Geyer* (1807–1874), dessen großes Können sich vor allem in eleganten Einlegearbeiten zeigte. Die Stuhllehnen, die Füße seiner Tische, Sofas und Sessel sind von schlanker Grazie, manches Mal im Hinblick auf die Standfestigkeit sogar etwas gewagt (Abb. 260). In vier Jahrzehnten des Schaffens bewahrte er seine Eigenart, wenn auch der sich wandelnde Zeitgeschmack vom Empire zum Zweiten Rokoko seinen Niederschlag fand[11]. Geyer, der viel für die Wiener und Innsbrucker Hofburg arbeitete, lieferte auf Bestellung auch an gutsituierte Bürgerliche wie z. B. an den Schweinemetzger Norz in Innsbruck (1843) und an den Arzt Alois Wieser (1845)[12].
Eine Persönlichkeit von nicht zu überschätzender Bedeutung für das folgende Jahrhundert erwuchs Wien in dem aus dem rheinischen Boppard 1842 zugezogenen Tischler Michael *Thonet,* der – mit Unterstützung des Fürsten Metternich – einen ganz neuartigen Möbeltypus ins Leben rief. Er schuf vor allem elegante Sitzmöbel aus Bugholz, bei denen die Seiten- und Rückenteile mit den Beinen eine Einheit bilden. Diese Möbel wurden in billiger Serienproduktion hergestellt. 1851 zeigte Thonet seine Kollektion bereits auf der Londoner Weltausstellung. Von 1859 bis 1930 sollen über

Fig. 30 *Thonet-Stuhl, Wien, seit 1859 in Serie hergestellt.*

50 Millionen seiner berühmten Stühle verkauft worden sein[13].
Während Thonet für seine neuartige Technik des Biegens in feuchtem Zustand Buchenholz bevorzugte, war in der Regel *Mahagoni* das Lieblingsholz der Zeitgenossen. Bereits ab Ende des 18. Jahrhunderts gab es einen gewaltigen Import

von Mahagoniholz aus Übersee, der über England und Norddeutschland auch nach Süden bis Wien ausgedehnt wurde. Nur gehobene Kreise konnten sich diesen Luxus des importierten Holzes leisten. Zwar standen durch weltweite Handelskontakte auch verschiedene andere Hölzer in Auswahl zur Verfügung, doch ließen die unerschwinglichen Preise die Tischler gerne wieder zu den einheimischen Holzarten greifen. Im südlichen Deutschland waren vor allem Kirsche und geflammte Birke, deren warmer Goldton oft durch schwarze Ränder hervorgehoben wurde, verbreitet. Bei den Bilderrahmen verzierte man auch die Ecken durch schwarze Malerei oder Einlagen von Ebenholz. Als Neuerung führte sich der Schutz des Holzes durch Schellackfirnis ein.

Norddeutschland

Die Möbel dieser Periode wirken im Vergleich zu jenen der vorhergehenden Stilepochen bei aller Blockhaftigkeit und Flächigkeit weicher und weniger steif. Sie sind ohne Pose ganz auf das Bedürfnis der Menschen abgestimmt, deren familiären und gesellschaftlichen Zwecken angepaßt. Sie stehen auch nicht mehr an ihrem festen Platz, sondern werden jeweiligen Bedürfnissen folgend gruppiert, sind also mobil, d.h. beweglich, variabel. Im Norden sind sie in der Regel dunkel, auch schwerer als im süddeutschen Sprachraum, einer strengeren Wohnkultur angepaßt. Der englische Trend macht sich in den Küstenstädten Schleswig-Holsteins besonders bemerkbar und wird im Sächsisch-Thüringischen durch den »Manufakturisten« F. J. *Bertuch* (s. S. 49) propagiert. Publikationen wie seine Journale oder auch die Schriften der Gewerbevereine verbreiten Informationen über Einrichtungsfragen sowie Möbelvorlagen weithin, so daß jede lokale Zuordnung in dieser Zeit problematisch wird.

Süddeutschland

In Süddeutschland gab es Zentren mit bedeutenden Werkstätten, so etwa die der Firma Heinrich *Himmelheber* in Karlsruhe, aus der schlichte Formen, die allein durch lebhafte Holzmusterung wirken, hervorgingen. Im Frankfurt-Mainzer Gebiet arbeitete Anton *Bembé* (um 1835), dessen Kästen als charakteristisches Merkmal flankierende Säulen aufweisen (Abb. 270).

Die sozialen Verhältnisse

Das Anwachsen der Menschenmassen in den Städten zwang dazu, mit dem Wohnraum haushälterischer umzugehen. Selbst noble Häuser dieser Zeit sind nicht mehr verschwenderisch mit dem Platz. Die Höfe, Treppenhäuser und Vorhallen schrumpfen, es gibt kaum mehr ungenützte Winkel.

Die *Geselligkeit,* soweit sie im Hause gepflegt wird, umfaßt vom Damenkaffee oder -tee in der Sofaecke bis zum Musiziertreffen einen mehr oder weniger engen Kreis von Freunden und Verwandten. Nie aber wird ein übermäßiger Luxus in der Bewirtung geboten.

Die Ansätze zur Emanzipation der Frau in der Gesellschaft, wie sie in den Salons geistreicher Romantikerinnen, z. B. der Rahel Levin und der Henriette Hertz gegeben waren, hatten sich auf einen vergleichsweise kleinen Kreis Intellektueller beschränkt. Im allgemeinen blieb es weiter bei der klassischen *Rollenverteilung* von Mann und Frau, wobei der Mann »hinaus ins feindliche Leben« zu treten hatte, während die liebevolle Gattin und Mutter für die Häuslichkeit sorgte. Dabei engte sich der Begriff der Häuslichkeit auf die ausschließliche Tätigkeit im Haushalt ein. »Für die Rolle der Frau ergab sich eine völlig neue Situation. Innerhalb der großen Haushaltsfamilie war sie entscheidend in deren arbeitsteilige Wirtschaftsordnung integriert gewesen als Verkäuferin der fertigen Ware…, als Rechnungsführerin, Kundenvermittlerin, Betreuerin der Lehrlinge usw.… Nun aber erfuhr ihr Funktionsbereich mit der Trennung von Arbeits- und Wohnstätte zunächst einmal eine gewaltige Reduktion. Sie wurde zurückgedrängt auf das eigene, in sich abgeschlossene Heim… Die vielfältigen und umgreifenden Funktionen der Hausmutter reduzierten sich auf die weit geringeren Pflichten der Nur-Hausfrau, der allerdings andererseits nach dem neuen Familienrecht theoretisch der Weg zum emanzipierten Einzelwesen offenstand.«[14]

In zahlreichen zeitgenössischen Darstellungen wird die stille Tätigkeit der Frau und der jungen Mädchen ins Licht gerückt: der hellste Platz in der Stube dient ihrem unermüdlichen *Handarbeitsfleiß* (Abb. 181, 183, 194, 206). Vom zartesten Kindesalter bis hin zum Großmutterdasein war es eine Liebespflicht des weiblichen Geschlechts, die Umwelt mit schönen, nützlichen und unnützen Arbeiten der Hände zu versehen: Sofakissen, Tischläufer und Deckchen, Klingelzüge, Taschen, Spitzenkragen und Umhänge, Nachthäubchen und Tagmützen, Kinderschürzen und Haarbän-

Fig. 31 *Ehepaar am häuslichen Tisch: der Mann mit Zeitung und langer Pfeife, die Frau mit Strickzeug. Scherenschnitt aus »Münchener Bilderbogen«, 1844.*

Lübeck, um 1850:
Mein Elternhaus lag ziemlich in der Mitte der Wahmstraße in der Stadt… Es war ein großes altes Haus. Vorderhaus mit Hinterhaus war durch einen langen Flügel verbunden. Deutlich konnte man noch erkennen, wie früher die großen Lastwagen durch die Haustüre über die lange, breite Diele in den Hof gefahren waren, um ihre Schätze in den Speichern abzuladen. An der Luke des Hinterhauses hing noch der Haken der großen Winde. Der erste und zweite Stock waren vollständig erhalten, sogar die runden Löcher, durch die einst die Seile der Winde liefen, fanden wir noch im Fußboden.
(Gollisen S. 13)

Hamburg, 1. H. 19. Jh.:
Soweit die Wohnungseinrichtung nicht aus dem Elternhause übernommen, sondern neu beschafft worden war, entsprach sie natürlich dem Zeitgeschmack: im Eßzimmer ein kreisrunder, ausziehbarer Mahagonietisch mit einem schweren, auf vier Voluten ruhenden Fuße und darum schlichte, aber bequeme Stühle mit geschweifter Rückenlehne aus gleichem Holze; in den Wohnzimmern das typische Biedermeiersopha und hohe schlichte Mahagonieschränke für die Bibliothek, in dem gleichfalls mit Mahagoniemöbeln ausgestatteten Schlafzimmer Betten mit gerundetem Fußende und an der Stirnseite geschmückt mit einem gedrechselten Querbalken. Diese Möbel vertrugen sich gut mit der Louis Seize- und Empire-Erbschaft aus dem Hause des Vaters.
(Schramm S. 97)

Fig. 32 *Küche um die Mitte des 19. Jh., Frankfurt a. M.: Im Mittelpunkt der hohe Herd mit Backofen; Gefäße am und auf dem Feuerhut; eine Unmenge Geschirr und Gerät, alles ordentlich aufgereiht.*
Frankfurt a. M., Historisches Museum

Hamburg, um 1840:
Was sich von der Einrichtung dieses Hauses erhalten hat, zeugt nicht nur von Wohlstand, sondern auch von Geschmack. Da gibt es außer dem einen und dem anderen Möbelstück noch schöne Sevres-Tassen in Gold mit Putten in schwarzer Zeichnung und ein noch schöneres Service mit einem Muster von roten Rosen zwischen goldenen Ornamenten, ferner Meißener Biskuit-Figuren als Reste eines umfänglichen Tafelaufsatzes im klassizistischen Stil, Leuchter im französischen Geschmack und englische Farbstiche von W. Ward nach Gemälden von Singleton und Morland mit moralischem Inhalt: »Verschwendung und Faulheit« einerseits, »Fleiß und Sparsamkeit« andererseits. Ein großes, inzwischen verkauftes Ölbild mit Rokoko-Rahmen, das die Himmelfahrt Christi in der italienisierenden Manier des 18. Jahrhunderts darstellt, stammte wohl noch aus dem Besitz der Vorfahren. Auch ist anzunehmen, daß manche Bände in der Bibliothek des jüngeren Sohnes bereits vom Vater stammten. Kein Zweifel: der Senator war ein Mann mit Kultur.
(Schramm S. 78)

der, gestickte Wandsprüche für Küche und Schlafzimmer, Blumenbilder für Wohnstuben, Lautenbänder und vieles mehr. Natürlich wurde auch die eigene Aussteuer, die für ein ganzes Eheleben ausreichen sollte, selbst gefertigt. Von »munteren Reden« oder Musik begleitet, verbrachten die unverheirateten Mädchen viele Stunden am Fenster. Ihre Neugierde konnten sie mit Seitenblicken nach draußen stillen; dazu verhalf ihnen auch ein aus zwei Spiegelscheiben angefertigter Außenspion.

Mobiliar

Zumeist auf einem Podest am Fenster stand neben einem Stuhl der Nähständer oder das *Nähtischchen;* die Tischler dieser Zeit boten davon eine große Auswahl an. Baluster oder geschwungene Beine – auch Lyren – konnten die Stützen sein. Die Tischchen sind mit Klappdeckel oder Schubladen versehen, viereckig, rund, oval. In das Innere gehören Fächer und Lädchen für die Handarbeitsutensilien. Das luxuriöse Nonplusultra sind die Wiener Globustische, deren obere Halbkugel man beim Öffnen in die untere schiebt[15].

Bei den *Eßtischen* hat sich seit dem Klassizismus die runde und die ovale Form durchgesetzt. Klapp- und Ausziehtische finden außerdem im Eßzimmer Platz, während der kleinere Rundtisch obligat vor dem Sofa steht. Ineinanderschiebbare Sätze von Kleintischen dienen den verschiedensten Zwekken.

Die *Sitz- und Liegemöbel* haben sich aus dem Formenschatz des Klassizismus weiterentwickelt. Das Sofa kommt in verschiedenen Ausformungen vor: kompakter und steifer als Bettsofa besonders in Norddeutschland, in Wien mit offenen Seiten- und durchbrochenen Rückenlehnen oder mit üppiger Polsterung (Roßhaar, Sprungfedern) nach dem Vorbild des orientalischen Diwan. Am beliebtesten ist der in der Mitte nach oben geschwungene Typ mit nach außen gebogenen Seitenteilen.

Die Bezugstoffe sind ähnlich den Wandbespannungen – oft auch im gleichen Muster wie diese – gestreift und geblümt, oft auch einfarbig glatt. Als Materialien verwendet man einfache Cretonne und Rips, aber auch Samt und Seide und – mit wachsender Begeisterung – den geschorenen Samt (Plüsch). Immer beliebter werden textile Zutaten aller Art

(Posamente) wie Quasten, Schnüre, Bordüren, Fransen (Abb. 213, 222, 223).
Die *Stühle* im gesamten deutschen Sprachraum zwischen Hamburg und Wien weisen wenig regionale Kennzeichen, aber eine große Formenvielfalt auf. Gestell und Lehne zeichnen sich durch schlichte, wohlgeformte Zierlichkeit aus. Phantasievolles Sprossenwerk wie auch glatte, weiche Formen kommen vor. Besonders Geyer in Wien (s. S. 54) schuf grazile Stützen. In Weimar gibt es als Sonderform die Fächermuster auf der Lehne. Die Beine sind leicht nach unten verjüngt, eventuell etwas nach außen geschwungen, die breiten, bequemen Sitze meistens nach rückwärts eingehalten.

Fig. 33 *Spielzimmer, in dem sich das »Fräulein« mit den Kleinen befaßt; Spielzeug und Kindermöbel sowie das Auftauchen der Mutter mit Kuchen bezeugen die liebevolle Hinwendung zum Kind. Kupferstich, Nürnberg, um 1835.*

Nicht die großen Kurvungen des Barock, sondern ein durchdachtes, körperfreundliches Schwingen des Möbels zeigt sich in all diesen Varianten: Fast immer sind es gute persönlich-liebevoll gestaltete Stücke.
Die *Kommode* erfreut sich weiterhin größter Beliebtheit. Es fehlt ihr allerdings häufig der barocke Schwung oder die klassizistisch-feine Eleganz. Doch finden sich gerade bei diesem Möbeltyp sehr schöne, wohltuend proportionierte Stücke, deren wesentlichste Zierde »das meisterhaft gewählte und gelegte Furnier, das die Maserung feinfühlig mit den Linien des Aufbaus in Einklang zu bringen weiß«[16], ist. Diese Schränke und Kommoden dienten der Aufbewahrung von Textilien und allerhand kleinen Haushaltdingen. »Gerade in dieser Zweckhaftigkeit lag für die Zeit ein besonderer Reiz, kam sie doch dem Bedürfnis nach aus der Fläche gewonnenen und in ihr selbst liegenden Schönheit entgegen.«[17]
In keinem Bürgerhaushalt fehlte der *Schreibschrank,* an dem nicht nur die geschäftliche Korrespondenz erledigt, sondern auch die Billets für Freunde, zärtliche Briefe und Einladungen zu Papier gebracht wurden. Schon im Laufe des 18. Jahrhunderts hatte er sich mit dem steigenden Bildungs- und Mitteilungsdrang zu einem anspruchsvollen, mit größter Sorgfalt ausgestatteten Stück der Inneneinrichtung entwickelt. Nun sind die Formen nicht weniger vielfältig, jedoch etwas schlichter im Dekor. Nur noch in Norddeutschland sind die großen Zylingerbureaus (Abb. 233) in den 30er/40er Jahren üblich; in der Regel aber zeigt die Außenseite glatte, meist hochrechteckige Flächen, die nur selten mit schwarzen Knöpfen oder Einlagen – auch als Tuschmalerei imitiert – verziert sind. Die Innenabteilungen des Möbels werden mit einfachen Weichhölzern ausgeführt, die man hin und wieder mit farbigen Tapeten beklebt.
Der Gestaltvielfalt dieses Möbels sind keine Grenzen gesetzt: Oval, Halbkreis, Kreis und andere geometrische Formen. Eine Wiener Spezialität scheint der leichte ovale Damenschreibtisch zu sein, der durch einen niederen Aufbau die Benützerin nach außen abschirmt und so eine private Atmosphäre schafft. Oft sind seitlich noch Stützen für Blumenstöcke angebracht (Abb. 225)[18].
Hohe *Schubladenschränke* (Chiffonnieren) treten hinzu. Ihr einziger Dekor sind oft die Schlüsselschildchen aus Bronze oder Email. Kombinationen von Kommode und Schreibschrank oder Schubladenschrank bieten im oberen verglasten Teil auch Platz für Geschirr, Silber und private Kleinsammlungen.
Im *Schlafzimmer* gibt es Toilettentische, sowohl als einfache Tische mit Decke als auch in Kommodenform mit Schubladen oder Klappe, ähnlich den Schreibtischen. Die Waschgarnituren aus Porzellan bzw. Steingut ist Spielfeld zierlicher Schmuckelemente zumeist floraler Art. Oft sind die Schüsseln auch durch Klappen unsichtbar zu machen, ins Innere eines geschlossenen Möbels zu versenken (Abb. 212).
Das Bett zeigt – im Gegensatz zur pompösen Großartigkeit im Barock oder Empire – eine kleinere und schlichtere Gebrauchsform: Die Schmal- und Längsbretter sind in geraden Pfosten eingenutet. Lediglich am Kopf- oder Fußende treten gelegentlich Voluten auf. Auch die innere Substanz des Bettes ist entsprechend einfach: selten Matratzen, meist nur Gurte mit Strohsack oder Roßhaarpolstern.
Während die Biedermeierzimmer nicht mit Möbeln überfüllt sind, kann man an den Wänden eine »überreiche Ausstattung mit *Bildern«* [19] wahrnehmen (Abb. 190, 194, 218). Die gesamte Wandfläche wird miteinbezogen, wobei sich Schwerpunkte über dem Sofa, in Nischen oder an anderen Sitzplätzen bilden. Hier herrscht individuelle Zwanglosigkeit: der persönliche Geschmack schafft sich das, was er eben verlangt. Das Gemütlich-Gemütvolle überwiegt bei den Motiven. Ganze Bildfolgen nach Legenden und Romanen sind beliebt. Es halten sich auch noch die in der Goethezeit so gerne verschenkten Schattenrisse und Scherenschnitte und vor allem Porträts aus dem Umfeld der eigenen Familie.

Wien, 1. V. 19. Jh.:
Nach dem Lesegemache kam wieder ein größeres Zimmer, dessen Wände mit Bildern bedeckt waren. Die Bilder hatten lauter Goldrahmen, waren ausschließlich Ölgemälde und reichten nicht höher, als daß man sie noch mit Bequemlichkeit betrachten konnte. Sonst hingen sie aber so dicht, daß man zwischen ihnen kein Stückchen Wand zu erblicken vermochte. Von Geräten waren nur mehrere Stühle und eine Staffelei da, um Bilder nach Gelegenheit aufstellen und besser betrachten zu können.
Diese Einrichtung erinnerte mich an das Bilderzimmer meines Vaters.
(Stifter S. 294)

Historismus des 19. Jahrhunderts

Basel, um 1880:
Das dämmerige Wohnzimmer der alten Frau: dunkelgrüner Samt, ein Spannteppich mit großen Girlanden, schwere, faltenreiche Fenstervorhänge, ein weißer, warmer, messingbeschlagener Kachelofen, tiefe Lehnsessel, das weitausholende Kanapee, ein blanker runder Tisch, der, wie die kleinen Schränke, aus Mahagoniholz hergestellt war. Auf den vielen leichten Tischen befanden sich Schalen und Kandelaber aus Alabaster. Die Daguerreotypien – die schönen Bildnisse aus der Frühzeit der Fotografie – waren im Schatten. Für mich standen sie alle in Beziehung zum Vorüberrauschen des nächtlichen Rheins und auch zum Glücksrad. In der Mitte des matt glänzenden Tisches brannte eine Öllampe; ja, zur Zeit des Leuchtgases noch eine Öllampe, die in der mit Teppichen und Vorhängen gesicherten völligen Stille durch das Fallen ihrer Tropfen sehr langsam den Zeitablauf bedeutungsvoller als das Ticken der Alabasteruhr auf der Konsole maß und eindringlicher vom Vorübergehen aller Erscheinungen sprach. Nie hat mich das Gefühl verlassen, das mich in jenem Dämmerraum beim matten Aufleuchten der Goldrahmen überfiel, als ich begriff: dieser Tropfen fällt kein zweites Mal, und schon bildet sich der nächste, der zu fallen hat.
(Carl J. Burckhardt S. 20 f.)

Kritik und neue Sicht

»Tiefstand des Wohnens in Stadt und Land«[1] und »Verfallzeit«[2] sind die Überschriften der Kapitel, die man bis vor wenigen Jahrzehnten der Wohnkultur in der zweiten Hälfte des 19. Jahrhunderts widmete. »Bereits in den dreißiger Jahren... kündigt sich ein Niedergang an, der in den folgenden Jahrzehnten schnell fortschreitet... Es entstand ein Bild des Verfalls, von dem wir gern die Augen abwenden.«[3]
Die vielfältigen Anschuldigungen gegen diese Epoche gipfelten – von der ästhetischen Kritik ausgehend – in dem Vorwurf der »stillosen Stilhäufung« und der »Maskerade«. Die Verachtung äußerte sich insofern verhängnisvoll, als man all den »Plüsch und Plunder« in Bausch und Bogen »entrümpelte«, so daß zu wissenschaftlichen Untersuchungen nur relativ wenig Material verblieben ist. Die zahlreichen um 1900 herum errichteten Museen konnten zu dieser Zeit noch keinen wertungsfreien Standpunkt einnehmen und versäumten es daher, Einzelstücke und geschlossene Einrichtungen in ihre Bestände aufzunehmen.
Vor dem Ersten Weltkrieg gab es nur wenige, die es für angebracht hielten, von der verpönten Epoche nicht »die Augen abzuwenden«. Zu ihnen gehörte der Historiker Kuno Mittenzwey, der im Historismus eine adäquate Äußerung des Zeitgeistes sah und als sein Charakteristikum einen vielfältigen Forschungs- und Wissensdrang erkannte.
Erst nach dem Zweiten Weltkrieg wurde die ernsthafte wissenschaftliche Diskussion über diese Epoche eröffnet, besonders durch Friedrich Meinecke und Karl Popper. Den Wandel in der Bewertung, der sich nun allmählich vollzog, teilt der Historismus mit den meisten anderen Epochen. Aus dem Versuch, nach dem »Sosein« und dem Warum zu fragen, ergaben sich neue Interpretationen.
»Warum hat das Jahrhundert keinen eigenen Stil hervorgebracht? Soll man einfach auf die Kultursituation zurückgehen und es auf diese Weise, also geistesgeschichtlich, erklären? Soll man darauf zurückgehen, daß schon seit Herder eine Leidenschaft für die Erforschung und für das Verständnis der Geschichte vorherrschte? Oder soll man darauf zurückgehen, daß im Zusammenhang mit der Entwicklung der Forschung und mit der zunehmenden Arbeitsteilung mehr und mehr von der Geschichte bekannt wurde, bei der Versuchung zur Nachahmung am Ende zu groß wurde?... Es gibt viele Möglichkeiten und natürlich keine Beweise.«[4]
Diese Möglichkeiten der Annäherung an das Phänomen Historismus sind in einem von Ludwig Grote redigierten Band zusammengefaßt, der auf Vorträge und Diskussionen im Oktober 1963 in München und Schloß Anif bei Salzburg zurückgeht. Neben der Tatsache, daß es historisch geprägte Geisteshaltungen in allen Jahrhunderten gegeben hat, tritt die Erkenntnis, daß gerade im 18. Jahrhundert durch die Altertumswissenschaft mit ihren praktischen Ausgrabungsergebnissen die »archäologische Neugier« geweckt wurde, die sich dann mit dem »romantischen Historismus« des beginnenden 19. Jahrhunderts zu einer starken, zunächst intellektuell geprägten Strömung verband. Man sieht heute aber auch, daß nicht alle maßgebenden Leute (Architekten, Designer, Handwerker), die im 19. Jahrhundert die Wohnkultur prägten, von dem Prinzip der Nachahmung überzeugt waren, auch wenn die Vergangenheit sie faszinierte: Mit ihrer Hilfe hoffte man zu neuen Möglichkeiten vorzustoßen – und auf einigen Gebieten ist dies auch tatsächlich geglückt (s. S. 69, 73ff.). Die Fehler jener Epochen wollte man vermeiden, die positiven Erkenntnisse aber summieren und verwerten, »um so den ganz Hohen Stil gewissermaßen in Zeitraffung hier [zu] verwirklichen... aus den vergangenen Epochen das Beste herausholen um daraus das Superbeste zu machen – das war schon immer die unerschütterliche Rechtfertigung des Eklektizismus«[5].
Das Interesse am Historismus wandte sich von den rein kunstästhetischen Fragen den Zusammenhängen sozialpolitischer, wirtschaftlicher und handwerksgeschichtlicher Art zu. Dies führte zu unerwarteten Ergebnissen, die heute gerade diese Epoche als besonders fesselnd und in ihren Verflechtungen erforschenswert erscheinen lassen. Historismus wird in zunehmendem Maße Thema von Publikationen, Museumsankäufen und Ausstellungen. Es sei nur an die wichtigen Ausstellungen in Hamburg 1977 und in Wuppertal 1982/83 (»Historismus, Jugendstil, 20er/30er Jahre«) erinnert.
Nach außen hin hatten sich die Völker im ersten Drittel des 19. Jahrhunderts beruhigt. Keine bedeutenden Kriege störten die Städte, der Bürger ging seiner Arbeit nach und lebte – zumindest dem Anschein nach – in behaglichen Heimen. Im Hintergrund des Denkens und Fühlens schwang jedoch der große Umsturz nach, der erst zwei Generationen zurücklag: die Absetzung, Ermordung, Vertreibung von Herrschaftsschichten, die jahrhundertelang in gottgewollter Selbstverständlichkeit die Länder regiert hatten; der Zusammenbruch der hierarchischen Ordnung des Mittelalters, der Aufschwung und Fall des großen Einzelnen vom Revolutionssoldaten zum Kaiser und zum Verbannten; das erneuerte Herrschertum der restaurierten Monarchien, dem die freiheitlichen Strömungen der akademischen Jugend entgegenstanden. Im Grunde erfüllte diese Jahrzehnte eine bedrängende Unstetigkeit, eine innere Zerrissenheit, die an die Wurzeln der Weltanschauung und des Lebensgefühls reichten. In kaum einer Epoche vollzog sich ein hektischerer Stimmungs- und Gesinnungswechsel. Freilich konnte sich der Bürger dem verweigern, sich ins Unpolitische zurückziehen; zunehmend aber prägte Unsicherheit seine Gesamthaltung, seinen Geschmack und seinen Lebensstil. Sie erwuchsen u.a. aus gesellschaftlichen Zwängen, aus der Entfernung der Stände voneinander und ihren schichtenspezifi-

schen Tabus. Trotz wachsender Entfremdung und aufkommender Kampfstimmung bestand zunächst eine »Spannungsbalance«[6].

Ein Geflecht von Entwicklungen und Neuerungen kennzeichnet die Situation nach 1850. Die wirtschaftliche Hochkonjunktur der deutschen Zollvereinsstaaten führte zu einem Liberalismus, der das Rechts- und Lebensgefühl zu verwandeln begann. Die Kluft zwischen Herrschaft und Gesinde wurde immer größer, indes die Unternehmerschicht sich vom Klein- und Mittelbürgertum her auffüllte. Das Nachdrängen dieser vitalen aber wenig gebildeten Schicht, die dem Führungsanspruch vom geistig-kulturellen Fundus her nicht gewachsen war, mag eine der Wurzeln für die teils überhebliche, teils unsichere Haltung dieser Leute gewesen sein. »In den breiten Massen der rasch anwachsenden Großstädte traten ganz neue Käuferkreise unbewußt mitbestimmend auf den Plan. Das Zeitalter der Maschine kam gärend herauf und trug wesentlich dazu bei, das handwerkliche Können zugrunde zu richten. Rückblickend auf Gewesenes, suchte unsicher gewordener Geschmack Formen vergangener Zeiten wieder zu beleben...«[7]

Die Macht aber mußte sich im Lebensstil manifestieren; sie brachte gesellschaftliche Verpflichtungen mit sich, die wiederum nur in einem angemessenen Rahmen wahrgenommen werden konnten. Mit dem Aufschwung der Bautätigkeit ging der Großbedarf an »Einrichtungen« Hand in Hand. Wie aber sollte sich der Parvenu einrichten, wenn er den neuerworbenen Wohlstand ausdrücken wollte, wenn zu repräsentieren war? Der schlichte, gediegene, ein wenig zu betulich-behagliche Wohnstil genügte dann nicht mehr – und Neues fand und erfand man nicht. Der Blick blieb an den Schöpfungen der Vorfahren haften, und diese kamen plötzlich wieder »in Frage«. »Das ›Passende‹ war Anpassung! Denn wie hemdsärmelig ein Gründer auch gründete, außerhalb seiner Gründungssphäre herrschten immer noch die althergebrachten Bräuche: Kostüm und Konvention kamen von Hofe herab auf die Nation. Ob Fabrikant, Spekulant oder sonst jemand, man beeilte sich, den Anschluß zu erreichen. Daraus erklärt sich nun ganz zwanglos und folgerichtig, warum die Neo-Stile auf einmal so hoch in Mode und Ansehen standen; denn wer keine Gotik hatte, aber welche zu benötigen vermeinte, ließ sich, da es keinen Kunstmarkt gab, eben neue Gotik machen: also Neo-Gotik!«[8]

Zudem war man nun in der Lage, Nachbildungen einwandfrei und relativ billig erstehen zu lassen. Technisch vermochte man mit den Mitteln der Zeit, Qualitätsarbeit leichter zu erstellen als die Handwerker der Vergangenheit mit ihrer Hände Fleiß. »Es entstand ein wirres Durcheinander von unsicher gewordener Handwerksarbeit und einer maschinenmäßigen Herstellung, die ihre eigenen Gesetze noch nicht kannte und zunächst nur auf wohlfeilen Scheinprunk ausging. Die Möbel erhielten, entsprechend der herrschenden Gesinnung, aufwendigen Ausputz durch reichliches, früheren Zeiten entlehntes Schmuckwerk, das in den nun aufblühenden Fabriken als Massenware hergestellt wurde.«[9]

Den Wohlstandsbürger überfiel gleichsam in raschem Wechsel der Hang zur Gotik, zur Renaissance, die Lust in Rokokoformen zu schwelgen oder gar, sich gleichzeitig zwischen diesen Stilrichtungen zu bewegen. Das Auffällige, Exzentrische, der Effekt: sie waren machbar und man entzog sich nicht ihrem Reiz.

Goethe hatte in den letzten Jahren seines Lebens diese Gefahr erkannt und mehrmals warnend seine Stimme erhoben. Im Familienkreis sprach man 1827 von Wohnungseinrichtungen, »... sodann kam man auf den neuesten Geschmack, ganze Zimmer in altdeutscher und gothischer Art einzurichten und in einer solchen Umgebung einer veralteten Zeit zu wohnen. ›In einem Hause‹, sagte Goethe, wo so viele Zimmer sind, daß man einige derselben leer stehen läßt und im ganzen Jahr vielleicht nur drey, vier Mal hineinkommt, mag eine solche Liebhaberei hingehen und man mag auch ein gothisches Zimmer haben... Allein sein Wohnzimmer mit so fremder und veralteter Umgebung auszustaffieren, kann ich gar nicht loben. Es ist immer eine Art von Maskerade, die auf die Länge in keiner Hinsicht wohl thun kann, vielmehr auf den Menschen, der sich damit befaßt, einen nachtheiligen Einfluß haben muß. Denn so etwas steht im Widerspruch mit dem lebendigen Tage, in welchen wir gesetzt sind, und wie es aus einer leeren und hohlen Gesinnungs- und Denkungsweise hervorgeht, so wird es darin bestärken. Es mag wohl einer an einem lustigen Winterabend als Türke zur Maskerade gehen, allein was würden wir von einem Menschen halten, der sich ein ganzes Jahr in einer solchen Maske zeigen wollte?«[10].

Sicher, schon im 18. Jahrhundert hatte es kurzlebige Moderichtungen gegeben wie etwa die chinesische, und Chippendales Anregungen für Möbeltischler, »im gothischen, chinesischen und Rokokostil« zu arbeiten, war auf fruchtbaren Boden gefallen. Aber diese frühen Adaptionen fremden Geschmacks blieben doch auf eine relativ dünne Schicht beschränkt und boten – der Klassizismus macht es deutlich – nicht nur Nachahmung, sondern eine aus dem geistigen Vorstoß geborene neue Sehweise.

Nichts spiegelt die ästhetische Haltung dieser Zeit um die Jahrhundertwende trefflicher, als die große *Weltausstellung* in London 1851, sowohl was Zielrichtung als auch Ausführung anlangt. Nicht künstlerisch Neues anzuregen, war die Absicht; die Stilarten der Vergangenheit sollten gewissenhaft und schreinermäßig vollkommen kopiert werden mit den Mitteln, die die moderne Technik anbot. Unter den 17000 Ausstellern waren Kunsthandwerker vertreten mit Arbeiten, von denen die Zeitgenossen voll Stolz berichteten.

Felix Krull, geboren »wenige Jahre nach der glorreichen Gründung des deutschen Reiches«, also um 1875, zur elterlichen Villa:

Unsere Villa gehörte zu jenen anmutigen Herrensitzen, die, an sanfte Abhänge gelehnt, den Blick über die Rheinlandschaft beherrschen... Um nun von der inneren Häuslichkeit zu reden, so war sie nach dem Geschmack meines Vaters sowohl lauschig wie heiter. Trauliche Erkerplätze luden zum Sitzen ein, und in einem davon stand ein wirkliches Spinnrad. Zahllose Kleinigkeiten: Nippes, Muscheln, Spiegelkästchen und Riechflakons waren auf Etageren und Plüschtischchen angeordnet; Daunenkissen in großer Anzahl, mit Seide oder vielfarbiger Handarbeit überzogen, waren überall auf Sofas und Ruhebetten verteilt, denn mein Vater liebte es, weich zu liegen; die Gardinenträger waren Hellebarden, und zwischen den Türen waren jene luftigen Vorhänge aus Rohr und bunten Perlenschnüren befestigt, die scheinbar eine feste Wand bilden und die man doch, ohne eine Hand zu heben, durchschreiten kann, wobei sie sich mit einem leisen Rauschen oder Klappern teilen und wieder zusammenschließen. Über dem Windfang war eine kleine, sinnreiche Vorrichtung angebracht, die, während die Tür, durch Luftdruck aufgehalten, langsam ins Schloß zurücksank, mit feinem Klingen den Anfang des Liedes »Freut euch des Lebens« spielte.

(Mann S. 271)

Arbeitszimmer des Hausherrn:
Dabei nahm er Vogelsang unter den Arm und führte den gern Gehorchenden in sein neben dem Saale gelegenes Arbeitszimmer, wo der geschulte, diesen Lieblingsmoment im Dinerleben seines Herrn von langher kennende Diener bereits alles zurechtgestellt hatte: das Zigarrenkistchen, den Likörkasten und die Karaffe mit Eiswasser. Die gute Schulung des Dieners beschränkte sich aber nicht auf diese Vorarrangements, vielmehr stand er im selben Augenblick, wo beide Herren ihre Plätze genommen hatten, auch schon mit dem Tablett vor ihnen und präsentierte den Kaffee.
(Fontane, Treibel, S. 179)

Ende 19. Jh.:
Lambrequins und andere ähnliche Vorhänge aus möglichst schwerem Stoff werden auf die durchsichtigen Tüllvorhänge gehängt, dann sieht das Zimmer vornehmer aus. Von den Vornehmeren giebt es nur noch einen Schritt zum Vornehmsten, und dieser Schritt besteht darin, daß man das ganze Fenster mit einem sogenannten Store verhängt. Dann herrscht in dem Zimmer auch um die Mittagsstunde das vornehme clair-obscur.
(Falkenhorst S. 69)

Die ersten fünf berühmten, richtunggebenden Weltausstellungen fanden in folgenden Städten statt: London 1851, Paris 1855, London 1862, Paris 1867, Wien 1873. Dazu traten die deutschen Kunstgewerbeausstellungen (erstmals 1876 in München) und von den 80er Jahren an die Gewerbe- und Industrie-Ausstellungen. Die meisten führenden Künstler und Werkstätten lieferten von nun an ihre Entwürfe und Modellmöbel an solche internationale Schauen, die sie bekannt machten und ihnen häufig auch zu großen finanziellen Erfolgen verhalfen (Abb. 251, 268).

Neo-Gotik

Das Mittelalter in seiner gotischen Phase war wie eine Erleuchtung über die jungen Romantiker (Ludwig Tieck, Wilhelm Wackenroder, Friedrich Schlegel u. a.) gekommen. In Werken wie den »Herzensergießungen eines kunstliebenden Klosterbruders« drückten sie die Begeisterung für mittelalterlich-fränkische Städte aus. Um 1800, als die Klassik in der Dichtung Triumphe feierte und der Klassizismus neben dem Empire die Einrichtungen der »besseren Häuser« bestimmte, formte sich in den Romanen der Romantiker eine zwischen Extremen pendelnde Gefühls- und Ideenwelt aus. Der Wirklichkeit zu entfliehen und eine Phantasiewelt aufzubauen, versuchten Gemälde und Dichtungen in Märchen- und Sagenstoffen, in einsamen Landschaften, halb verfallene Kirchen und künstlichen Ruinen. Es dauerte einige Jahrzehnte, bis sich das romantische Bewußtsein in der Stilrichtung der Neugotik manifestierte. Impulse gingen auch von den vielgelesenen Romanen Walter Scotts aus, der selbst ein Herrenhaus in gotischer Manier bewohnte. Karl Friedrich Schinkel (1781–1841) richtete im Berliner Schloß für den Kronprinzen neugotische Räume ein, und »in gotischem Geschmacke« wollte auch der Bürger eine idealisierte Vergangenheit in seine Zimmer einbringen.
In mehr oder weniger freier Weise wurden Maßwerk und plastische Schnitzereien nachgebildet. Die Vorliebe für Türme und Risalite führte nicht nur zu burgenartigen Hausfassaden, sondern auch zu merkwürdigen romantisierenden Wohnkombinationen im Innern. Im Regensburger Städtischen Museum z. B. ist ein von Bürgern gestiftetes gotisches Zimmer zu sehen, das der Schreinermeister Karl Friedrich Wild 1853 geschaffen hat (Abb. 236, 240). Es weist all die genannten Kennzeichen der Neugotik auf. Der mächtige dunkle Schrank mit eingebauter Standuhr ist durch ein Spruchband in gotischer Schrift und figürliche Schnitzereien reich verziert. Passend sind auch die übrigen Raumelemente: das pompöse Familienalbum auf dem Tisch, die frühen Fotos der Fürsten Thurn und Taxis in breitem, durchbrochenem Maßwerkrahmen über der Sitzecke, der als Hündchen maskierte Blechspucknapf usw. Die Firma Wild, die in diesem Zimmer museal verewigt ist, hat in Regensburg ein halbes Jahrhundert Historismus mitgeprägt.

Neo-Rokoko

Die Ungeduld der Zeit mochte nicht länger in der Formenwelt der Gotik verharren. Schon nach kurzem fand man diese als zu steif und hart, man entdeckte die Beschwingtheit des 18. Jahrhunderts von neuem. (In Frankreich war man bereits mit der Restauration zum »Louis-quinze« und »Louis-seize« zurückgekehrt.) So erblühte – fast gleichzeitig mit Neo-Gotik und ausklingendem Biedermeier – der Stil des Zweiten Rokoko (Neo-Rokoko, um 1840–1860), zunächst in einer mehr dem Biedermeier verhafteten, behäbigen Art, dann in leichter, schwungvoller Manier. Freude an Kurven und Wülsten, an gedrechselten Teilen, Flammenleisten und Ballustraden zeichnen die Möbel des Mainzer Fabrikanten Anton Bembé (s. S. 55) aus, die in den 40er/50er Jahren entstanden.
Polstermöbel gehören zum Besten, was diese Jahrzehnte hervorbrachten. Charakteristisch sind die zweisitzigen Diwane (»Capitonnés«). Bei aller Gefälligkeit dieses Mobiliars wurde aber der Schwung der Originalmöbel kaum mehr nacherlebt und gestaltet.
Im Österreich der nachnapoleonischen Ära (Franz Joseph I., 1830–1916) pflegte man die Formen des 17./18. Jahrhunderts als Ausdrucksträger des Absolutismus und einer adäquanten Machtentfaltung. Dem Adel paßte sich das reichgewordene Bürgertum an, und der Handwerker richtete sich ein, wiederum Prunkmöbel zu fertigen, wenn auch meist nicht für den eigenen Gebrauch.
Rückgriffe und neue Phasen des Historismus lösten sich in rascher Folge ab. Zuerst in adligen Kreisen, zunehmend auch beim Bürgertum, ist ein Wiederaufleben des Empiredekors zu beobachten. Franz Xaver Fortner (1798–1877) hat solche Einrichtungen in seiner großen Münchener Werkstätte massenweise hergestellt. Movens von Erneuerungen sind nach wie vor Vorlagewerke, z. B. »Practische Zeichnungen von Meubles« (1830–1843, Leipzig), um nur eines von vielen dieser Fachbücher zu nennen.

Neo-Renaissance

Die Weltausstellungen mit den zugehörigen Katalogen und Schriften geben einerseits Zeugnis von dem Nebeneinander der Stilrichtungen nach der Jahrhundertmitte, andererseits von der Fortentwicklung einzelner Stilvorlieben und ihrem Wandel. Deutlich wird die Bewegung bei der Auseinandersetzung um den sogenannten »Nürnberger Stil« im Laufe des 19. Jahrhunderts. Gerade an der Stadt Nürnberg hatte sich die Begeisterung der Frühromantiker für das Mittelalterliche, Gotische, entzündet. Auch innerhalb der Bürgerschaft gab man sich diesem Trend bis etwa 1860/70 willig hin: Von der Fassade bis ins Detail der Zimmereinrichtung wurde bei Neubauten, z. B. in der Ludwigs-, Königin- und Adlerstraße, der Neo-Gotik gehuldigt[11].

In diesen Jahren beginnt aber auch die Besinnung auf das wirklich »berühmte« Jahrhundert Nürnbergs, nämlich das Albrecht Dürers. Man fragt mit neuer Blickrichtung nach dem Charakteristikum der Altnürnberger Bauweise. Am 20. März 1878 heißt es im Fränkischen Kurier Nr. 145: »... nachdem wir zu den Gothen und Romanen gewandert, bei den Byzantinern und im Orient Umschau gehalten, selbst die Trümmer der antiken Tempel durchstöbert hatten, um zu erfahren, was deutsche Baukunst *nicht* ist – haben wir uns spät, sehr spät auf uns selbst besonnen und diese Kunst da gesucht, wo sie wirklich ist, bei uns selbst.«[12] Bei der nun verstärkt einsetzenden Bautätigkeit tritt diese Hinwendung zur deutschen Renaissance ganz deutlich hervor (Hotel Strauß 1875, Karolinenstraße 43; nebenan Nr. 47 das Wohnhaus von 1887). Die bauästhetischen Auseinandersetzungen erhalten einen Trend zum Deutsch-Nationalen: Das 16. Jahrhundert, mit dem man sich wegen des religiösen Ringens und der politischen Auseinandersetzungen um die »Freiheit des Christenmenschen« verwandt fühlt, habe für alle Gegenstände des derzeitigen bürgerlichen Lebens ausgezeichnete Vorbilder geschaffen. So kommt es zu einer »Vereinnahmung der Stadt des Bürgertums des 16. Jahrhunderts für die Ideologie des Kaiserreiches und deren Beschwörung nationaler Einheit und Einigkeit«[13].

Dieses deutsch gefärbte, nostalgisch ver-färbte und mit Gemütswerten befrachtete Besinnen auf die Vergangenheit führte nun auch die breiten Bürgerschichten zur Vorliebe für den »altdeutschen« Wohnstil, wobei man sich nicht immer klar war, ob nun im Gotischen oder in der »Nürnberger« Renaissance das eigentlich Deutsche zu finden war. Die Rokoko-Richtung jedenfalls fiel nun der Verachtung anheim. Der Architekt Lorenz Gedon richtete auf der Münchener Schau des Kunsthandwerks von 1876 die Sonderausstellung »Unserer Väter Werke« ein, denn diese sollten vorbildhaft für das Gestalten der eigenen Zeit wirken; auch für Gedon war die Renaissance der große Stil. Georg Hirth, der gelehrte Sammler (und spätere Herausgeber der Zeitschrift »Jugend«, s. S. 77), verfocht in seinem Buch »Das deutsche Zimmer« die altdeutsche Stilart als zweckmäßige, schöne und zeitgemäße Wohnweise. Freilich fragten sich

Haus in Heilbronn, 1892 vom Vater Theodor Heuss' errichtet:
Das Haus hat mir in den Kindertagen gut gefallen ... Es war im Stil der Zeit, einem schlechten Stil, die übliche halbländliche »Villa«; über die äußere Tür war gemalt »Erst wägen, dann wagen«, über die innere »Klein, aber mein«. Diese kokettierende Sentenzenwirtschaft wird auf den Vater selber zurückgehen, der es mit Zitaten und »Geflügelten Worten« hielt; das Persönliche ist in mittelbürgerliche Zeitgewöhnung eingefärbt.
(Heuss S. 105 f.)

Calw, Ende 19. Jh.:
Unser Vaterhaus, das groß und hell an einer hellen Straße lag, betrat man durch ein hohes Tor, und sogleich war man von Kühle, Dämmerung und steinern feuchter Luft umfangen. Eine hohe, düstere Halle nahm einen schweigsam auf, der Boden von roten Sandsteinfliesen führte leicht ansteigend gegen die Treppe, deren Beginn zuhinterst tief im Halbdunkel lag. Viele tausend Male bin ich durch dies hohe Tor eingegangen, und niemals hatte ich acht auf Tor und Flur, Fliesen und Treppe; dennoch war es immer ein Übergang in eine andere Welt, in »unsere« Welt. Die Halle roch nach Stein, sie war finster und hoch, hinten führte die Treppe aus der dunklen Kühle empor und zu Licht und hellem Behagen. Immer aber war erst die Halle und die ernste Dämmerung da: etwas von Vater, etwas von Würde und Macht, etwas von Strafe und schlechtem Gewissen.
(Hesse S. 107)

Fig. 34 *Mittelständisches Wohnzimmer im Stil der Neo-Renaissance; die Kinder helfen der Mutter und dem Dienstmädchen beim weihnachtlichen Backen. Nach einer Originalzeichnung von K. Kögler, Ende 19. Jh.*

Ende 19. Jh.:
Die Kunstgewerbe hatten ... da Deutschland fast verblutend zu den Füßen des großen corsischen Menschenverächters gelegen, den Rest von Kunst verloren und waren allein in den Händen der Handwerker verblieben, die in den formenarmen und phantasielosen Zeiten des Biedermeierstils, dessen Ansprüche an dekorativen Schmuck ja so unendlich bescheiden waren, den Sinn für diesen beinahe ganz verloren.
(Hirth, Bd. 2, S. 76)

Jungmädchenzimmer, Ende 19. Jh.:
Es war eine großartige Überraschung, die ihrer wartete. Als sie ihr Zimmer betrat, blieb sie sprachlos an der Türe stehen. Sie erkannte die früheren Räume nicht wieder. Wohn- und Schlafgemach hatten die Eltern im altdeutschen Stil eingerichtet. Nichts war vergessen. Vom Schreibtisch bis auf die kleine Schmucktruhe, die vor dem Spiegel auf einem Schränkchen stand. Sogar eine Staffelei war am Fenster aufgestellt. Ilses Freude war unbeschreiblich. Die Eltern hatten ja ihre kühnsten Wünsche erfüllt ...
(v. Rhoden S. 171 f.)

auch damals schon einige Kritiker, wo denn die Parallelen zum Leben der Menschen des 16. und des 19. Jahrhunderts zu finden seien; Arbeitsweise und Gesellschaftsformen erschienen ihnen als wesenhaft verschieden.
Hand in Hand mit der Hinwendung zur Neo-Renaissance ging ein Wiederaufnehmen der klassizistischen Richtung des Jahrhundertbeginns und des Empire. Die Themen der Maler Anselm Feuerbach, Böcklin, Hans von Marées u. a. greifen auf die griechische Mythologie zurück und werden mit Vorliebe von den bildungsbewußten Mittelständlern in ihre guten Stuben geholt. Jacob Burckhardt schreibt in den 60er und 70er Jahren seine Werke über die Renaissance und die griechische Kulturgeschichte; er versucht, die »Triebkräfte« der Kunst, das »Überindividuelle« zu begreifen und eine »Gesamtbilanz des griechischen Lebens« zu geben. »Von verschiedensten Seiten betrachtet, hatte sich so gegenüber den Jahren von 1840 und 1850 im künstlerischen Bilden, im Denken wie in der Ausrichtung der Ziele und Interessen eine Wandlung vollzogen. Ein neuer Sinn für Maß und Form, für Antike und Renaissance ... hatte den wachsenden Hang zum Nihilistischen zurückgedrängt. Gleiches gilt von der Dichtung der Zeit ...«[14]

Pluralismus

Während die Renaissance in der Regel der Stil der 70er/80er Jahre war, ist das letzte Jahrzehnt des 19. Jahrhunderts durch einen Pluralismus gekennzeichnet, der keiner Richtung den Vorrang gab, sondern die Stile gerne mischte. Die Verfügbarkeit sämtlicher Stilarten der Vergangenheit führte besonders in dieser Spätphase auch zu der merkwürdigen Erscheinung, daß ein Haus- oder Wohnungsinhaber die ganze historische Palette um sich versammelte, indem er zum Beispiel das Schlafzimmer barock, das Speisezimmer im Renaissance-Stil, das Herrenzimmer in Gotik einrichtete. Das entsprach der Haltung des Großbürgertums der Wilhelminischen Ära, der Gründerzeit.
Bei manchen Gelehrten, Ethnographen und Künstlern steigerte sich die Neigung zur Stilvielfalt und zum Exotischen ins Grandiose. Wenn wir die Künstlerateliers der Jahrzehnte vor und um die Jahrhundertwende betrachten, so können wir ihnen einen ungemein malerischen Reiz nicht absprechen. Die Bretterböden sind bedeckt mit Perserbrücken und -teppichen, flauschigen Bären- und Katzenfellen; oft hängen orientalische Textilien auch an den Wänden oder sind gleich Vorhängen drapiert. Zwischen gotisierenden Möbelstücken und Renaissance-Vertäfelung tritt kaum ein Stück unbedeckter Wand in Erscheinung. Reiseandenken wie griechische Vasen, türkische Kessel, maurische Säulenbaldachine und Buddhas gesellen sich zu gotischen Lichterweiblein, barockgewundenen Säulen und bäuerlichem Inventar (Stalleuchten, Steinzeugkrüge, Hinterglasbilder usw.). Stechpalmen und andere exotische Topfpflanzen, Papageien usw. sollen einen Hauch von Ferne vermitteln. Zwischen all diesen Dingen stehen auf Staffeleien (oder hängen wandbedeckend) die eigenen Gemälde und Plastiken – alles in einer bohemienhaften »Unordnung« bewußt arrangiert (Abb. 277–281).
Die Impression, der malerische Eindruck, war maßgebend. Diese Räume waren Gesamtkunstwerke für den Hausgebrauch; sie wirkten wie realisierte Gemälde von Hans *Makart,* dem ruhmbedeckten Wiener Maler und Dekorateur (1840–1884). Der vielzitierte »Makart-Strauß« wurde geradezu als Zeitsymbol gewertet. Er war ein dekoratives und phantasievolles Kunstgebilde. »Auf Makarts Bouquets aus getrockneten Schilfkolben, Gräsern, Herbstlaub, Palmwedel und Garben ... sank der vielbehöhnte Staub erst dann, als Diener und Dienstmädchen ausstarben, fortliefen oder wegblieben.«[15]

Interieurs

Wie spricht sich nun dieser neuerwachte Sinn für klassisches Maß im Wohngeschmack der Zeit aus? Grundsätzlich blieben die Stilzimmer den oberen Rängen der Bevölkerung vorbehalten. Kennzeichnend für sie sind die wuchtigen Ausmaße, die klare Linienführung, selbst bei durch Schnitzereien ornamentierten Prunkmöbeln.
Die strikte Rollendifferenzierung von Mann und Frau hatte den Typus des »*Herrenzimmers*« geschaffen. Dorthin zogen sich bei Gesellschaften die männlichen Gäste mit dem Herrn des Hauses nach dem Essen zurück, während die Damen im Gartenzimmer oder im »Salon« plauderten. Im Herrenzimmer behaupteten sich die schweren dunklen Prunkmöbel – das große Buffet, der riesige Schreibtisch – noch bis ins 20. Jahrhundert.
Bis ins *Tochterzimmer* hinein drang »der Stil« vor. Emmy v. Rhodens unvergleichliches Erfolgsbuch »Der Trotzkopf«, das in den Jahren von 1884 bis 1893 zwölf Auflagen erlebte, traf in der Grundeinstellung ganz den Nerv der Zeit und erfaßte auch die aktuelle Begeisterung für das »Altdeutsche«.
Das (Eltern-)*Schlafzimmer,* noch im Biedermeier gelegentlich als Salon benützt, war nun streng von den Gesellschaftsräumen abgesondert. Der einfach möblierte, unheizbare Raum war für Gäste wie für andere Hausgenossen gleichermaßen tabu.
Die Differenzierung der einzelnen Zimmer nach dem Zweck der Benutzung und dem Geschlecht des Benützers spiegelt sich auch im *Wandschmuck* wider. Jedem Raum kamen ganz bestimmte Motivgruppen zu. Im Salon mußte zumindest ein repräsentatives Ölbild Platz finden, was bei den hohen Möbeln der Neo-Gotik und den Wandvertäfelungen der Neo-Renaissance gar nicht so einfach war. Als Motive eigneten sich Landschaften, Historienmalereien und Porträts. Kunstverlage boten als besonders passend für Stilzimmer Reproduktionen von Meistern der Hochrenaissance an[16]. Das

Speisezimmer sollte mit Bildern geschmückt sein, die eine Atmosphäre heiteren Genusses vermittelten: Geeignet waren neben allerlei Stilleben mit Früchten und Blumen, Jagd und Musik auch humoristische Genreszenen; Eduard Grützners gemütvoll-glückliche Esser und Trinker erfreuten sich großer Gunst. Für Herrenzimmer, Bibliothek und Sammlungen wählte man gerne patriotische Darstellungen, etwa Porträts von Landesfürsten, nationale Ereignisse oder auch antike Szenen, die auf den Bildungsstand der Bewohner verwiesen. Für die Kinder- und Jugendzimmer bevorzugte man gefühlsbetonte, oft moralisierende Themen, wobei man die Langzeitwirkung bewußt in Rechnung stellte. »Das Tischgebet«, »Der Schutzengel«, »Der verlorene Sohn« kamen u. a. in Frage, aber auch Märchenmotive und Zeugnisse der Tierliebe. Für das Elternschlafzimmer hielt man in der Regel bis nach 1900 an religiösen Motiven fest. »Beim damaligen Bürgertum war das Bild nicht – oder nur höchst selten – ein individueller Beziehungspunkt für einen Besitzer, sondern es drückte vorgegebene Denk- und Verhaltensnormen aus. Die vielen religiösen Bilder im Schlafzimmer z. B. kennzeichnen die sexualfeindliche Haltung der Zeit; die ›Liebesträume‹, ›Elfenreigen‹ oder gar ›Die lokkende Zigeunerin‹ kommen erst wesentlich später.«[17]

Regionale Zentren

In manchen Landschaften gelangen durch die Gunst der lokalen Gegebenheiten hervorragende Leistungen der Interieurgestaltung. So erfuhr in *München* das Handwerk besondere Schulung und Förderung durch die hohen Ansprüche, die die Könige Maximilian II. und Ludwig II. beim Bau ihrer Schlösser an die einzelnen Ausstattungswerkstätten stellten[18].

Hin und wieder glückte auch die Kombination mit überliefertem einheimischen Formengut, so etwa bei den Interieurs des norddeutschen Meisters Heinrich Sauermann, von denen das Städtische Museum in *Flensburg* einige treffliche Beispiele besitzt[19].

In *Wien* schuf das reiche Großbürgertum nach dem Abtragen der alten Stadtbasteien die Repräsentationsgebäude der sogenannten Ringstraßen-Architektur (ab ca. 1870); man hat sie eine grandiose Zitatensammlung genannt. »Bürgerfamilien mit einer seit Generationen gefestigten Tradition und großem Wohlstand wie etwa in den deutschen Reichs- und Hansestädten existierten in Wien kaum. Auch in seiner Berufsstruktur war dieses Großbürgertum stark aufgefächert. Als Konglomerat von überaus reichen Bankiers, wohlhabenden Geschäftsleuten, hohen Beamten, führenden Militärs sowie namhaften Künstlern, Gelehrten und Angehörigen freier Berufe hatte es sich seit der maria-theresianischen Zeit und namentlich im Biedermeier zum Träger eines über die Grenzen Österreichs ausstrahlenden geistigen Lebens entwickelt...«[20]

Die Häuser wiesen schon durch Prunkfassaden und monumentale Portale auf einen »fürstlichen« Wohnstil hin. Der Hausbesitzer bewohnte meist die Beletage, die oberen Geschosse konnte er – z. T. in kleinere Einheiten aufgeteilt – als

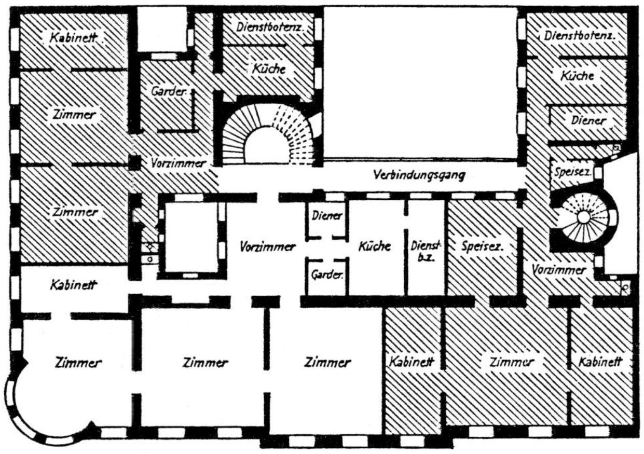

Fig. 35 *Grundriß (3. Stock) eines Wohnhauses am Opernring, Wien, 2. H. 19. Jh.; zur Straße hin die großen Gesellschaftszimmer, im Mitteltrakt Wirtschaftsräume, nach rückwärts Privatgemächer und – von ihnen getrennt – Dienstbotenkammern. (Aus: Allgem. Bauzeitung 31, Wien 1866)*

Wohnungen, das Erdgeschoß für teures Geld als Geschäfts- und Kontorräume vermieten. So bedeuteten diese Häuser eine rentable Geldanlage, die Wohnungen waren zur reinen Ware geworden, »Hausbesitzer« bzw. »Privatier« zum Beruf. 33 % aller Hauseigentümer im Ringstraßen-Bereich lebten vom Ertrag ihrer Häuser[21].

Möbelentwerfer

Anreger und Entwerfer der Einrichtungen waren Architekten und Bildhauer, zumeist Professoren. Der in Wien wohl bedeutendste unter ihnen, Theophil *Hansen* (1813–1891), kam von Schinkel und Semper her; er schuf bis ins Detail durchgeformte, anspruchsvolle Möbel. Sie waren für Wohnungen bestimmt, die nicht selten Ausmaße von mehr als 300 qm hatten und nur von einer Schar von Bediensteten bewältigt werden konnten. Schon eine Generation später sollten sie – bei wachsendem Dienstbotenmangel – für Privatleute zum Problem werden.

Für die Inneneinrichtung wählte man von allen verfügbaren Stilrichtungen in der Regel die wuchtigsten und repräsentativsten: Renaissance und Barock. Bei wohlproportionierter, straffer Grundstruktur und gediegener Ausführung erreichen diese Möbel oft enorme Ausmaße. Reich gedrechselte Balustersäulen stützen den Aufbau der Bufetts und rahmen meist auch deren Türen. Im Mittelteil dieser Schrankmöbel gibt es Nischen mit Rundbogenabschluß, in denen oft Prunkgeschirr (Tafelaufsätze, Vitrinen, Plastiken) Platz fand.

Die Wiener Möbelkunst, vom Kaiserhof und von der Wiener Kunstgewerbeschule gefördert, brachte vorzüglich ausgeführte Ensembles hervor, die »phantasievolle Eigenständig-

Haus eines Hamburger Arztes, Ende 19. Jh.:
Jerumins Haus, das Vorbe am nächsten Nachmittag mit seinem neuen Freund betrat, hatte innen als Aufgang eine weiße Marmortreppe; zur Linken war die Wand aus großen, geäderten Kalkkacheln gebildet, rechts zog sich in der Höhe der höchsten Stufe eine Marmorbalustrade mit Gipsnachbildungen antiker Figuren in wallenden Gewändern hin, und dahinter führte ein schmales Treppchen als Lieferanteneingang in den Keller. Auf Jerumins Klingeln wurde die Tür von einem hübschen jungen Mädchen in Spitzenschürze und Häubchen geöffnet. Sie kamen an einer Ledertür vorbei, daneben drehte sich die Treppe mit dem roten Läufer eng nach oben, hier unten schloß ihr Geländer in einem Holzpfeiler ab, auf dem eine Stange mit einer Milchglasglocke in Ananasform aufragte.
(Maass S. 147 f.)

Großbürgerliche Wohnung eines Wiener Fabrikdirektors, Ende 19. Jh.:
Die weiten Gemächer, durch welche man schritt, zeigten die Möblierung und den Charakter reiner Gesellschaftsräume, es waren Salons, im Stile jener Zeit eben, mit da und dort stehenden Tee-Tischchen, brokat-bespannten Sitzmöbeln, Causeusen, Fauteuils, Wandschirmen – sogenannten Paravents – die seidig glänzten und den obligaten hochstieligen Lampen mit breiten Schirmen...
Man betrat ein sehr weiträumiges Speisezimmer mit schweren dunklen Möbeln. Unter dem obschwebenden elektrischen Lüster saß hier an dem zum Nachmittagskaffee gedeckten Tische machtvoll die Hausfrau...
(Doderer S. 116 f.)

Wohnung eines Rechtsanwalts in Wien:
Ein Stubenmädchen öffnete Chwostik, Gleich kam der kleine spitzbärtige Rechtsanwalt heraus, durch eine Tür mit Milchglasscheiben, und bat Chwostik, hier einzutreten. Das Zimmer hatte zwei große Fenster gegen das Wasser. Es war sehr hell und schien vollgeräumt mit lauter repräsentativen Dingen: ein mächtiger Schreibtisch, Fauteuils, eine Vitrine mit Nippes, ein breiter Diwan.
(Doderer S. 38)

Großbürgerliche Lebensweise, Wien, um 1900:
Das Nichtstun junger wohlhabender Frauen von damals – noch waren seine hygienischen Formen und deren Instrumente, der Tennis-Schläger, der Ski, das Training im Hallenbade auch winters, nicht am Kontinente eingebürgert – führte sie in den nahegelegenen ersten Stadtbezirk, die »Innere Stadt«, wie man zu Wien sagt, fast jeden Vormittag; es stellte eine Art Ritus vor, daß man hier zwischen elf und eins an den glänzenden Schaufenstern der Geschäfte entlang flanierte, da und dort auch ein bekanntes Gesicht begrüßend, einen kleinen Einkauf besorgend.
(Doderer S. 78)

keit mit geschickter Verwendung historischer Vorbilder« zu verbinden wußten[22]. Durch handwerkliche Qualität taten sich Firmen wie Portois und Fix hervor. Ab 1855 war der aus Sachsen stammende Bernhard *Ludwig* (1834–1897) in Wien ansässig und machte sich bald als Möbelentwerfer einen Namen[23]. Als Ludwig 1879 das Haus Münzwardeingasse 2 bezog, konnte er seine Vorstellungen voll verwirklichen. Das Haus ist heute noch von den Nachkommen bewohnt und nahezu unverändert, so daß auch im Bild einmal ein typisches – unmuseales – Ensemble des Historismus gezeigt werden kann (Abb. 241–244, 252). Mehrere Räume sind mit Decken- und Wandvertäfelung in der von Ludwig 1884 erfundenen Technik der Pyrotypie versehen: Bei diesem Verfahren werden zweifarbige plastische Reliefs auf Holz geprägt, wozu erhitzte Eisenformen verwendet werden.

Nachfolger des Firmengründers war sein Sohn Bernhard d. J., der durch die Ausstattung von Fürstenschlössern auf dem Balkan bekannt wurde. Er baute den »Grünen Salon« in den ersten Stock des Ludwig-Hauses ein, den er vorher auf einer Kaiserjubiläums-Gewerbeausstellung 1898 in Wien gezeigt hatte[24].

Ein anderes Beispiel, aus dem Nordwesten des deutschen Sprachraumes: In Köln wirkte auf dem Gebiet der Innen-

Fig. 36 *Gesellschaft in Abendrobe beim Diner; das Personal serviert. Holzstich, um 1835. Berlin, Staatliche Museen Preußischer Kulturbesitz*

ausstattung die 1827 gegründete Firma *Pallenberg*. 1835 hatte Heinrich Pallenberg die erste Furnierschneidemaschine mit Dampfmaschinenantrieb in Westdeutschland eingeführt. In der zweiten Hälfte des 19. Jahrhunderts spezialisierte sich die Firma auf Stilmöbel. »Die Anfertigung erfolgte mit derartiger Kennerschaft und Präzision, daß Pallenbergsche Möbelschöpfungen im Stil des Rokoko, Empire und Biedermeier in unseren Tagen manchem Sammler und Händler Kopfzerbrechen bereiten.«[25] Die Entwürfe für alle gewünschten Formen wurden in der Regel von firmeneigenen Kräften gefertigt.

Das »Gesellschafts-Etwas«

In einmaliger Weise hat Theodor Fontane (1819–1898) die Hintergründe, die Irrtümer und Schwächen sowie die liebenswerten Seiten dieser Zeit geschildert, vor allem in seinen Romanen Stechlin, Frau Jenny Treibel und Effie Briest: »...ein unverzerrtes Widerspiel des Lebens, das wir führen«[26], wollte er zeichnen.

Der Zwang, ein »großes Haus« zu führen, auch wenn die Mittel zu protzigem Aufwand nicht ausreichten, führte zur Gesellschaftslüge, zum Blendertum. Effie Briest, im Geist dieser Zeit aufgewachsen, kann gar nicht fassen, daß sie – jung verheiratet – einem so altmodischen Haus in Kessin/Pommern (nach Fontanes Aussage mit Swinemünde gleichzusetzen) vorstehen soll, in dem es statt des Schlafzimmers noch einen Alkoven gibt und einen riesigen, schwarz-gekachelten Hinterladerofen. Sehr »genant« findet sie es auch, kein eigenes Eßzimmer zu haben, »wenn ein paar Personen zu Besuch sich einstellen«[27].

Alle diese Menschen sind beherrscht von Konventionen, vom Zwang aufzusteigen. Sie orientieren sich an dem, was in Familie und Gesellschaft gilt, nicht an ihren eigenen Empfindungen und humanen Regungen. Die Tyrannei des »Gesellschafts-Etwas« bestimmt das Wohnen dieser Menschen, es erfüllt ihr Schicksal, an dem sie nicht selten zerbrechen.

Die mehr oder weniger musikalischen Töchter und die Hausfrau selbst hatten sich ans Klavier zu setzen, denn es galt als Bildungsnachweis – ebenso wie der Bücherschrank und die Gipsbüsten großer Europäer –, Interesse für Musik zu zeigen. Kultur im Haus: das war vor allem auch ein Zeichen gesicherter Vermögenslage. Durch Berufslosigkeit wurde offenkundig, daß die Frau Zeit zu schönen Dingen hatte und diese nicht der Notdurft des Alltags widmen mußte. In seinem Roman »Die Poggenbuhls« gelang es Fontane, diese Situation des Bildungsbürgertums exakt zu erfassen: Lieber darbte und sparte man insgeheim als von den Statussymbolen der Berufslosigkeit und des Personals zu lassen. In dem Berlin-Roman »Frau Jenny Treibel« hat Fontane den Einfluß des zunehmenden Wohlstands auf das halbgebildete, tüchtige Bürgertum und seinen Geschmack in treffsicheren Schilderungen festgehalten: »Als aber nach dem Siebziger Kriege die Milliarden ins Land kamen und die Gründeranschauungen selbst die nüchternsten Köpfe zu beherrschen anfingen...«[28] Das alte, zurückhaltend-vornehme Haus, obwohl in feingliedrigem frederizianischem Rokoko errichtet, konnte dem Repräsentationsbedürfnis dieser neureichen Kommerzienratsfamilie nicht mehr genügen. »Alles wirkte reich und elegant« – ob es sich um Brillantohrringe oder um Glastür und Freitreppe handelte. Alles mußte von stadtbekannten berühmten Architekten – möglichst mit Professorentitel – entworfen sein. Technische Finessen wie Ventilatoren, Gaskronenleuchter u.a. Modernismen dienten der Gesamthaltung des »Wir haben es geschafft«.

Ein wahrer Boom von Festivitäten entwickelte sich: familiäre Jubelanlässe wie die verschiedenen Hochzeiten, von der »grünen« bis zur »gnadenreichen« –, vor allem aber auch die aus Prestigegründen veranstalteten großen »Gesellschaften«.

Personal

Der ostentative Lebensstil erforderte eine Personalhaltung, wie sie bisher nicht üblich war. Während in früheren Jahrhunderten Knechte und Mägde zur Bewältigung des großen autonomen Haushalts eingestellt waren und in der Biedermeierzeit für die Kinderschar eventuell eine Kindsmagd gehalten wurde, galt es nun als Pflicht der Etikette, sich zumindest ein Dienstmädchen zu leisten; von einem gewissen Grad der Vornehmheit bzw. des Reichtums an waren auch das Zimmermädchen, die Kammerzofe, die Köchin, der Kutscher usw. obligat. »Gesinde zur persönlichen Bequemlichkeit der Herrschaften«, hieß es in den Gewerbeordnungen der Zeit. Es war unmöglich, daß sich die Dame des Hauses mit körperlicher Arbeit befaßte oder die Haustüre selbst öffnete. Als Zeichen besonders feiner Lebensart galt es, wenn bei Einladungen ein Diener servierte; man konnte sich für solche Gelegenheit auch einen Lohndiener bestellen. Die »Allgegenwart der Etikette«[29] wurde zum entscheidenden Faktor im täglichen Leben vor allem der Frau.

Zwischen Eltern und Kinder schoben sich häufig Dienstmädchen als Bezugspersonen; sie beaufsichtigten und versorgten die Kleinen und schliefen auch häufig im Kinderzimmer. Das *Kinderzimmer* war in der Regel ein Kombinationsraum, in dem geschlafen, gespielt, Schularbeiten gemacht und häusliche Verrichtungen der »Mädchen« neben der Beaufsichtigung der Kinder erledigt wurden.

Für die anderen Dienstboten lagen die Kammern häufig im Souterrain, wo sich auch die Wasch- und Mangelkammern befanden, bei großen Häusern eventuell ein Aufenthaltsraum für das Personal. Der *Dienstbotenbereich* wurde nun ganz vom Bereich der Herrschaftsräume abgetrennt; manchmal war er sogar abschließbar durch eine Tür: »Das Haus eines Berliner Baurates aus dem Jahr 1846/47 in der Oranienstraße enthielt an der Rückfront des Hauses einen

Berlin, um 1870:
Im Musiksalon singt die Hausfrau, von einem befreundeten Pianisten am Flügel begleitet, »Der Erlkönig«, »Herr Heinrich sitzt am Vogelherd« und »Die Glocken von Speyer«: »Viele von denen, die den Kaffee im Garten oder auf der Veranda genommen hatten, waren,gleich als Krola begann, ebenfalls in den Saal getreten, um zuzuhören, andere dagegen, die die drei Balladen schon von zwanzig Treibelschen Diners her kannten, hatten es doch vorgezogen, im Freien zu bleiben und ihre Gartenpromenade fortzusetzen...«
(Fontane, Treibel, S. 182)

Berlin, Gründerzeit:
Frau Jenny präsentierte sich in vollem Glanz, und ihre Herkunft aus dem kleinen Laden in der Adlerstraße war in ihrer Erscheinung bis auf den letzten Rest getilgt. Alles wirkte reich und elegant; aber die Spitzen auf dem veilchenfarbenen Brokatkleide, soviel mußte gesagt werden, taten es nicht allein, auch nicht die kleinen Brillantohrringe, die bei jeder Bewegung hin und her blitzten; nein, was ihr mehr als alles andere eine gewisse Vornehmheit lieh, war die sichere Ruhe, womit sie zwischen ihren Gästen thronte. Keine Spur von Aufregung gab sich zu erkennen, zu der allerdings auch keine Veranlassung vorlag. Sie wußte, was in einem reichen und auf Repräsentation gestellten Hause brauchbare Dienstleute bedeuten, und so wurde denn alles, was sich nach dieser Seite hin nur irgendwie bewährte, durch hohen Lohn und gute Behandlung festgehalten. Alles ging infolge davon wie am Schnürchen, auch heute wieder, und ein Blick Jennys regierte das Ganze, wobei das untergeschobene Luftkissen, das ihr eine dominierende Stellung gab, ihr nicht wenig zustatten kam...
(Fontane, Treibel, S. 165 f.)

Wien, Ende 19. Jh.:
Da stieg ich in den Mansardenstock hinauf, wo das Hauspersonal wohnte … Ein echtes Mägdekämmerchen. Auf dem schmalen Bett lag eine Decke, auf der in farbiger Netzstickerei eine Schäferszene mit ausgeblaßten Rokoko-Figuren dargestellt war. Diese rührend vergilbte Decke bildete zweifellos das wohlbehütete Eigentum Tetas, wahrscheinlich ein Erbstück, das sie auf ihrer ganzen Lebensreise begleitete. Die Kammer war vollgeräumt mit Körben, Schachteln, Paketen aller Art. Die beiden altertümlichen Strohkoffer, die fest versperrt waren, schienen nicht hinzureichen, um die Habseligkeiten und den Krimskrams der Köchin aufzunehmen …
Über dem Bette, wo ich eine Muttergottes vermutet hätte, hing unter Glas und Rahmen der Farbdruck eines jungen, bildschönen Heiligen, der mitten in einem ungelenken Walde vor seiner Klause im Gebet versunken kniete, während sich das allzu körperliche Engelgedränge seiner Vision aus einer ganz giftig lazuliblauen Himmelswunde auf ihn herabsenkte. Das Gesicht des Ekstatikers aber war jugendfrisch, überaus süßlich und stand in fröhlichem Widerspruch zu dem durch Entsagung erworbenen Heiligenschein … Hier hauste jemand, der mittels ein paar armseliger Dinge einem engen Raum den Stempel seines Wesens aufzudrücken vermochte.
(Werfel S. 21 f.)

Hamburg, um 1900:
Dienstbotenkammern und Küche lagen im Keller, durch eigenen Eingang zu erreichen. Auch das Kindermädchen lag dort in ihrer Kammer, als sie an »galoppierender Schwindsucht« erkrankte und schließlich starb. Vorbe stand eine Weile, dann ging er in den tieferen Dämmer des Kellers zurück und stand vor Friedas Tür und lauschte. Aus der Küche tönte gedämpft das Klappern des Geschirrs, aber hinter Friedas Tür war es vollkommen still. Unvermittelt setzte ein kurzstößiges, hartes, unnachgiebiges Husten ein, Vorbe hob die Hand, zog die Türklinke herunter und die Tür auf. Da saß Frieda, mit vielen Kissen im Rücken gestützt, aufrecht in ihrem Bett, der Husten kam in ganz kurzen Stößen …
(Maass S. 54)

Fig. 37 *Eltern in großer Gesellschaftsrobe beim Gutenachtsagen im Zimmer der Kinder, die dem Dienstmädchen anvertraut bleiben. Holzstich von Erdwin Wagner, um 1900.*

U-förmig angeordneten Wirtschaftsteil mit Küche und Mädchenzimmer, der vom Hauspersonal über die Hintertreppe und von den Mitgliedern der herrschaftlichen Familie durch eine Tür zur Küche betreten werden konnte, die eine Verbindung zur herrschaftlichen Wohnung herstellte. Diese konnte bei Bedarf von der Dienstherrschaft verschlossen werden, um das Personal am Betreten der vorderen Wohnräume zu hindern. Die Dienstboten waren daher auf die Küche und in größeren Häusern auf eigene Gesindestuben als Wohn- und Eßräume angewiesen, die im Wirtschaftstrakt lagen.«[30] (Fig. 35)

Die Mahlzeiten nahmen die Dienstboten in der Küche ein, wo sie auch den Abend verbrachten. Nur in seltenen Fällen gewährte man dem »gehobenen Personal«, also Kinderfräulein und Hauslehrer, den sogenannten Familienanschluß; sie durften mit der Familie speisen, wo sie ein Auge auf die Tischmanieren der Kinder zu werfen hatten.

Bei Etagenwohnungen in großen Mietshäusern brachte man die Dienstboten auch außerhalb der Wohnung in Mansarden*kammern* unter. Immer noch gab es auch die berüchtigten Hängekammern, die durch eingezogene Decken über der Küche, dem Bad oder dem Flur entstanden (Abb. 297). Sie waren durch eine Klapptür mit Leiter zu erreichen. Viele waren nicht höher als 1,50 m, fensterlos und so eng, daß neben dem Bett nur noch ein Koffer bzw. Reisekorb oder eine Truhe Platz fanden. Einen authentischen Bericht gibt die Dienstmagd Hedwig in Fontanes Roman »Der Stechlin« 1898.

Oskar Stillichs Untersuchung über die Lage der weiblichen Dienstboten in Berlin (1902) ergänzen das Bild: »Von den 205 Dienstmädchen, die kein besonderes Zimmer als Schlaf- oder Wohnraum angeben, schliefen nach ihren eigenen Angaben: 128 auf einem Hängeboden, 27 in einer dunklen Dach- oder Treppenkammer, auf dem Boden etc., 18 in einer Abteilung des Badezimmers, 15 in der Küche, 7 im Keller, 6 im Corridor, 3 in der Speisekammer, 1 in der Werkstatt.«[31]

Bei Neubauten durften den Polizeiordnungen entsprechend derartige Gelasse nicht mehr eingebaut werden. Man sah daher meist eine oder mehrere winzige Kammern für Bedienstete vor. In herrschaftlichen Wohnungen Münchens von ca. 150 qm (Nähe Prinzregentenplatz) konnte man sie noch nach dem Zweiten Weltkrieg von Dienstmädchen benützt finden. Ihre Größe betrug etwa 2 × 3 m. Ein winziges Fenster führte zum Hof. Die Kammer lag neben der Toillette. Waschen mußte sich das Mädchen in der Küche, denn das Bad schloß sich unmittelbar an das Elternschlafzimmer an und war den »Herrschaften« vorbehalten. Auf dem ca. 10 m langen Flur befand sich gegenüber der Küche der Schaltkasten für die Klingelanlage – Ersatz für die früheren Tischglocken – die es ermöglichte, das Mädchen aus jedem Raum zu erreichen.

Ein eigener Eingang für Hausangestellte und Lieferanten führte über eine Wendeltreppe in die rückwärtigen Wirtschaftsräume. Diese *Hintertreppen* verbanden alle Etagenwohnungen großer Mietshäuser. »Die Hintertreppe war das Reich der Dienstboten. Hier bot sich Gelegenheit zum Klatsch mit den Dienstmädchen und Köchinnen aus den anderen Stockwerken und mit den Lieferanten, den Bäcker- und Fleischerjungen, die auf dem Weg in die Küchen waren, um ihre Bestellungen abzuliefern.«[32]

Besser gehalten und untergebracht wurden die Mädchen erst gegen die Jahrhundertwende, als sie allmählich knapp wurden, da auch die Landmädchen regelmäßige Fabrikarbeit der unbegrenzten Beanspruchung im Haushalt vorzogen.

Mittelständler- und Kleinbürgerwohnungen

Die Mehrzahl der Bevölkerung wohnte in Etagenwohnungen zur Miete. Oft beängstigend düster empfing das riesige Treppenhaus den Eintretenden. In den Wohnungen lagen die schlecht belichteten oder fensterlosen Räume im Mitteltrakt, während das »Gesellschaftszimmer« immer die beste Lage der Wohnung einnahm und der größte Raum war, auch wenn man sich in einem engen, oft feuchten Zimmer zum Alltagswohnen zusammenpferchen mußte. Gerade für den Kleinbürger – »hin- und hergerissen von ständiger Proletarisierungsgefährdung und Karriereträumen individuellen Aufstiegs«[33] – war diese Haltung bezeichnend. Er, der auch einmal einen Vorgesetzten zu Gast laden wollte, war darauf bedacht, stets guten Eindruck zu erwecken. All den hart genug erworbenen Besitz wollte er in der *»guten Stube«* zeigen. Dieser Raum wurde nur an höchsten Feiertagen beheizt oder wenn Gäste zu erwarten waren, weshalb er auch die »kalte Pracht« hieß. Er war abgesperrt, wurde geschont, die Möbel oft mit Schutzhüllen bedeckt. Mehr und mehr wurde diese »gute Stube« dem Wohnen entzogen und war nicht mehr, wie noch im Biedermeier, ein Familienraum. Kinder hatten hier keinen Zutritt.

Wo man sich die gediegenen Handwerkermöbel der besseren Klassen nicht leisten konnte, begnügte man sich häufig mit minderen Materialien und industriell gefertigten *Nachahmungen.* Waschkommoden bekamen statt der Marmorplatten eine schäbige Imitation, ebenso manch anderes Tischchen. Kostbare Hölzer wurden durch holzimitierenden Anstrich vorgetäuscht, Verzierungen an Möbeln und anderen Gegenständen nicht geschnitzt, sondern aus weicher Masse geformt: »Steinpappe« gibt es ab ca. 1845, später wurde sie von der »Scifarin-Ware« abgelöst. An Stelle der teueren Bambusstühle und -liegen mußten es billige Korbmöbel tun, statt des wertvollen Sideboards nahmen einfache Stellagen die tausend Nichtigkeiten unterschiedlicher Größe auf. Wo beim gehobenen Bürgertum eine Kristallschale den Sofatisch zierte, war es hier Preßglas in ähnlicher Form. Die

Berlin, um 1880/90:
Nun saßen wir in Berlin in einer schrecklichen Etagenwohnung des sogenannten Geheimratsviertels im dritten Stock. Schon die Anlage dieser Wohnung war aufreizend: eine Vordertreppe mit läuferbelegtem Marmor, »Aufgang nur für Herrschaften«, und Portier, und eine Hintertreppe, auf die der Portier uns Kinder verwies, wenn wir mit unseren gewöhnlich nicht sehr sauberen Schuhen daherkamen. In diesem mit Deckengemälden gezierten Talmi-Palast schlief das Dienstmädchen über dem Korridor auf dem sogenannten Hängeboden, einem licht- und luftlosen Schlupfloch, zu dem man nur auf einer Leiter gelangen konnte. Und so wie die Wohnung erschien uns ganz Berlin: unwahr und verkrampft.
(Siemens S. 13)

Berliner Hängeböden:
Ja, wenn man davon gehört hat, das is nich viel. Man muß sie richtig kennenlernen. Immer sind sie in der Küche, mitunter dicht am Herd oder auch gerade gegenüber. Und nun steigt man auf eine Leiter, und wenn man müde is, kann man auch runterfallen. Aber meistens geht es. Und nun macht man die Tür auf und schiebt sich in das Loch hinein, ganz so wie in einen Backofen. Das is, was sie 'ne Schlafgelegenheit nennen. Und ich kann Ihnen bloß sagen: auf einem Heuboden is es besser, auch wenn Mäuse da sind. Und am schlimmsten is es im Sommer. Draußen sind dreißig Grad, und auf dem Herd war den ganzen Tag Feuer; da is es denn, als ob man auf den Rost gelegt würde. So war es, als ich nach Berlin kam. Aber ich glaube, sie dürfen jetzt so was nich mehr bauen. Polizeiverbot.
(Fontane, Stechlin, S. 699 f.)

Berlin, um 1890:
Manches andere Althergebrachte wich in den neunziger Jahren einer neuen Zeit. Ich glaube, Berlin war hier tonangebend. Dazu gehörte die sogenannte »gute Stube«, in der die Möbel mit weißen Leinenüberzügen bedeckt waren, die höchstens bei dem in der Männerwelt wenig beliebten »Großreinemachen« abgenommen wurden, oder an ganz großen Festtagen. Diese »gute Stube« galt den Kindern immer als etwas Geheimnisvolles, denn sie war stets verschlossen und durfte nicht betreten werden. Meist roch es dort etwas eigenartig nach alten Zeiten. Ich sehe noch die alten grünen Plüschmöbel mit dem dazugehörigen Sofa vor mir, auf denen bei Festlichkeiten unter Kerzenbeleuchtung als Gäste alte, tugendhafte Tanten und hier und da auch ebensolche Onkel saßen. Als Kinder durfte man nur an einer Gratulationskur teilnehmen, bekam vielleicht ein Stück Kuchen, mußte dann aber verschwinden. Nach dem Festakt erschienen die alten Überzüge wieder, und die Stube wurde verschlossen, wie immer. Mit diesem alten Brauch der »guten Stube« wurde also gebrochen, und man fing allmählich an, alle Zimmer zu bewohnen.
(Ludewig S. 68 f.)

Breslau, um 1880:
Frau Mehnerts Stolz war die gute Stube. Ich konnte mich nicht enthalten, eines Tages im Gespräch zu erklären, ich könne den Sinn von hübschen Möbelstücken mit seidenen Polstern nicht begreifen, wenn man sie doch nicht sähe und sie unter Schutzüberzügen von roher Leinwand verborgen seien. Ebenso ginge es mir mit einem Zimmer, das hinter verhangenen Fenstern stets finster sei, dessen Spiegel und Kronleuchter überdies gegen Fliegenschmutz mit Mull verhängt wären ...
Die Meisterin hatte ein Piano angeschafft, das an der Stirn im Medaillon den Kopf Beethovens zeigte, ein billiges Instrument, dessen aufgedonnerte Außenseite für den Geschmack des Kleinbürgers berechnet war. (Der Meister:) Vielleicht hatte er seine Freude daran, wenn er sah, wie der durch seine stille Tüchtigkeit wachsende Wohlstand seiner Frau zu Kopfe stieg.
(Hauptmann S. 277)

Muster der Orientteppiche konnten durch mechanische Teppichwebereien in einheimischer Wolle billig hergestellt werden. Die großbürgerliche Wandbespannung aus Seide, Atlas und Samt wurde täuschend in Papiertapeten nachgeahmt.
Das Schlimmste war vielleicht, daß man trotz der wirtschaftlichen Schmalbrüstigkeit diese Zimmer mit Überflüssigem vollstopfte, während man sich notwendige Verbesserungen, z. B. in der Küche, nicht leisten konnte. So wurde die Einrichtung des Mittelstandes ein Zerrbild der hochschichtlichen Wohnung – Sinnbild der Karrierehoffnung, Hoffnung auf ein besseres Leben.
Die Käuferkreise, die solche industriell hergestellten oder aus Teilen industrieller Vorfertigung zusammengesetzte Möbel zu Billigpreisen erstanden, waren nicht gering. Gerade diese Käufer aber schädigten wiederum die Leute ihrer eigenen Schicht, die kleinen Handwerker, die der Konkurrenz der Fabriken selten gewachsen waren und zu Lohnarbeitern der Möbelindustrie abstiegen.
Absichten und Realität des Erstrebten und Erreichten verdeutlicht der *Wandschmuck:* die Bilder sind soziale Indikatoren[34]. Durch das Angebot an mechanischen Vervielfältigungen, vor allem des Öldrucks (Chromolithographie) ab 1860, konnte nun auch dem kleinbürgerlichen Bedürfnis der Anpassung nach oben Rechnung getragen werden. Mit geringen Mitteln vermochte man teilzuhaben an den Repräsentationsobjekten der großen Kunst. Da man sich die üppigen Goldrahmen in Holz, die in den oberen Sozialschichten Mode waren, nicht leisten konnte, griff man auf das Angebot der Papierfabriken zurück, die Reproduktionen mit geprägten bzw. gedruckten Randleisten fertigten, die den Eindruck echter Barockrahmen vorzutäuschen versuchten.

Kleinstädte

In den kleinen Städten hatte sich in den letzten Jahrhunderten im Wohnstil wenig geändert. Eine gewisse biedermeierliche Behäbigkeit – mit ländlichem Charakter gepaart – bewahrten diese Städte bis ins 20. Jahrhundert hinein. Selbstverständlich gab es auch in den Kleinstädten arme Leute mit Kleinstwohnungen. Im pommerschen Kolberg z. B. wurden an die Stadtmauer Kleinwohnungen angebaut, die nur von einer Seite belichtet waren. Die Kochstellen brachte man meistens im Treppenflur unter, damit der Dunst nicht in die Küche drang[35] – In Neumünster/Schleswig-Holstein gab es Reihenhäuschen mit Wohnungen aus einer Flurküche, einem Wohnzimmer und einem kleinen Abstellraum bestehend[36].
In solchen Kleinstädten hielt sich der Anteil alter und verarmter Leute an der Gesamtbevölkerung in normalen Grenzen. Hier gab es am wenigsten Vermögensdifferenzierung und soziale Gegensätze; die Schicht der mittleren Vermögen überwog[37]. Die Unruhen und Erschütterungen der Gründerzeit in den Großstädten verfolgte man von ferne; die Illusion der »guten alten Zeit«: wenn überhaupt, so war sie in diesen Kleinstädten vor dem Ersten Weltkrieg verwirklicht.
Eine Untersuchung über das Kleinbürgertum in *Marburg,* das um 1900 etwa 17 500 Einwohner zählte, ergab als Wohngegenden dieser Schichten Ketzerbach, Weidenhausen, Rübenstein, Neustadt und Wettergasse. Häufig wurde das beste Zimmer der 2–3-Zimmerwohnung einem Studenten überlassen, um damit die Einkünfte aufzubessern. Im Wohnzimmer stand ein Sofa an der Wand, davor Tisch und Stühle. »Ein Bett [für den Untermieter], ein Schrank, ein Vertiko und ein Eisen- (Kanonen-) oder Kachelofen..., gemusterte Tapeten mit Abschlußborte, geblümte Vorhänge, Dielenfußboden und Petroleumlampe waren üblich.«[38] Das Familienleben spielte sich in der Küche ab. »Hier spendete der Kochherd mit 3 Kochstellen und Wasserschiff im Winter wie im Sommer die Wärme. Auf ihm wurde nicht nur das Essen, sondern auch die Wäsche gekocht, wenn eine Waschküche im Hause fehlte. Eine Bank an der Wand, davor ein Küchentisch mit Wachstuchdecke und 2 Stühle oder Hocker bildeten die Sitzgelegenheit. Der Küchenschrank beherbergte Geschirr und Töpfe im oberen und unteren Teil. Der Brotkasten stand neben der Waage im mittleren, offenen Teil. Eine Wasserbank mit Eimern und Schöpfkelle, darunter der Abwassereimer, verschönte man durch das darüber hängende Überhandtuch mit gesticktem Spruch. Daneben stand der Wäscheständer. Hatte die Wohnung bereits einen Wasseranschluß in der Küche, befand sich dort der gußeiserne Spülstein, der auch als Waschgelegenheit diente. Eine Kohlenkiste und Regale für Gewürze und Nährmittel ergänzten die Einrichtung. Die Wände waren mit Ölfarbe in Sockelhöhe gestrichen. Die Fenster hatten Spanngardinen. Das Elternschlafzimmer enthielt neben den Ehebetten mit Nachtschränkchen noch die Waschkommode mit Waschgeschirr und, wenn genügend Platz vorhanden, einen Kleiderschrank. Hier wie auch in den Kammern der Kinder, falls solche vorhanden, fehlte stets die Heizung.«[39]
Bis um 1900 besaßen die meisten Häuser noch kein fließendes Wasser, so daß das Wasser im Hof oder beim öffentlichen Brunnen in Eimern geholt werden mußte. Es wurde dann in die sogenannte Wasserbank neben dem Spülstein in der Küche eingestellt.
Landschaftliche Unterschiede gab es bei der bescheidenen Ausstattung der Kleinbürgerwohnung kaum, und so kann das Marburger Beispiel für viele ähnliche Wohnverhältnisse der Zeit stehen.
Dies bestätigt etwa ein Vergleich mit der Einrichtung eines Münchener Vorstadthäuschens kurz nach der Jahrhundertwende. In *Haidhausen* kann man im »Üblackerhäusl« (Preysingstraße 58, heute dem Stadtmuseum angeschlossen) das Milieu kleiner Leute jener Zeit antreffen (Abb.

291–293). Auch hier ist die Küche der eigentliche Wohnraum. Vor einem zusammengesessenen Sofa steht der Küchentisch mit drei Stühlen, im Herrgottswinkel hängen die beliebten »Tafeln« mit Heiligen nach Guido Reni in kräftigen Öldruckfarben, an der Wand der gestickte Spruch »Und ist Dein Heim auch noch so klein, Sonnenschein dringt doch herein«. Wo heute eine kleine Künstlergalerie untergebracht ist, war ehedem der Ziegenstall angebaut. Wasser mußte im Hof geholt werden, da es im Haus noch keinen Anschluß gab. Neben dem Schlafzimmer war im Erdgeschoß noch eine Kammer vorhanden, ebenso im ersten Stock, die durch weitere Kleinbürger belegt waren.
In der großstädtischen Umgebung mit ihren Hochhäusern wirken solche »Herbergen« (s. S. 20) wie fremdartige Anrufe aus längst vergangener Zeit, und nur sehr selten kann man noch Einblick in derartige Wohnensembles gewinnen.

Suche nach dem neuen Stil

Wenn wir die Verwirklichung historisierender Neigungen in den verschiedenen Regionen verfolgen, können wir nicht nur deutliche Phasenverschiebungen feststellen, sondern auch eine Vorliebe einzelner Landschaften für diese oder jene Richtung: Das *»Bremer Haus«* verharrte beispielsweise bis um 1860 bei seiner Vorliebe für klassizistische Formen und gewährte erst dann einer gewissen romantischen Strömung mit gotisierenden Elementen Einlaß. Das klare Bauschema wandelte sich zu verwinkelten Grundrissen; Brüstungen, Türmchen, Risalite, Tudorbögen gaben den Häusern nach außen hin bewegtere Formen, und auch im Inneren wurde der Stil der Neo-Gotik um diese Zeit aufgenommen[40].
Im alten *Dresden* hatte durch das Vorbild des mächtigen Hofes und das Wirken bedeutender Künstler wie Pöppelmann und J. Ch. Fehre d. Ä. der barocke »Zwingerstil« auch auf die Wohnbauten der Bürger und ihre Einrichtung nachhaltig gewirkt. Relativ spät konnten sich daher die Ende des 18. Jahrhunderts aufkommenden Stilrichtungen Eingang verschaffen. Erst als er anderwärts schon im Vergehen war, fand hier der Biedermeierstil Einlaß. 1844 wurde in der Neustadt die Nieritzstraße in geschlossener Bauweise aufgeführt. Diese Häuser wurden fast alle mit biedermeierlichen Einrichtungen versehen: klare, rechteckige Zimmer, das schlichte Mobiliar aus einheimischem Kirsch- oder Birkenholz, die Öfen oft aus Meißener Kacheln. So hat Kerstin auf seinen Gemälden den Dresdener Wohnraum Mitte des 19. Jahrhunderts wiedergegeben[41].
Nach einer Periode üppigster Ausstattung während der »Plüschphase« des Historismus führte die Übersättigung mit den Auswüchsen dieses Stils um 1900 zu einer Annäherung an Klassizismus und Biedermeier. Man fand die Schlichtheit und Materialqualität der ersten Jahrhunderthälfte wieder akzeptabel. Eine ungewöhnliche Blüte erfuhren im Rahmen der erneuten Antiken-Rezeption Medaillen und Plaketten. Auch Möbel wurden mit Plaketten verziert, die sowohl antike Motive als auch biedermeierlich-genrehafte Schilderungen (Kinder, Stadtbilder, Anekdotisches) aufwiesen[42].
Die *Münchener* Firma Anton Pössenbacher fertigte (neben verschiedensten historisierenden Einrichtungen) bevorzugt schlichte Zimmer mit biedermeierlichen Anklängen, und in *Wien* ließ sich der Innenarchitekt Josef Hoffmann ebenfalls von biedermeierlichen Motiven anregen. Paul Schultze-Naumburg schrieb 1905 im »Kunstwart«: »Das solide, einfache, praktische Einrichtungsstück soll nicht nachgeahmt – aber nachempfunden werden.«[43] Dieser Raumgestalter knüpfte selbst beim Biedermeier an und schuf einen heiteren, gefälligen Wohnstil. Auch der universal begabte Gestalter Rudolph Alexander Schröder bezog sich in seinen Raumkompositionen auf das Klassisch-Biedermeierliche. Die Räume der einst durch ihre Künstlergeselligkeiten berühmten »Inselwohnung« (München, Leopoldstraße) bekennen sich in ihrer strengen Formensprache zu dieser Richtung.

Ende und Ausblick

Auf der Suche nach dem »deutschen« Stil und der zeitgemäßen Wohnweise finden einige Entwerfer und Firmen eine echte Beziehung zur einheimischen Tradition. Zu nennen wäre für München Gabriel von Seidl mit seinen schlichten, ans Alpenländische anklingenden Raumeinheiten oder im Norden Heinrich Sauermann (s. S. 63) mit seinem »Niederdeutschen« Zimmer, der das Alte seiner Heimat in einen modernen Rahmen zu bringen weiß. Diese Sicherheit bleibt aber vereinzelt, wird von der Allgemeinheit nicht aufgenommen. Man verharrt im Rückgriff oder wendet sich dem ganz anderen – dem Jugendstil – zu.
In mehrfacher Hinsicht war das Ende einer Entwicklung erreicht, das zugleich den Neubeginn umschloß. Ein Ende zum einen im Ästhetischen: Die Suche nach dem neuen Stil in Kunst und Kunstgewerbe erzwang schließlich den Umbruch, der Ende der 90er Jahre zu den Maximen des Jugendstils führte.
Der zweite Entwicklungsstrang kam aus der zunehmenden Verschlechterung der Arbeits-, Lebens- und Wohnbedingungen, von denen die Unterschichten betroffen waren. Dieses Problem wurde um 1900 zu einem heißen Eisen, das die Besten unter den schöpferischen Kräften dieser Jahre anzufassen wagten.
Die dritte Dominante auf dem Weg ins 20. Jahrhundert baute sich aus den Möglichkeiten auf, die Technik und Industrie als Lösung anboten. Davon soll noch die Rede sein.
Um die Jahrhundertwende trafen und kreuzten sich diese Tendenzen und führten schließlich zu den Experimenten, Wandlungen und Ergebnissen, die das Wohngefühl des 20. Jahrhunderts bestimmen.

Wien, Ende 19. Jh., Wohnung eines Oberrevidenten bei der Südbahn:
Sie bestand aus einer ansehnlichen Wohnung (zwei Zimmer, Kabinett und Küche), ferner aus dem Hausrat dieser sowie der früheren Ehen und schließlich aus einer Unzahl von Geschirr, von rosa und himmelblau bemalten Porzellantassen, von goldgerahmten Farbdrucken, Nippesfächelchen aller Art, von Sofadecken, Schlummerrollen, Ührchen, Figürchen und herrlichem Tande sonst, die sämtlich aus der Hinterlassenschaft der betreuten Witwenschaftskolleginnen stammten. Es gab in der Stadt keine zweite Wohnung, die so voll von »Einrichtung« war, wie die der Frau Oberrevident. Sie versinnbildlichte mit schnörkelreicher Üppigkeit den Aufstieg der Hustopecer Armut in die bürgerliche Sphäre der Metropole. Selbst die Küchenwände waren gepflastert mit erhebenden Bildwerken, als da sind Dantes Begegnung mit Beatrice auf der Arnobrücke oder der Mohr Othello, wie er seine semmelblonde Desdemona unter einem venezianischen Vollmond auf dem Balkon umarmt.
(Werfel S. 92)

Sie drängte sie in das große Zimmer, dessen eingeborener Moderduft von den Gerüchen des Bohnerwachses und der scharfen Politur überschrien wurde. Dazwischen roch es auch nach Insektenpulver. Der Tisch war weiß gedeckt. Teta mußte sich auf das plüschrote Kanapee niedersetzen, dessen Rückenlehne ein Aufsatz mit Zinnen und Türmchen schmückte, wodurch es einer Art von Burg glich. Von den Zinnen grüßten altdeutsche Zinnbecher, Humpen und ein bronzener Landsknecht, die stolzen Wahrzeichen der fünf Erbschaften.
(Werfel S. 95 f.)

Die Arbeiterwohnung

Als im Jahre 1890 diese Frage [Hygiene] auf der sechzehnten Versammlung des deutschen Vereins für öffentliche Gesundheitspflege in Braunschweig zur Verhandlung kam, da wurde darauf hingewiesen, daß es viele Leute giebt, die nur ein Zimmer und nur ein Kleidungsstück haben, und man hat gesagt, daß, wenn man die Wohnungen und Kleider solcher Menschen desinficiren wolle, man auch für ihre zeitweilige Bekleidung und anderweitige Unterbringung sorgen müsse.
(Falkenhorst S. 54)

August Bebel, 1840 in Köln-Deutz geboren: Das »Licht der Welt«, in das ich nach meiner Geburt blickte, war das trübe Licht einer zinnernen Öllampe, das notdürftig die grauen Wände einer großen Kasemattenstube beleuchtete, die zugleich Schlaf- und Wohnzimmer, Salon, Küche und Wirtschaftsraum war ... Eine preußische Unteroffiziersfamilie der damaligen Zeit lebte in erbärmlichen Verhältnissen. Das Gehalt war mehr als knapp, wie denn zu jener Zeit überhaupt in der Militär- und Beamtenwelt Preußens Schmalhans Küchenmeister war ...
(Emmerich S. 95 f.)

Franz Rehbein, um 1870 in einem Landstädtchen Hinterpommerns: Das einzige Zimmer der kleinen Mietswohnung diente für unsere sechsköpfige Familie daheim gleichzeitig als Wohn- und Schlafraum, als Küche und obendrein auch als Werkstatt meines Vaters. Hier saß er an seinem Tisch zwischen Lappen und Flicken [als Schneider] und pickte und pickte von früh bis spät; Mutter half.
(Emmerich S. 177)

Der wirtschaftliche, soziale und politische *Umbruch* in der zweiten Hälfte des 19. Jahrhunderts stand und steht im Mittelpunkt zahlreicher Untersuchungen. Als zentraler Problemkomplex ist erkannt worden: die als Folge der Bevölkerungszunahme und der Industrialisierung in die Städte abwandernde Landbevölkerung, ihre Verproletarisierung; das explosionsartige Anwachsen der Bevölkerung in den großen Städten und in Parallele dazu ein Überangebot an Arbeitskräften, teilweise Arbeitslosigkeit oder das Akzeptierenmüssen minderer Arbeitsplätze und unzureichender Entlohnung; Wohnraummangel und Wohnungselend.

Aktivitäten verschiedenster Kreise beweisen die Existenz beschränkter Verhältnisse schon in den 30er/40er Jahren, aber erst um die Jahrhundertmitte wurden die Mißstände himmelschreiend. Engagierte Bürger folgten humanitären Impulsen, Wohltätigkeitsvereine wurden gegründet, ohne daß man die wachsende Not in den Griff bekommen konnte.

Bettina von Armim (-Brentano), durch ihren Goethe-Briefwechsel zu Ruhm gelangt, warf sich mit der Leidenschaft ihres Temperaments auf die Sache der Armen. Ihr Einsatz stand im öffentlichen Blickfeld, sie wurde zum sozialen Gewissen der Zeit. In mehreren großen Zeitungen Deutschlands erließ sie Aufrufe; 1844 ging ihr sogenanntes Armenbuch, das eigentlich eine Zusammenstellung von Listen war, in Druck. Darin wurden zahlreiche Notbeispiele veröffentlicht, Einzelschicksale in Stadt und Land, z. B. von schlesischen Webern. Aus diesen Listen geht hervor, daß viele Familien in Kleinstwohnungen untergebracht waren, deren Miete ihren ganzen Verdienst schluckte. Bettina förderte auch die Veröffentlichung von Georg Svederus (1796–1888) »Über Industrialismus und Armuth«. Beständig sammelte sie Material, um es dem König von Preußen vorlegen und Hilfe alarmieren zu können. Bettinas Beschwörungen des Königs und der verhärteten Reichen wurden viel beachtet – und verhallten, ohne daß eine wirksame Änderung der Zustände erfolgte[1].

Die Stadtbevölkerung schwoll weiter an: 1867 wohnte ein Viertel der deutschen Bevölkerung in sieben Großstädten; 1880 gab es deren 14, 1885 waren es 21 und fünf Jahre später bereits 26 Großstädte mit mehr als 100 000 Einwohnern, so daß also im späten 19. Jahrhundert die Hälfte der deutschen Gesamtbevölkerung in Großstädten wohnte. (Um 1920 lebten gegen 70% der Bevölkerung in Städten.)

Besonders gravierend waren die Zuwachsraten in *Berlin,* das von 1850 bis 1910 um rund 1,5 Millionen Einwohner zunahm[2]. Die Massen der Besitzlosen waren nicht nur disponible Arbeitskräfte, sondern auch ein kommunales Problem. »Sie werden in trostlose, überfüllte Massenquartiere und Mietskasernen abgedrängt, allzu oft Objekte skrupelloser Bauunternehmer und Immobilienhändler, Arbeitsvermittler, Vermieter und Bodenspekulanten. Ein Bauboom ungeheuren Ausmaßes setzt ein. Während neben den Massenquartieren und Mietskasernen der proletarischen Unterschichten unzählige Gasthäuser, die ›Kirche der Armen‹, wie Pilze aus dem Boden schießen.«[3]

Dazu kommt, daß die meisten der Kleinbürger- und Arbeiterwohnungen durch die berüchtigten »Aftermieter« zusätzlich belastet waren. Um die Räume einigermaßen finanzieren zu können, mußten Zimmer an Untermieter oder wohnungslose Schlafburschen weitergegeben werden, so daß für den einzelnen keinerlei Separierungsmöglichkeit mehr bestand. Schlafleute, die nur für Stunden Unterschlupf finden konnten, gab es 1905 in Berlin 104 081. Es konnte vorkommen, daß 14 Personen ein einziges Zimmer in Schichten benützten.

Gegen Ende des Jahrhunderts verbreitete sich unter den denkenden Schichten des Bürgertums die Einsicht, daß unzureichende Wohnverhältnisse im Zusammenhang mit weitverbreiteten Krankheiten, z. B. Tuberkulose, stehen (ohne daß freilich die disponierenden und auslösenden Faktoren erkannt wurden). Die Berliner Ortskrankenkasse ließ, um diese Zustände zu bessern, ab 1901 eine Untersuchung bei ihren Patienten durchführen; das Ergebnis dieser »*Wohnungs-Enquête*« liegt heute mitsamt den damals beigegebenen 175 Fotografien im Druck vor[4]. Diese Bildinformation stellt ein ungewöhnliches Dokument vom alltäglichen Zusammenleben der »kleinen Leute« dar, die neben Industrieproletariat auch halbproletarische Schichten umfaßten, wie »Handlungsgehilfinnen und Handlungsgehilfen unterschiedlichster Branchen, Heimarbeiterinnen und Heimarbeiter, die Knopflöcher und Filzpantoffeln nähen, sie abliefern oder selbst vertreiben, Zigarren- und Pillendreher, Zinngießer, Schneider, Konfektionsarbeiterinnen und Konfektionsarbeiter, solche die Knallbonbons herstellen usw.«[5]. Es handelt sich dabei nicht um besonders krasse Fälle oder um klassenkämpferische Entstellungen, sondern um das Durchschnittswohnen breiter Massen. Um so betroffener machen die Bilder dieser engen, steilen Treppen, der dumpfen Kellerlöcher, der Dachkammern mit einem winzigen Fenster, der unzureichenden Heizanlage und vieler katastrophaler Einzelheiten wie abgefallener Putz, Schimmel, eingebrochene Dielen, durchgerostete Ausgüsse, mit Blech oder Lumpen abgedeckte Wände, verstopfte Fensterritzen – und vor allem die trostlose Enge (Abb. 298–300). Nicht einzufangen waren natürlich die in solchen Mietskasernen üblichen schlechten Gerüche, die immer wieder Anlaß zu Klagen gaben.

In den seltensten Fällen waren diese Wohnungen in ordentlichem Zustand, sauber und aufgeräumt. Jeder Schmuck mußte als zusätzliche Überlastung der vollgepfropften Räume empfunden werden. Die Herkunft der Berliner Arbeiterschaft aus beengten, ärmlichen Landarbeiterbehausungen Ostdeutschlands, wo die Frau in Haus und Hof ge-

Fig. 38 *»Die Dachstube der Näherin«, Zeichnung von Heinrich Zille, Berlin, um 1900. Berlin Museum*

Junggesellenwohnung, Berlin, um 1850:
Auf einem unaussprechlich lächerlichen Sofa, viel zu kurz für ihn, lag, den Kopf gegen die Tür, die Beine über die Lehne weggestreckt und die Füße gegen die Fensterwand gestemmt, der lange Zeichner, die Zigarre, die große Trostspenderin des neunzehnten Jahrhunderts, im Munde, ein Zeichenbrett auf den Knien und den Stift in der Hand. Ein dreibeiniger Tisch, der ohne Zweifel einst unter die Quadrupeden gehört hatte, war an diese Lagerstatt gezogen; ein leerer Bierkrug, eine halbgeleerte Zigarrenkiste, Tuschnäpfchen, bekritzelte Papiere und andere heterogene Gegenstände bedeckten ihn im reizendsten Mischmasch. Drei verschiedengestaltete Stühle hatte die »Bude« aufzuweisen; der eine aus der Rokokozeit diente als Bibliothek, der andre, ein grün angestrichener Gartenstuhl, verrichtete die Dienste eines Kleiderschranks, und der dritte, von dessen früherem Polster nur noch der zerfetzte Überzug herabhing, war – o horror! – zur Toilette entwürdigt, und ein Waschnapf, Seife, Kämme und Zahnbürsten machten sich viel breiter auf ihm, als irgend nötig war.
(Raabe S. 36)

August Forel, um 1888:
Sie wusch für fremde Leute. Der Waschtrog war ein Möbel, das fast nie aus der Küche kam ... Wie haßte ich den ungeheuren Steinkrug, in dem ich das Wasser zuzuschleppen hatte! Und von wo zuzuschleppen! In dem alten Hause gab es keine Wasserleitung. Das Wasser mußte von der Gasse geholt werden. Der Auslaufbrunnen befand sich aber unglücklicherweise weit weg von unserem Hause ...
(Emmerich S. 193 f.)

Stuben der Armut
In diesen Stuben bin ich oft gesessen,
wo hart der Tisch das Brot der Armut trägt,
die Fenster müd auf helle Mauern starren,
und Wintersturm den kalten Ofen fegt.
Ich kenn die Stühle, die selbst müd geworden,
von allen Müden, die in ihnen ruhn,
und weiß, wie bitter diese alten Kasten
geheimnisvoll mit ihrem Inhalt tun ...
(Willy Miksch, geb. 1904)

Zu Seite 73:
Fig. 39 *Schreibtisch mit verstellbarer Platte und körperfreundlichem Stuhl, frühes Beispiel eines Patentmöbels, vorgestellt im »Journal des Luxus und der Moden«, 1889, von F. J. Bertuch.*

Um 1900:
Die überwiegende Mehrzahl der Familien besitzt keine Kinderstube. Zum Theil sind daran die sozialen Verhältnisse schuld. Namentlich in den Großstädten ist der Miethzins hoch und dies legt den Eltern Beschränkungen auf, ferner kommt im Winter die Heizungsfrage in Betracht; arme Arbeiterfamilien haben ebensowenig eine Kinderstube, wie eine gute Stube.
(Falkenhorst S. 179)

August Bebel, 1879:
Es werden sogenannte Schlafburschen oder Logiermädchen in die Wohnung genommen, öfter beide Geschlechter zugleich. Alte und Junge wohnen auf engstem Raume, ohne Scheidung der Geschlechter, und sind selbst bei den intimsten Vorgängen zusammengepfercht. Wie dabei Schamgefühl und Sittlichkeit fahren, darüber gibt es schauerliche Tatsachen.
(nach Weber-Kellermann, Familie, S. 188)

braucht wurde und für Hausarbeit kaum Zeit hatte, mag eine Erklärung für diesen Mangel an Wohnungspflege geben. »Die Wohnung diente ... zu allererst als Depot, in dem man ablegte, was man besaß, und es wurde fast alles aufgehoben, was man einmal erworben hatte. So ist es kein Wunder, daß sich Lumpen, Altpapier, Körbe, Kisten usw. in den Ecken stapelten – wer weiß, wozu man sie noch einmal brauchen konnte. Hinzu kommt, daß die Enge der Wohnungen ein Wegräumen und Verstauen schwierig machte. Vielleicht war man auch nicht in der Lage gewesen, sich einen Schrank, eine Kommode oder einen Hängebord anzuschaffen, oder diese Teile waren inzwischen wieder verkauft, versetzt oder verpfändet worden...«[6]

Dies ist das bekannte »Milliöh« Heinrich *Zilles* (1858–1929), der die Kehrseite der glänzenden Reichshauptstadt schonungslos aufzeigte, der die Ärmsten aus Berlins Osten und Norden mit tragi-komischem Humor sprechen ließ. Von ihm stammt die Bemerkung, daß man einen Menschen ebensogut mit einer Wohnung wie mit einer Axt umbringen könne.

Allerdings gab es auch gelegentlich in diesen Unterschichtenwohnungen einen Trend, bürgerliche Vorstellungen zu verwirklichen, ein weniges zur Verschönerung der Zimmer anzulegen: Deckchen oder Fotos auf der Kommode, eine Lithographie an der Wand, ein Vorhang.

Das Schlimmste waren die Auswirkungen der mangelnden Entlüftung, das Fehlen von Wasch- und Toilettenanlagen. Die Wäsche für die Großfamilie mußte in der Küche, die fast immer auch Eß- und Wohnraum war, ausgekocht und gewaschen werden. Waschküchen für die Hausgemeinschaft waren nur in Ausnahmefällen vorhanden.

Wohnungserhebungen von 1905 zufolge gab es in Berlin 4452 Wohnungen, die nur aus einer Küche als einzigem Raum (für bis zu 12 Personen) bestanden. 2119 Wohnungen besaßen keinen heizbaren Raum. 1910 hausten ca. 60000 Menschen in Kellerwohnungen. Noch bis 1918 vermehrten sich die einräumigen Wohnungen[7].

Wohnungs-Enquêten gab es ebenso wie in Berlin in vielen anderen Städten, z.B. in Breslau, Gera, Straßburg, Magdeburg. Zu extremem Notstand verdichteten sich die Zustände in *Wien,* wo die Bevölkerung von einer halben Million um 1850 auf ca. zwei Millionen um 1900 anwuchs. Die Wiener Wohnverhältnisse wurden 1894 von Eugen von Philippovich untersucht.

Die Arbeiter siedelten wegen der geringen Lebenshaltungskosten in den 34 Vororten außerhalb des Linienwalls oder in hintereinandergereihten hohen Höfen zu Seiten der Ausfallstraßen. »Im Inneren der Zinskaserne reihte sich eine Kleinwohnung an die andere; denn je mehr Wohnungen ein Haus enthielt, um so größer war der Profit. Man nennt heute diesen Haustyp ›Gang-Küchen-Haus‹: An der Länge des Ganges mit den Gemeinschaftstoilletten und -wasserleitungen (den ›Bassenas‹) konnte man nicht nur die geringe Größe der Wohnungen, sondern auch das soziale Niveau der Bewohner ablesen. Fast die Hälfte aller Wiener Wohnungen der Gründerzeit waren Kleinstwohnungen, gewöhnlich aus Zimmer oder Kabinett und Küche bestehend, in denen mehr als ein Drittel der Wiener Bevölkerung lebte.«[8]

H. Doderer beschreibt die Wohnung einer Hausmeisterfamilie, Ende 19. Jahrhundert, »fast im Keller, in troglodytischer Enge ... viel später erst gab es auch dort Gasbeleuchtung...«[9].

Wenn auch die Verhältnisse in Berlin und Wien besonders gravierend waren, so fielen sie doch nicht weniger in anderen Großstädten ins Auge.

In den *Münchener Vororten* Au, Haidhausen und Giesing hatten die strengen Bauvorschriften der übrigen Stadt keine Geltung. Hier drängte sich die anwachsende ärmliche Bevölkerung in überbelegten Kleinhäusern oder in »Herbergen« (s. S. 69), die oft bis zu zwanzig Eigentümer besaßen: kleine Räume, winzige Fenster, Wasser an der gemeinsamen Pumpe, kaum eigene Aborte[10].

Um die Jahrhundertwende hatte sich die Wohnungsnot in München so drastisch gesteigert, daß die Behörden schon aus Gesundheits- und Sittlichkeitsgründen hellhörig wurden: Es häuften sich in den überfüllten Zimmern und Schlafstuben für beiderlei Geschlecht die Sexualverbrechen an Kindern. 30% der Münchener Bevölkerung lebten in Wohnungen mit 1 bis 2 Zimmern, 48% standen höchstens drei Räume zur Verfügung. Dabei waren wegen der hohen Mieten ein Viertel aller Wohnungen sogenannte Teilwohnungen, also von mehreren Familien (mit gemeinsamer Küche usw.) benützt.

Nach der Wohnungszählung vom 1. Dezember 1900 bestanden 10885 Wohnungen in München aus nur einem Raum. Es wurden Fälle festgestellt, wo 20 bis 28 Personen auf einen Abort angewiesen waren. Diese Misere führte schließlich zu der Gründung eines »Vereins für Verbesserung der Wohnverhältnisse in München e.V.«.

Das Wohnungselend der Arbeiterbevölkerung war zum beherrschenden Thema der *Sozialpolitik* geworden. Die Probleme konnten nur langfristig durch gezielte und umfassende Maßnahmen einer Lösung zugeführt werden. Eine gewisse Anhebung der Wohnverhältnisse erfolgte im Zusammenhang mit der Bodenreformbewegung (vom Beginn des 20. Jahrhunderts an), die gegen eine ständige Steigerung der Bodenpreise ankämpfte. Die gemeinnützigen Baugenossenschaften erreichten niedrigere Mietpreise durch das Bauen einer größeren Anzahl von Häusern, durch Gewähren von Baudarlehen usw.[11]. Nicht nur die Wohnungen in den Mietskasernen besserten sich allmählich, u.a. durch Auflagen von Mindestvoraussetzungen, auch die Idee der Gartenstadtbewegung (s. S. 78) fand immer mehr Anhänger.

Neuerungen auf technischem Gebiet

Schon im Rokoko hatte ein Hang zu technischen Experimenten und Spielereien bestanden. Bertuch (s. S. 49, 55) hatte in seinem »Journal« Neuerungen breiten Raum gegeben, so z. B. einem »mechanischen Krankensofa« oder einer »englischen Trittleiter für Zimmerbibliotheken«, die zusammenklappbar war. Er bildete auch jenes platzsparende Sofa ab, bei dem der Raum unter den Armlehnen kommodenartig mit Schubladen genutzt wurde.
Die zum Teil mit raffinierten Mechanismen ausgestatteten Schreibtische des Spätbarock mit ihren vielerlei Schüben und Geheimverschlüssen sind Vorläufer der angloamerikanischen Patentmöbel des 19. Jahrhunderts. Der Berliner Tischler Friedrich Voigt hatte in seinem Programm ab 1805 sogenannte Patentsekretäre, die durch eine kunstvolle Mechanik äußerst platzsparend und vielseitig eingesetzt werden konnten: Zusätzliche Stellflächen gab es in dem schmalen Kasten durch Innenflächen, Plattenzüge und Streben[1]. Gerade in den nachfolgenden Jahrzehnten boten solcherlei Erfindungen eine willkommene *Platzersparnis.*
Wie in anderen Bereichen des Gestaltschaffens im 19. Jahrhundert der Anstoß zur Fortentwicklung nicht vom Künstlerischen, sondern von der Technik ihren Ausgang nahm, so auch im Bereich des Einrichtens und des Wohnens: Nicht allein durch neue Ziertechniken für das Mobiliar und die Erfindung oder Einführung von Materialimitationen aller Art, sondern auch in der durch den Gebrauch und die Notwendigkeit erzwungenen Formgebung. Sigfried Giedion hat nachzuweisen versucht, daß über die Mechanisierung der Wohnwelt die Ingenieure zu den eigentlichen Lösungen des Jahrhunderts gelangten. Die Pseudo-Monumentalität der Stilmöbel und das Übermaß an Dekor waren dem immer knapper werdenden Wohnraum nicht mehr angemessen. Nur bei den ganz Reichen gab es genügend Platz, der Mittelstand mußte sich mit allerlei technischen Tricks behelfen. Daher waren die sogenannten Patentmöbel ein Gebot der Stunde[2]. »Diese Patentmöbel entstanden ... aus den Bedürfnissen des Mittelstandes, einer Schicht, die in einem Minimum an Raum einen gewissen Komfort wünschte, ohne die Räume zu überfüllen.«[3]
Es waren Möbel, in denen die Zeit sich ohne Pose gab, in denen alle Schau und Großspurigkeit abgelegt war: Fauteuils, die mit wenigen Griffen in Liegen zu verwandeln waren; Reiseklappbetten, die zu Hause auch einem Gast zur Verfügung standen; verstellbare Krankenliegen, Barbierstühle usw.
Über die Platzersparnis hinaus hatten diese Patentmöbel den oft steifen und unnatürlichen Stilmöbeln noch etwas voraus: Sie zielten auf eine optimale *Anpassung an die Körperhaltung,* sie suchten allen Verkrampfungen entgegenzuwirken und dem Körper auch bei der Arbeit eine gewisse Entspannung zu ermöglichen. Es wurden Stützen für die Lenden und für den Nacken gegeben, Kipp- und Drehmechanismen für Stühle erdacht. Ab 1853 baute man in Amerika Sitzmöbel mit geschwungenen Stahlfedern, Vorläufer der flexiblen, anpassungsfähigen Rückenlehnen (der späteren Sessel für Schreibtisch, Klavier, Nähmaschine usw.) mit

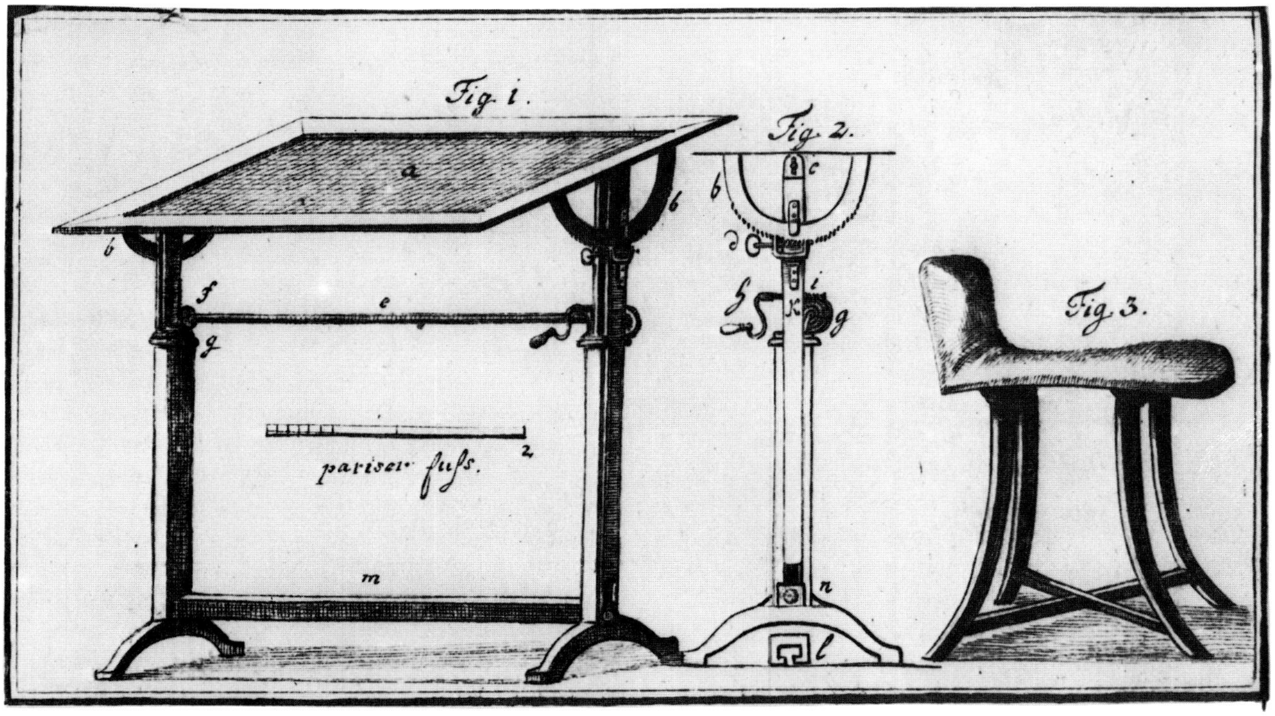

1860 (1911):
Die schwere Sprungfedermatratze hat aber schon vielfach der elastischen Spiralmatratze – bei Neuanschaffungen kommt diese ausschließlich in Betracht – weichen müssen, letztere vereinigt mit dem Vorteil größerer Leichtigkeit und Dauerhaftigkeit auch den, daß sie sehr leicht und gründlich gereinigt werden kann. Zum Schutze der darüber liegenden Roßhaarmatratze dient eine Molton-, Kalmuck- oder ähnliche weiche Decke, die man mittels angenähter Schnüre an die Spiralmatratze befestigt. Sie wird wöchentlich einmal wie die Haarmatratze abgebürstet und monatlich einmal abgenommen, um die Spiralmatratze mittels reinen Handfegers vom Staube zu reinigen.
(Davidis S. 127)

Hamburg, 1860:
Adolph Schramm, vielgereister Hamburger Überseekaufmann, ließ sich um 1860 einen kleinen Palazzo in maurischem Stil errichten und nahm sich eine Frau aus Südspanien: Zeigten schon die Räume des Erdgeschosses und ein niedliches Fumoir [Rauchzimmer] auf halber Höhe der Treppe manche Anklänge an maurische Architektur, so ward man beim Betreten der großen Säle des ersten Stocks überrascht durch die konsequente Durchführung des Alhambrastils... Den Übergang zwischen Wand und Decke bildeten die bekannten Stalaktiten-Formen, welche auch die Kuppelwölbung einer kleinen Rotunde bedeckten, die sich an den großen Salon anschloß und in der ein zierlicher Springbrunnen mit seinem Geplätscher die Illusion vervollständigte. Im Salon dienten zwei sogenannte Gas-Sonnen als Beleuchtungskörper: eine Einrichtung, die – aus England eingeführt – gerade damals in Gebrauch kam und mit besonderer Vorsicht konstruiert werden mußte, um die hölzernen Balkendecken vor der starken Hitze zu schützen...
(Schramm, Generationen, S. 253)

der elastisch-federnden Art des Sitzens. »In diesen Möbeln, die nicht mehr wollen, als Bedürfnissen, die es vorher nicht gab oder die unerfüllt blieben, zu entsprechen, und in deren Aufbau nichts anderes Platz zu haben scheint als die nackte Lösung und die erfinderische Phantasie, kommt der schöpferische Trieb zum Durchbruch.«[4]

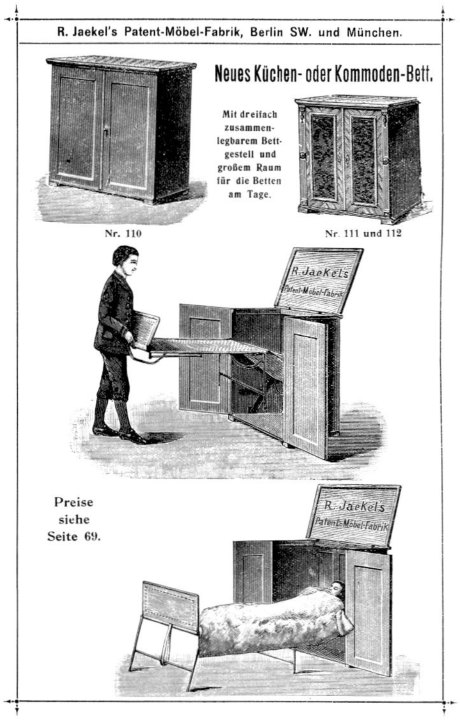

Fig. 40 *Raumsparendes Patentmöbel aus dem Katalog von R. Jaekel's Patent-Möbel-Fabriken, Berlin 1911.*

Die Wurzeln all dieser Bewegungsmechanismen reichen – wie gesagt – weit zurück, auch das hat Giedion einsichtig gemacht; einen wesentlichen Impuls erfuhren sie im England des späten 18. Jahrhunderts (z.B. Toillettentische mit beweglichen Einzelteilen wie gleitenden Spiegeln und Schubladen). Bei der Lektüre der Bücher dieses Autors vermag man sich nur schwer der einseitigen Meinung zu entziehen, daß alle diese technischen Anregungen und Erneuerungen jenseits des Kanals ihren Ausgang nahmen. Wahrscheinlich ist es nach dem gegenwärtigen Forschungsstand in Zentraleuropa einfach noch nicht möglich, mit einer ähnlichen Fülle von einheimischem Material aufzuwarten. Giedion selbst führt zum Beispiel an, daß der Vorschlag, die Rückenlehne für einen Schreibtisch federnd auszubilden, um 1730 von dem Nürnberger Möbelzeichner Johann Jakob Schübler gemacht wurde; dieser bezeichnet das Möbel als einen »Französischen Commod Stuhl, daran die Lehne nach der Höhe des menschlichen Rückens ausgefüttert und mit einer Strebfeder versehen ist, daß die Lehne ... sich biegen, wohl nachgeben, aber nicht brechen kann«[5].
Die besten unter den Handwerkern des 19. Jahrhunderts erreichten einen freieren Umgang mit den überkommenen Formen. »Die Handwerker sind es selbst, die unablässig erfinden, die ihre Erfindungen und das, was sie dafür halten, in ihren allerorts entstehenden eigenen Zeitschriften veröffentlichen.«[6] In der Kombination handwerklicher Arbeiten mit industriell gefertigten Teilen kam es zu interessanten und oft kuriosen Neuheiten. Auch war es so, daß die Ausführung der verschiedenen Stile die handwerkliche Geschicklichkeit geradezu herausforderte und ein Können bewahrte für eine Zeit der neuerwachenden schöpferischen Potenz.

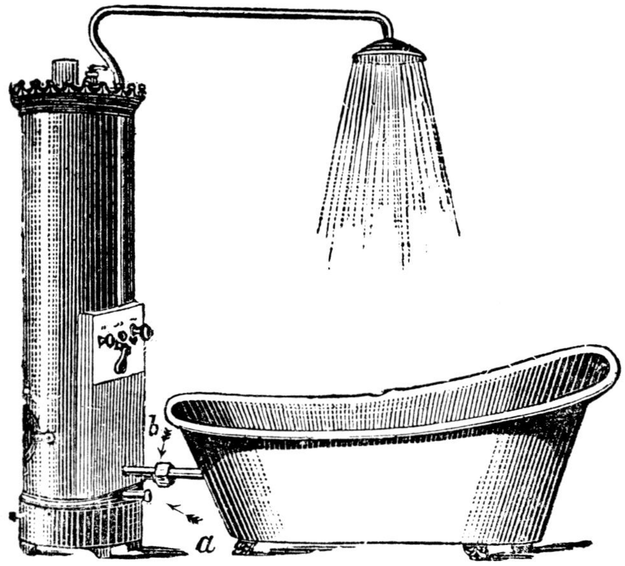

Fig. 41 *»Zimmerbadeeinrichtung« (nach Falkenhorst 1891)*

Es zeigte sich, daß gewisse Elemente der Neo-Gotik zukunftsträchtig waren, daß das Studium der gotischen Baustrukturen nicht ohne Einfluß auf die großen Eisenkonstruktionen des Jahrhunderts (z.B. Eiffelturm) blieben. Auch ein Mann von so weitreichendem Einfluß wie der französische Baumeister und Kunsttheoretiker Eugène Violet-le-Duc (1814–1879) glaubte daran, daß der Konstrukteur – ähnlich dem mittelalterlichen Baumeister – die Stillosigkeit der Zeit zu überwinden vermöge.
Von einschneidender Wirkung auf das öffentliche und private Leben waren technische Neuerungen auf den Gebieten der Elektrizität und der Hygiene. Die hohe Bade- und Rekreationskultur der Antike war längst in Vergessenheit geraten. Das 19. Jahrhundert stellt in dieser Hinsicht einen Tiefstand dar, was auch mit der wachsenden Scheu vor allem Nackten zusammenhängt. Waschzuber und Schwamm mußten nicht selten – wie im Mittelalter – zur wöchentlichen Reinigung genügen. Natürlich gab es seit der von Rousseau

Fig. 42 *Fließendes Wasser und an das Kanalsystem angeschlossene Toiletten galten als große hygienische Neuerungen im letzten Jahrzehnt des 19. Jh. Solche Einrichtungen wurden zur Aufklärung auf der Pariser Weltausstellung 1889 gezeigt.*

ausgegebenen Losung »Rückkehr zur Natur« immer wieder Ansätze zu einer naturnahen, gesünderen Lebensweise: Kaltwasserbehandlungen, Sonnenbäder, Dampf- und Duschvorrichtungen – oft in kuriosen Ausführungen – wurden empfohlen. Das Duschbad war zur Biedermeierzeit aufgekommen.

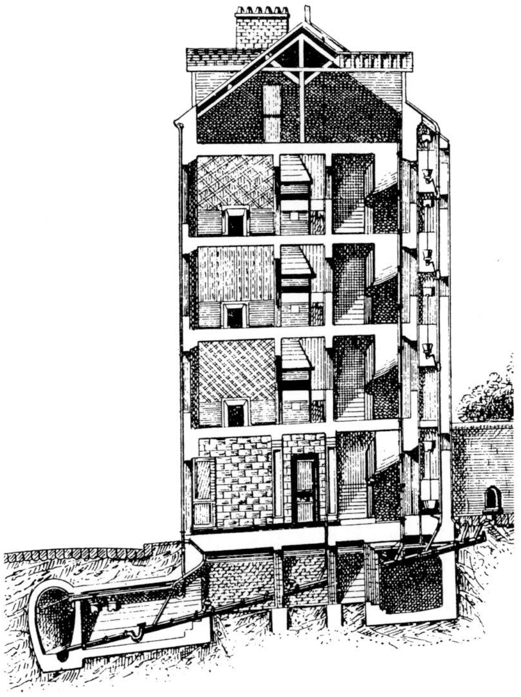

1836 schrieb Wilhelm v. Kügelgen an seinen Bruder: »Ich genieße jetzt einen permanenten Badeaufenthalt, da ich mir in Halberstadt für 20 Silberthaler einen privilegierten Berliner Badeschrank gekauft habe. Das ist eine herrliche Erfindung, nach der Du auch streben solltest; hier macht mein Schrank allgemein Furore. Ich brauche nur einen Pferdeeimer voll Wasser oben einzugießen und dann einen Krahn umzudrehen, so erfolgt ein Staubregen, der mich von allen Seiten scharf umspritzt und solange anhält, als es mir beliebt, denn der Eimer reicht eine Viertelstunde.«[7]

In der Regel gab es noch kein eigenes *Badezimmer.* Den Holzzuber oder die Badewanne stellte man – möglichst kaschiert – in einem Nebenraum bereit. Es gibt Zink- und Kupferwannen, auch solche in Mahagonifassung. Die Techniker zerbrachen sich die Köpfe, um das Problem des heißen Badewassers zu lösen. Sie erfanden »beheizbare Badewannen. Diese hatten am Fußende kleine Öfen, in denen Wasser erwärmt wurde, das darauf in der Wanne zirkulierte«[8]. Der zylindrische Badeofen mit Zulauf in die Wanne wurde erst Ende des 19. Jahrhunderts erfunden. Er war mit Holz und Kohle heizbar und lieferte Kalt- und Warmwasser.

Das »Sekret«, die *Toilette,* bestand zumeist noch aus einem

Fig. 43 *Inserat einer sächsischen Firma für hygienisches Nachtgeschirr, um 1900.*

»Plumpsabort« oder einem tragbaren Kasten, in dem ein Eimer versteckt war. Auch dafür gab es um die Mitte des 19. Jahrhunderts (und dann laufend neue) Verbesserungsvorschläge, z. B. den Hebel, der Sand, Torf oder Asche über die »Verrichtung« streute. »Deckel-Streubüchsen« bot 1883 die Fa. M. Friedrich u. Co. in Leipzig an. Auch für die

Toilettenspülung kam erst mit dem allgemeinen Wasseranschluß eine befriedigende Lösung.

Mit dem Wasseranschluß war auch die Grundlage für eine neue Art der *Heizung* gegeben, die von einem geheizten Wasserkessel ausgehende »Centralheizung«. In Neubauten wurde sie um die Jahrhundertwende eingerichtet; die Heizanlagen in den alten Häusern blieben jedoch bis weit ins 20. Jahrhundert hinein wegen der unerschwinglichen Kosten einer Erneuerung unverändert. Im Norden Deutschlands hielten sich vielfach Kaminanlagen, besonders im Wohnzimmer. Im allgemeinen gab es weiterhin neben Kachelöfen die eisernen Öfen. Allmählich setzten sich in immer wieder neuen, verbesserten und verbilligten Ausführungen Dauerbrandöfen durch.

Am 16. September 1882 war im Münchener Glaspalast die »*Internationale Elektricitäts-Ausstellung*« eröffnet worden. Dieser Bau, der dem Fortschritt der Technik gewidmet war, trug zwar ein Gerüst aus Stahl und Glas zur Schau, führte den Besucher aber in eine märchenhafte Traumwelt mit griechischen Säulen und Arkaden, mit überquellenden Blumenarrangements und Fontänen. Riesige bunte Gobelins und prunkvoll eingerichtete Zimmer huldigten dem

Der Kronleuchter brannte ſchon, die niedrig geſchraubten Flämmchen waren in der Nachmittagsſonne kaum ſichtbar und führten ihr ſchwaches Vorleben nur deshalb, weil der Kommerzienrat, um ihn ſelbſt ſprechen zu laſſen, nicht liebte, »durch Manipulationen im Laternenanſteckerſtil in ſeiner Dinerſtimmung geſtört zu werden«. Auch der bei der Gelegenheit hörbar werdende kleine Puff, den er gern als »moderierten Salutſchuß« bezeichnete, konnte ſeine Geſamtſtellung zu der Frage nicht ändern. Der Speiſeſaal ſelbſt war von ſchöner Einfachheit: gelber Stuck, in den einige Reliefs eingelegt waren, reizende Arbeiten von Profeſſor Franz. Seitens der Kommerzienrätin war, als es ſich um dieſe Ausſchmückung handelte, Reinhold Begas in Vorſchlag gebracht, aber von Treibel, als ſeinen Etat überſchreitend, abgelehnt worden. »Das iſt für die Zeit, wo wir Generalkonſuls ſein werden …« »Eine Zeit, die nie kommt«, hatte Jenny geantwortet. »Doch, doch Jenny …«
(Fontane, Treibel, S. 164 f.)

Um 1900:
Der Waſchtiſch kann ein eigentlicher Tiſch oder auch eine Kommode ſein, die mit einer Platte – gewöhnlich von weißem oder ſchwarzem Marmor – gedeckt iſt, welche an den Quer- und der hinteren Längsſeite eine Einfaſſung hat, die mit 1 oder 2 ſchmalen Aufſätzen verſehen iſt. Letztere bieten Platz für Seifenſchüſſeln, Zahn- und Nagelbürſtenbehälter uſw., ſowie auch für die Karaffe und das Waſſerglas. Auf der Tiſchplatte ſtehen die Waſchſchüſſeln und Kannen. Es empfiehlt ſich, die Platte mit einer weichen, waſchbaren Unterlage zu belegen, ſowohl um die Platte zu ſchonen, als auch um das Zerbrechen der Geſchirre bei unvorſichtigem Hinſtellen zu verhüten. Will man nicht die ganze Platte decken, ſo lege man wenigſtens kleine Schoner als Unterlage für die Schüſſeln uſw. hin.
Der Toiletteneimer unter dem Tiſche oder neben der Waſchkommode dient zur Aufnahme des gebrauchten Waſchwaſſers und muß jeden Morgen, eventuell auch des Abends geleert werden.
(Davidis S. 128)

Fig. 44 *Elektrische Klingeln als moderne Errungenschaft im Haushalt: Die Hausfrau gibt der Köchin ihre Anweisungen. Holzstich, 1898.*

Fehlböden, Ende 19. Jh.:
Man sollte meinen, daß diese Verunreinigung nur nach und nach durch Benützung der Wohnung entstehe, aber dies ist durchaus nicht der Fall. Das Füllmaterial kommt schon fast immer verunreinigt in den Fehlboden. Dr. Emmerich hat den Fehlboden zahlreicher Häuser in Leipzig untersucht und die Verhältnisse werden anderswo sicher die selben sein. Demnach war das Füllmaterial in Neubauten immer verunreinigt, und zwar wurden darin gefunden: schmutziger Sand, Asche, faulende Lumpen, faules Stroh, Holz, Papier, Haare, Kartoffelschalen, Gemüsereste, Knochenstücke mit Anhängseln, Darmkoth von Menschen und Thieren. Offenbar stammte dieses Material aus Asche- und Kehrrichtgruben und von diesen größtentheils in fauligem Zustande befindlichen Material waren viele Wagenladungen in die Neubauten geschafft worden. Solches Material ist allerdings billiger als reiner Sand, denn Kehrricht und Schutt kann man umsonst bekommen...
(Falkenhorst S. 51)

Zeitgeschmack – aber sie waren erfüllt von dem neuen Wunder des Lichts ohne Flamme. Die Lüster zeigten zwar die alte Form der üppig geschwungenen Krone, aber statt der Kerzen waren gläserne Birnen aufgesteckt.

In diesen Jahren entschlossen sich renommierte Künstler zur Elektrifizierung – Lenbach zum Beispiel –, die Theater stellten ihre Beleuchtung auf das neue, viel weniger gefährliche Licht um, manche Städte auch ihre Straßenbeleuchtung. Als Beleuchtung in den Bürgerhäusern konnte sich das elektrische Licht in den 90er Jahren allmählich durchsetzen. Es löste die Petroleumlampe und die Gasbeleuchtung, die vor allem in Treppenhäusern, Fluren und Nebenräumen üblich war, ab. »Die alten Gaskronen wurden nun durch üppiche Goldbronzekronen mit allerlei gepreßtem Blattwerk und bunten Glasflüssen ersetzt. Nur die vornehmen ›Kristallkronen‹ mit Gehänge und kleinen Glasplättchen, ein beinahe zeitloser Typ, stellte man ziemlich unverändert in den Dienst der elektrischen Beleuchtung.«[9]

Dringend nötig erschienen Neuerungen im Wirtschaftsbereich. Noch bis gegen Ende des 19. Jahrhunderts waren die *Küchen* finster, die Möbel und die mit gedeckten Farben gestrichenen Wände vom offenen Herdfeuer nachgedunkelt. Nun trat vielfach der Gasherd neben den eisernen bzw. emaillierten Kohleherd, oder es wurde zumindest ein kleiner Gaskocher oder ein Petroleumkocher ergänzend beigesetzt. Ein Nachteil bei den modernisierten Küchen war, daß sie sich meistens als recht kalt erwiesen, da sie nicht mehr vom Herd aus beheizt wurden, obendrein auch mit Steinfliesen (Mettlacher Platten, Klinker, Fayencefliesen) ausgestattet waren; freilich begrüßte manche Köchin den »kalten« Herd als Erlösung von unerträglicher Hitze im Sommer. Zentralheizung und Elektroherd in der Küche, das mußte in den meisten Haushaltungen noch für Jahrzehnte ein Wunschtraum bleiben[10]. Eine Erleichterung für die Bediensteten stellte bei Herrschaftswohnungen der elektrische Speiseaufzug – die Küche lag bei Einfamilienhäusern meistens im Souterrain – und die elektrische Klingel dar, die nun als vielgeliebter Ersatz für die Sprachröhre diente.

Bei den Kochgeschirren wurden die Materialien Eisen, Kupfer, Messing vielfach durch Weißblech und Emaille ersetzt bzw. ergänzt. Eine Reihe von Zubereitungsarbeiten konnte maschinell erleichtert werden durch Fleischwolf oder »Universalküchenmaschinen«, Bohnenhobel, Eismaschinen (und Eisschränke), Kaffee-, Brotschneide-, Besteckputzmaschinen usw. Erst viel später wurden all diese Apparaturen auch elektrifiziert.

Das Stichwort für den ganzen Hausbereich, besonders aber für die Küche hies: *Hygiene.* Kochen und Reinigen (von Kleidung und Schuhen) durften keinesfalls im gleichen Raum vorgenommen werden. Die weiße, sterile, laborartige Küche wurde zur Idealvorstellung. Vielfach mußte allerdings in Mietshäusern das Wasser noch an einer gemeinsamen Zapfstelle im Treppenhaus geholt werden. In der Wasserbank neben dem Spülstein dienten mehrere Eimer der Aufbewahrung.

So vollzog sich der große Wandel zur Wohnung des 20. Jahrhunderts auch im Küchenbereich über viele kleine Schritte der Erneuerung.

Beginn des 20. Jahrhunderts: Jugendstil, Neues Wohnen, Ausblick

»Der neue Stil ist da« – so verkündete der Wiener Architekt Adolf Loos nach der Glaspalast-Ausstellung 1897 in München, auf der die jungen Künstler der neuen Richtung ihr Debüt gegeben hatten[1].

Starke Anstöße zur Stilerneuerung waren von England ausgegangen, vor allem von William Morris (1834–1896), der die Wiederbesinnung auf gute Handwerksarbeit propagierte. Dieses Prinzip der englischen »Arts and Crafts«-Bewegung lag der französischen »Art nouveau« wie dem deutschen »Jugendstil« zugrunde, ohne daß man von vordergründiger Nachahmung sprechen könnte. Die jungen Menschen wandten sich ja gerade gegen die Imitationen der historisierenden Kunstauffassung; sie nahmen – zunächst – eine Abwehrstellung gegen alles Vergangene und Ausländische ein. Quelle und Ziel der Gestaltung sollte die *Natur* im freien Spiel ihrer Kräfte und Formen sein. Aber nur die wenigsten Künstler inspirierten sich an der Natur selbst wie etwa Otto Eckmann, der sein Vorlagewerk »Neue Formen« mit den Worten einleitete: »Diese Entwürfe ... sind aus der umgebenden Natur entstanden.«[2]

Aber auch der Jugendstil – der Name wurde von der 1896 in München gegründeten Zeitschrift »Jugend« übernommen – war in gewisser Weise historisierend, wenn auch andere Stilformen als beim herrschenden Zeitgeschmack für ihn von Interesse waren. So hat Richard Riemerschmid z. B. intensive Studien dem Konstruktionsprinzip gotischer Möbel gewidmet. Vor allem aber brachte die Entdeckung *ostasiatischer Kunst* wichtige Impulse für die Erneuerung. Japanische Holzschnitte waren erstmals auf der Londoner Weltausstellung von 1867 präsentiert worden. Der Direktor des Hamburger Museums für Kunst und Gewerbe, Justus Brinckmann, legte eine Sammlung japanischer Kunst an, die wesentlich zum Durchbruch der neuen Richtung beitrug.

Auch der Jugendstil hat also Anregungen aus anderen Zeiten und Ländern akzeptiert; aber er hat nicht sklavisch nachgeahmt, sondern nachempfunden. Das ist immer auch eine Sache der Qualität und der Phantasie: Es waren nun eben wieder Leute da, die Impulse verarbeiten und weiterentwickeln konnten. »Je besser die künstlerische Qualität, um so weniger tritt das Vorbild in Erscheinung.«[3]

Man hatte darüber hinaus den Blick wieder freibekommen auf die regionalen ländlichen Einrichtungen: Die Motive der *Volkskunst* übten einen nachhaltigen Eindruck auf die Künstler aus und wurden auch von Kunstgewerbeschulen bewußt zu Neugestaltungen herangezogen. Am Altenglischen wie am Ostasiatischen und an der heimischen Bauernkunst faszinierte gleichermaßen das Unverbrauchte, Ursprünglich-Echte.

Stark in den Vordergrund der Theorie und der praktischen Arbeit trat das *Ornament*. »Die Jugenstilkünstler sahen zunächst in der Erneuerung der Ornamentik das Schlüsselproblem ihrer Zeit.«[4] Dabei ist ein Vorherrschen der floralen Motive und des – ebenfalls als naturnah empfundenen – Wellenbandmotivs zu beobachten. In zunehmendem Maße trat dann eine Stilisierung und Abstrahierung der Naturformen ein, das dynamische Linienspiel wurde von einer mehr geometrisch-statischen Richtung abgelöst. Am wirkungsvollsten gibt sich der Dekor im textilen Bereich – in Vorhängen, Teppichen, Wandbehängen – und in den Produkten aus Glas und Keramik. Es wurden also Gegenstände aller Materialien als Bestandteil der Innenausstattung betrachtet. Die gesamte Umwelt, vor allem auch der Mensch selbst, sollte in die Erneuerung miteinbezogen werden.

Bei den Möbeln finden Ornamente nur sparsam Anwendung, etwa in unverhüllten Türbändern wie bei Riemerschmids Buffet von 1897 mit seinen Eisenbändern, die wie »schnell gewachsene Schößlinge« wirken[5]. Die Maserung des Holzes, ja sogar seine Astigkeit, wird durch neue (Beiz-)Techniken stark hervorgehoben und ornamental eingesetzt. Die Flächigkeit der Möbel springt ins Auge, das Profil tritt zurück. Das *Konstruktive* wird offen gezeigt, ja betont, z. B. die Standfestigkeit eines Stuhles, die Brauchbarkeit einer Schranktür, die leichte Benützbarkeit des Schreibtisches, der sich als Kurve um den Sitzenden legt.

Gegenüber den gleichzeitig noch bestehenden übervollen Räumen des Historismus wirken viele der Jugendstilzimmer fast nüchtern-leer.

Kunst und Industrie

Ein Anliegen der schöpferischen Menschen um 1900 war es, der Verflachung des Geschmacks in allen Schichten der Bevölkerung entgegenzuwirken. Ließen sich aber diese sozialen Neigungen mit den hohen künstlerischen Zielen vereinbaren? Ließen sich Arbeit und Wohnen menschlicher formen, ehrlicher, hygienischer, billiger? Durch den Einsatz moderner Mittel der Vervielfältigung erhoffte man ein Gelingen: Die Kunst sollte einen Bund mit Technik und Industrie eingehen, Hochwertiges zu billigen Preisen hergestellt werden.

In den 1898 gegründeten »Vereinigten Werkstätten« schufen sich die Gestalter des Jugendstils eigene Werk- und Vertriebsräume, in denen sie gemeinsam allen Gegenständen des täglichen Lebens ihre Ideen aufprägen konnten. Als sich im Oktober 1907 in München namhafte Künstler und Handwerker zum »*Deutschen Werkbund*« zusammenschlossen, um die Verantwortung für »innere Wahrhaftigkeit und werkliche Gediegenheit der Arbeit« zu übernehmen[6], war der Höhepunkt des Jugendstils als einer stilistisch-ästhetischen Erneuerungsbewegung bereits überschritten. Die Erwartungen der Reformer gingen nur verzögert und in beschränktem Umfang in Erfüllung. Bei weitem nicht alle sozialen Schichten waren erreicht worden, nur in zahlenmäßig kleinen Kreisen von Intellektuellen hatte der Jugendstil An-

Riemerschmid, 1912:
So lange aber ein großer Teil der Industrie auf dem Standpunkt steht, daß mit jeder neuen »Saison« auch andere Formen, andere Farben, kurz das, was die letzte Mode fordert, die Bezeichnung schön und geschmackvoll verdient, wird das Publikum nicht mit Unrecht die Folgerung ziehen, daß einer, der alle Jahre einen anderen Geschmack hat, überhaupt keinen eigenen Geschmack besitzt und also als sicherer Führer auf schwierigem Gebiet nicht gelten kann. Ich bin überzeugt, es wäre nicht nur unmöglich, sondern ganz falsch, alle diese Verhältnisse nun plötzlich umstürzen und überall verbessern und reformieren zu wollen, aber möglich und zu wünschen ist's, daß zunächst wenigstens neben dem bisher Gebotenen überall ganz gute, gediegene einfache, sachliche Arbeit geleistet werden möge und daß das Neue, was eingeführt wird, zugleich auch immer eine Verbesserung bedeuten möge. Allerdings wird da ein Glaubenssatz erst fallen müssen, der leider oft noch heilig gehalten wird. Der heißt: »Die Kauflust des Publikums beweist, daß das betreffende Ding geschmackvoll und gut ist.« Das ist nicht richtig. Die Kauflust beweist nur, daß das Ding verkäuflich ist, sonst gar nichts.
(nach Nerdinger S. 38)

Fig. 45 *Entwurf für einen Salon von P. Haustein; Künstlerkolonie-Ausstellung, Darmstadt 1904.*

klang gefunden. Die Bedeutendsten unter seinen Bahnbrechern wandten sich neuen Aufgaben zu.
Noch war das Hauptproblem nicht gelöst: den wachsenden Bevölkerungsmassen ein angemessenes Wohnmilieu zu verschaffen. Bei Richard Riemerschmid (1868–1957), der vielseitigsten Persönlichkeit unter den Reformern der Jahrhundertwende, war die Affinität seiner Kollegen zu Luxus-Einrichtungen nie sehr ausgeprägt. Er schuf zwar elegante Ausstattungen für Herrschaftswohnungen, aber er entwarf daneben eine Arbeiterküche. Ihm war darum zu tun, daß auch der Unbemittelte behaglich leben konnte. Was am Jugendstil nur schön, nicht aber praktikabel-zweckhaft war, mußte überwunden, eine *neue Lebensform* in neuen Häusern etabliert werden.
In Hellerau bei Dresden, wo sich 1910 die »Deutschen Werkstätten« ansiedelten, wurden nach künstlerischen Prinzipien gestaltete Einrichtungen hergestellt. Es gelang außerdem, mustergültig angelegte Arbeitsplätze und sozial orientierte Kleinhäuser für Arbeiter des Betriebs zu schaffen: Die erste deutsche »*Gartenstadt*« in Hellerau war ein Versuch, die soziale Frage zu lösen[7]. Sie wirkte beispielhaft für zahlreiche ähnliche Unternehmungen – bis hin zum Siedlungsprogramm des »Dritten Reichs«. Große Arbeiter-Wohnanlagen entstanden in den 20er Jahren u. a. in Frankfurt a. M., bei Stuttgart (Weißenhofsiedlung), in Karlsruhe (Dammerstock) und Zürich (Neubühl).
In Zusammenarbeit mit Peter Behrens, Bernhard Pankok, Bruno Paul u. a. entwarf Riemerschmid nach Vermögenslage gestaffelte Einrichtungen. Durch Entwürfe von erstklassigen Designern sollte garantiert sein, daß auch die *Maschinenmöbel* geschmackvoll und schön waren. Sie folgten Programmen, die spätere Entwicklungen vorwegnahmen, z. B. das Prinzip der maschinengefertigten, zerlegbaren und leicht versendbaren Möbel. Durchwegs wurden heimische Hölzer – Fichte, Eiche, Lärche überwiegen – verwendet. Im Grunde gehen alle die nach dem Zweiten Weltkrieg in Mode gekommenen Serienmöbel (String, Lübke, Ikea) auf die Idee der kombinierbaren »Mobilien« zurück[8].
Innerhalb des Hausorganismus wird auch die Küche modernen Lösungen zugeführt: Das große Küchenbuffet wird durch wandverbundene Klein- bzw. Anbauschränke, Hängekästen und Stellagen ersetzt, der Tisch durch an- und eingebaute Arbeitsflächen.
In mehreren großen Städten hatte es bereits Wettbewerbe zur Schaffung einfacher Wohnungen gegeben. In Berlin ging ein solcher von den Gewerkschaften aus, in Wien hatte 1899 das »Kunstindustrie-Museum« einen für Arbeiter-Wohn- und Schlafzimmer ausgeschrieben. In Wien gingen wesentliche Impulse für eine größere Gruppe von Gestaltern von Josef Hoffmann aus (»Wiener Werkstätten«); ab 1903 schuf er seine klassisch-strengen Möbel, in denen der rechte Winkel dominiert. Bei aller formalen Zurückhaltung zeichnen sie sich durch harmonische Gesamtwirkung und edles Material (auch Einlegearbeiten, Metallreliefs) aus. Jede derartige Verteuerung der Herstellung mußte aber von der Industrie abgefangen werden; so kam es zu billigen Massenangeboten, die das Individuelle in fade Eintönigkeit vergröbert, ihm die ursprüngliche Lebendigkeit und innere Spannung benimmt.
Der Feldzug gegen das *Ornament,* von Gestaltern wie Riemerschmid nicht programmatisch aber praktisch geführt, setzte mit Adolf Loos in Wien ein, gleichermaßen gegen Historismus und Jugendstil gewandt. Man war überzeugt, daß das Material und die gute Form erst recht zur Geltung kämen, wenn die Flächen von überflüssigem Dekor gereinigt waren. Das Detail gewinne dann an Wirksamkeit: der Griff, der Rand, der Kontrast von matter und polierter Fläche usw.
Die Durchführung der Reformen stagnierte jedoch notgedrungen während des Ersten Weltkriegs. Es ist bemerkenswert, daß eine ähnliche zeitpolitische Situation ein ähnliches Verhalten gegenüber dem Einrichtungsstil zeitigte: Seinerzeit hatten die Napoleonkriege und ihre Folgen zu der Bescheidenheit der Biedermeierwohnung beigetragen (s. S. 51, 53), nun unterstützte die allgemeine Rezession die Ornamentfeindlichkeit des neuen Möbelstils. Der Wohlstand des Bürgertums in Mitteleuropa war sehr zurückgegangen, *Wirtschaftskrise* und Inflation verschlangen in den 20er Jahren die letzten Reserven. Für weite Bevölkerungs-

kreise waren Einschränkungen und sparsames Haushalten ein Gebot der Stunde.
1919 traf die Arbeitslosigkeit auch viele Akademiker in Deutschland und zwang sie in primitive Wohnverhältnisse. Maria Haag, Gattin eines Rechtsanwalts mit zwei kleinen Kindern, schildert ihre Notwohnung in Kirn/Nahe, die ein ausgebauter Speicher einer Brauerei war: »Wir hatten drei kleine Räume, sie waren so niedrig, daß man mit der Hand an die Decke kam und daher keine Schränke aufstellen konnte. Peter hatte sie den Verhältnissen entsprechend schon eingerichtet. In den kleinen Wohnraum hatte er Möbel aus seinem elterlichen Haushalt gestellt, ein Sofa, das Harmonium seines Vaters und ein kleines Eß-Schränkchen, in der Mitte ein Tisch und vier Rohrstühle, in der Ecke ein kleiner Ofen. In den beiden kleinen Schlafräumen standen je zwei Betten und ein Waschtisch – mehr ging kaum hinein. Die kleine Küche war ganz dunkel, nur in einer Ecke war eine kleine Öffnung als Fenster, hier war auch der einzige Wasserkranen. Wir hatten auf dem Speicher kein Bad, kein WC, letzteres war eine Treppe tiefer und wurde auch von anderen benutzt. So mußte Waschwasser, Putzwasser, Toiletteneimer eine Treppe tiefer ausgeleert werden. Wir waren auch nie allein auf dem Speicher, es war keine Abschlußtüre da, so daß die Männer von der Brauerei jederzeit bei uns ein- und ausliefen in die vielen Vorratsräume, die sich oben befanden, auch in das große Hopfenlager, das sich anschloß...«[9]

Bauhaus

Die Forderungen des in den 20er Jahren gegründeten »Bauhauses« nach einem Minimum an Materialaufwand und zweckmäßiger Formgebung folgte also auch dem wirtschaftlichen Tenor der Zeit. Es gelang nun mehr und mehr, die Entwürfe von vorneherein maschinengerecht auszurichten. Dem Abrücken vom »Gegenstand« in der abstrakten Malerei entsprach im Ausstattungsbereich ein Abrücken vom Material Holz zugunsten von Metall und Kunststoff. Dem »Wechselbalg der modernen Kunst«[10] setzte man im Gefolge von Hermann Muthesius die Typisierung entgegen, den Formenkanon – dem Außerordentlichen, das Ordentliche. Den Bedürfnissen der »Zeitgenossen« sollten Häuser und Wohnungen angemessen sein. Man wollte nicht mit den Einrichtungen der Väter auch deren Lebensgewohnheiten übernehmen, erdachte daher neue Grundrisse für Häuser und Wohneinheiten. Dem Prinzip der *Funktionsgerechtigkeit* mußten sich die rein formalen Bestrebungen unterordnen. Nicht prunken sollten die Gegenstände der Einrichtung, sondern »stimmen«.
Allem Überflüssigen, Leblosen, wird der Kampf angesagt. »Bei den Möbeln wird jede Verzierung abgelehnt, jede Profilierung, die nicht aus der Funktion des Möbels, seiner Bestimmung abgeleitet ist. Das Ornament wird mit größter Vorsicht betrachtet, man kann sagen: mit Ehrfurcht, weil wir heute wissen, daß die Ornamentik Symbolsprache sein muß..., diese läßt sich nicht ersinnen und erfinden, sondern

Fig. 46 *Damenzimmer, Entwurf von M. Breuer für die Bauhaus-Ausstellung 1923.*

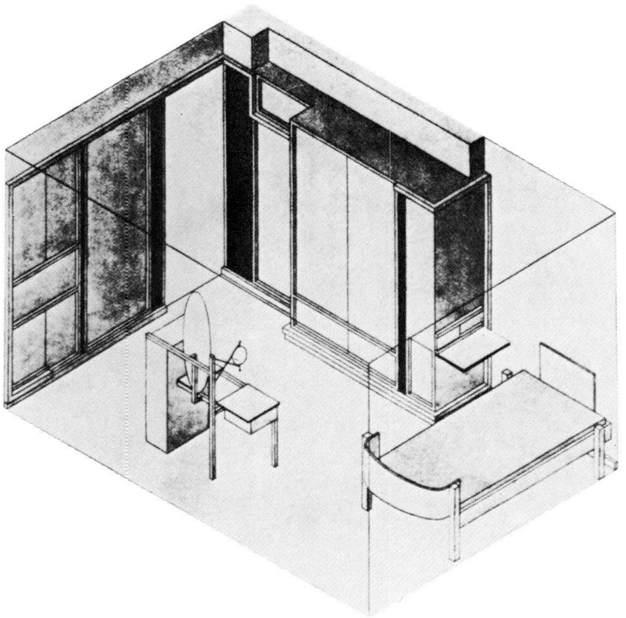

sie ist immer die Schöpfung der menschlichen Gemeinschaft...«[11]
Klar und übersichtlich, einfach und fröhlich sollten die Räume sein. Weniger die komplette Einrichtung, als wandangepaßte, variable Stellagen und Einbauschränke, Serien von An- und Aufbaumöbeln wurden geplant. Die Gefahr, die allen vorgefertigten Möbeln anhaftet, nämlich Uniformität und mangelnde Ausstrahlung, konnte durch individuelles Gebrauchsgut (Bilder, Bücher, Gläser u. a.) ausgeglichen werden. »Klarheit und Sauberkeit ist der entscheidende Eindruck solcher Häuser, wenn sie leidlich gepflegt werden, und wenn jemand das Fehlen der alten ›Gemütlichkeit‹ bedauern sollte, so ist es mehr für uns, wenn an ihre Stelle der Frohsinn und Mut tritt.«[12] Eine bessere Organisation der Arbeitsvorgänge innerhalb der Wohnung und die fortschreitende Mechanisierung kamen vor allem den Wirtschaftsräumen zugute; sie schufen die Voraussetzung für den weitgehend auf Dienstboten verzichtenden Haushalt des 20. Jahrhunderts.

Und heute: »Wohnen wie gewohnt«?

»Sollen« und »Wollen« wird seit der Jahrhundertwende großgeschrieben, doch blieben die Anforderungen in den meisten Fällen hinter der Verwirklichung zurück. Die Diskussion über die Erfordernisse von Bauen und Wohnen in unserer Zeit reißen nicht ab und haben sich in zahllosen Veröffentlichungen niedergeschlagen, denken wir nur an

Die Wohnung ist kein Gegenstand, keine »Wohnmaschine«; sie ist das Universum, das der Mensch sich baut, indem er die beispielhafte Schöpfung der Götter, die Kosmogonie, nachbildet. Jede Errichtung, jede Einweihung einer neuen Wohnstatt kommt in gewissem Maße einem Neubeginn, einem neuen Leben gleich... Sogar in den modernen, so stark desakralisierten Gesellschaften lebt in den Festlichkeiten, von denen ein Einzug in eine neue Wohnung begleitet wird, noch etwas von dem einstigen festlichen Überschwang des incipit vita nova fort.
(Eliade S. 34)

In den Diskussionen über die Einrichtung unseres Domizils haben wir festgestellt, daß jeder individuell verschiedene und ganz bestimmte Vorstellungen darüber hatte, wie ein Zimmer aussehen sollte. Diese Vorstellungen brachte jeder aus seiner Geschichte mit; sie waren nicht rational und objektiv zu begründen, trotzdem wollte keiner seine Idee einer nichtbürgerlichen Wohnung ohne weiteres aufgeben …
(Kommune 2, 1970)

Eliades und Mitscherlichs philosophisch-kritisches Nachsinnen oder an das Angebot praktischer Hilfen, die von Kaufhauskatalogen bis zu anspruchsvollen Zeitschriften »Schöneres Wohnen« anbieten. In diesem Buch geht es um das Wohnen der Bürger im historischen Wandel: Die Gegenwart vermögen wir nur bedingt als »geschichtlichen Zeitabschnitt« zu sehen und zu erkennen.

Es scheint, daß man heute auf eine andere Weise an das Wohnen der Vergangenheit anknüpft, als es ehedem üblich war: Weniger das allmähliche Weiterentwickeln oder das Zurückgreifen auf einen als Vorbild intendierten Stil wird gepflegt: Gern kombiniert man das kompromißlos Moderne – Möbel von Knoll, Saporiti, Cassina, die Miller-Collection oder die »Klassiker« von Mies van der Rohe, Le Corbusier u. a. – mit einigen erlesenen alten Stücken.

Eine äußerst interessante Dokumentation veröffentlichte der Verlag C. J. Bucher 1980: »*Das deutsche Wohnzimmer*«. Es gewährt Einblick in die Wohnweise des deutschen Bürgertums der 70er Jahre, vom unterschichtlichen bis zum anspruchsvollsten Milieu. Ganze Fragenbündel ließen sich daran aufhängen. Wird unsere Generation einmal in ferner Zukunft als die der Kunststoffmöbel, der allzu wuchtigen (pseudo-) bequemen Polstersessel, der riesigen Schrankwände gekennzeichnet werden? Wird die helle Fröhlichkeit »junger« Einrichtungen als charakteristisch gelten? Normiertes und Individuelles sind gleichermaßen in den Wohnstil eingebracht, dieses – wie zu erwarten und zu allen Zeiten üblich – seltener. Zu untersuchen bliebe, welcher Prozentsatz der »Verbraucher« in genormten Wohnungen lebt, also über einem vorgegebenen Grundriß, mit komplett eingerichteter Standardküche, vom Bauherrn gelieferten Teppichböden, Fliesen, Türen usw. Inwieweit unterliegt der Wohnungsinhaber solchen Zwängen aus ökonomischen Gründen, aus Gleichgültigkeit oder Kritiklosigkeit? Welche Rolle spielen die Leitbilder von Massenmedien und die Angebote der Industrie? Welche Chance haben auf die Dauer Versuche, das Gewohnte oder Fixierte abzuschütteln?

Das sogenannte alternative Wohnen setzt radikaler einen Punkt hinter den Wohnstil traditioneller Art, als jene Leute mit den Radikalforderungen der 20er Jahre es sich träumen ließen: Weitgehender Verzicht auf Mobiliar überhaupt – junge Menschen sitzen, schlafen, essen gerne am Boden, versammeln sich derart »erdnah« zur Gesprächsrunde, »hocken sich zusammen«. Nicht das für eine Ewigkeit gerahmte Gemälde schmückt die Wand, sondern ein augenblicklich interessierendes Poster, eine Skizze oder Devise, spontan angeheftet an eine Pinwand, oder Fotos und Bilder in Wechselrahmen, eine textile Improvisation.

Die *Wohngemeinschaft* scheint – zumindest bei den jüngeren Altersgruppen – dem alten Familienwohnstil gegenüber große Anziehungskraft zu besitzen: wirtschaftliche Vorteile, ein Aufteilen der häuslichen Arbeiten, der Kinderbeaufsichtigung. Jeder kann seinen zeitlichen Möglichkeiten und persönlichen Fähigkeiten gemäß zum Gemeinwohl beitragen, keiner ist alleingelassen mit seinen Problemen und Ängsten. Unumgängliche Forderung an den Wohnraum allerdings bleibt: Platz zur Kommunikation und Möglichkeit zur Absonderung[13]. Diese Art zu leben, ist natürlich nicht typisch für die große Mehrheit der Bevölkerung, aber sie hat doch Signalcharakter. »Die eigentliche Not des Wohnens beruht darin, daß die Sterblichen das Wesen des Wohnens immer erst wieder suchen, daß sie das Wohnen erst lernen müssen.«[14]

Nicht nur über Geschmack läßt sich streiten, sondern auch über die Beeinflußbarkeit des Geschmacks. So problematisch wie die Überzeugung von der Erziehbarkeit des Menschen im allgemeinen erweist sich die von der Erlernbarkeit des »guten« Geschmacks. Wenn sich neuerdings mit naturwissenschaftlichen Methoden (Zwillingsforschung) ergründen ließ, daß der Mensch zu 80% dem Zwang seiner Gene folgt[15], so bleibt der Hoffnung auf Erfolg einer »Lehre vom rechten Wohnen« ein recht geringer Spielraum. Doch: »Wenigstens ist es möglich, die Voraussetzungen dafür zu vermitteln, Kenntnisse, die es erlauben, die Qualität des Gemachten, auch seinen ästhetischen Wert, beurteilen zu lernen.«[16]

Und auch dieses scheint heute zum gesicherten Wissen zu gehören: *Wohnqualität* ist ein sehr vielschichtiger Begriff. Sie läßt sich nicht von oben her (von Künstlern, Architekten, Designern, Politikern) bestimmen, weder verallgemeinern noch kodifizieren. »Kein Gesetz, keine noch so philanthropische Bauordnung kann gerecht vorschreiben, welche Art des Wohnens die allgemein beste sei, die gesündeste, die lichteste, die ›menschlichste‹. Wohnqualität ist nur in Umrissen zu kennzeichnen, den Inhalt definieren Individuen …«[17]

Und: Wohnen ist nicht von Einsichten allein geformt, wie mancher annimmt, sondern weitgehend von Gemütswerten. Je ausgeprägter diese bei einem Menschen – bei einer Wohngemeinschaft – sind, um so heftiger ist das Sträuben gegen das Nur-Zweckhafte, das Sauber-Nüchterne, Konformistische. Der Hang zu antiken Dingen, zur persönlichen Romantik, die Aufwertung des Flohmarkt-Krimskrams: Rühren diese Anachronismen des modernen Realismus nicht von der Sehnsucht nach Gemütswerten, von dem Bedürfnis, einen Hauch von »Seele« in den Gegenständen zu finden, die einen täglich umgeben?

Der Philosoph Wilhelm Dilthey (1882–1911) hat zu Beginn dieses Jahrhunderts aufgezeigt, daß die Denkweise, die Weltanschauung, mit der man lebt, die Philosophie, der man anhängt, letztlich davon bestimmt wird, »was für ein Mensch« man ist: dies kann in hohem Maße für die Wahl des Wohnstils gelten. Auch die schmuckfreie Ausstattung moderner Machart mag ein »schmuckes« Heim ergeben, wenn sie das Leben des Bewohners ausdrückt.

1 △

2 △

3 ▽

1 *Baumburger Turm, Regensburg, einer von zahlreichen Geschlechtertürmen im Kaufherrenviertel der mittelalterlichen Stadt mit Hauskapelle im Erdgeschoß, Festsaal und Loggia im Obergeschoß.*

2 *Patrizierpalast der Runtinger, Regensburg, Ende 14. Jh. – Hof im Frauentrakt mit Aufgang zu den Kemenaten.*

3 *Gotische Erdgeschoßhalle in einem Kaufherrenhaus der Unteren Bachgasse, Regensburg. – Säulen und Kreuzrippengewölbe 15. Jh., seitlicher Aufgang zur Wohnung 16. Jh.*

5

4 *Streifen eines Handtuches (vgl. auch Abb. 5, 17), Augsburg, um 1460. Eingearbeitet der Name der Weberfamilie Velman und der Pinienzapfen des Augsburger Wappens (Spitzenabschluß später angefügt). Nürnberg, Germanisches Nationalmuseum*

5 *Christus im Hause des Simon, Gemälde von Gabriel Mälesskircher, München 1476. – Spätmittelalterliche Bürgerstube süddeutscher Art: neben dem Tisch Bänke mit umlegbaren Lehnen; an der Rückwand Durchreiche von der Küche zur Stube, links davor zweigeschossiger Schrank, rechts hoher Kasten mit Becken und Wasserbehälter, daneben Handtuch über einer Rolle; Geschirr auf Wandborden.*
Nürnberg, Gemanisches Nationalmuseum

6 *Spätgotische Kapelle in einem Patrizierhaus am Haidplatz in Regensburg.*

7–9 *Handwerkerhaus in der niederbayerischen Kleinstadt Dingolfing, ein heute noch bewohntes Haus mit »ehrlicher«, d.h. im Wandel der Zeit gewachsener Einrichtung. – Abb. 7: Stube im ersten Obergeschoß mit profilierter Holzbalkendecke und zwei kleinen Erkern, 16. Jh. – Abb. 8: Spätgotisches Netzgewölbe im Erdgeschoß der ehemaligen Schlosserwerkstätte. – Abb. 9: Außenansicht mit Erker und Schlüsselausleger.*

6 △

7 ▽

8 ▽

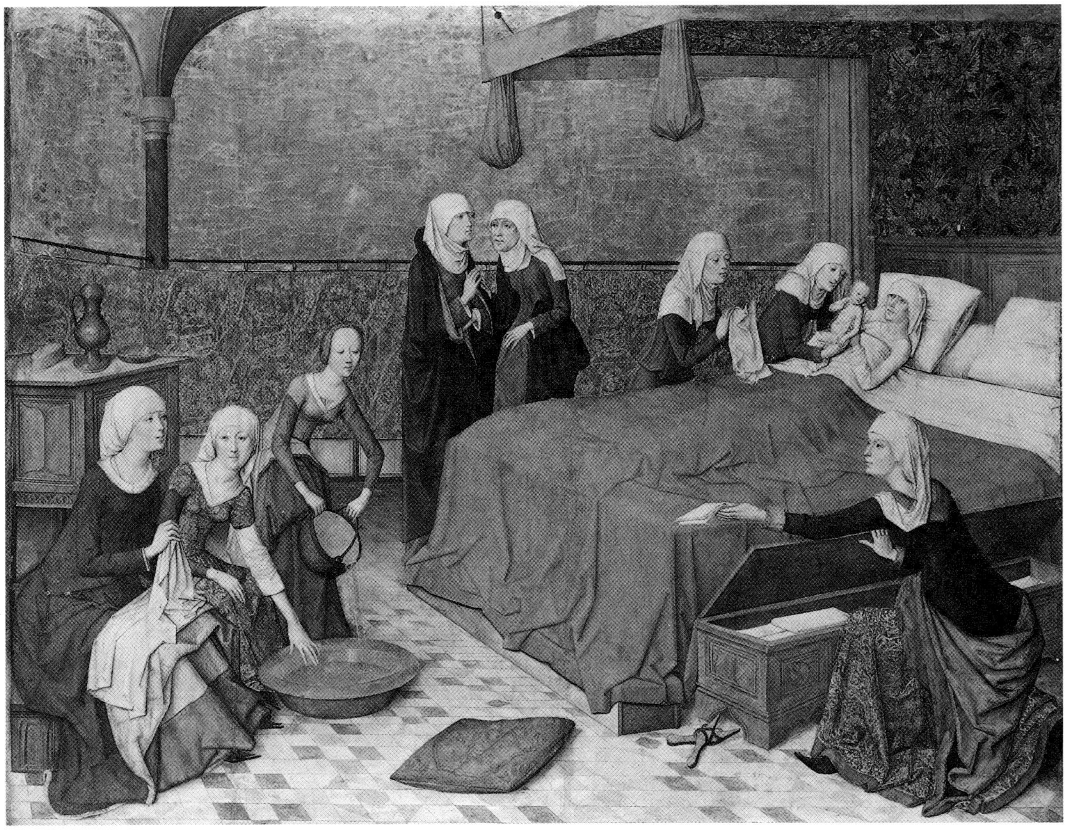

10 △

11 △

12 ▽

10 *Die Geburt Mariä, Gemälde des Meisters des Marienlebens, Kölner Schule, 2. Hälfte 15. Jh. – Spätmittelalterliche Schlaf-Wohnstube: Doppelbett mit hochgezogenem hölzernen Kopfteil, Vorhänge beutelartig hochgerafft; vor dem Bett Wäsche- bzw. Sitztruhe; bis zur halben Höhe textiler Wandbehang, Fußboden gefliest.*
München, Alte Pinakothek
11 *Fenstersitze im Runtingerhaus, Regensburg.*
12 *Repräsentativer Festsaal (200 qm) im Patrizierhaus der Runtinger, Regensburg, um 1400: wuchtige Balkendecke, von Pfeiler gestützt, plastische Deckenkonsole, Reste von Wandmalereien.*
13 *Fenstersitze und andere spätgotische Bauelemente in der Stube eines Bürgerhauses, Goslar (heute Stadtarchiv).*
14 *Überbauter Kellerhals mit Kanzel in der Erdgeschoßhalle des Fembohauses, datiert 1591.*
Nürnberg, Stadtmuseum (Fembohaus)
15 *Spätgotische Wendeltreppe aus Stein, Rothenburg o. T.*

13

14 △

15 ▽

16

17 △ 19 ▽ 18 △ 20 ▽

16 *Spätmittelalterlicher Stubeneinbau im zweiten Obergeschoß einer stattlichen Hausburg in Regensburg, die von 1381 bis 1530 im Besitz des Patriziergeschlechts der Gravenreuther war (Haus »Hinter der Grieb«, heute »Haus der Begegnung«).*

17 *Verkündigung Mariä vom Meister des Schöppinger Altars, Außenseite des linken Hochaltarflügels, Westfalen, nach 1450. – Vertäfelte Wohnstube mit Sitzbank vor dem Kamin; neben diesem kredenzartiges Möbel mit Waschgelegenheit; die Fenster sind oben vergittert und durch Holzläden verschließbar; am Fußboden Fliesenmuster.*
Schöppingen, Stadtkirche

18 *Holzdecke mit spätmittelalterlichen Zierelementen in einem gotischen Bürgerhaus zu Konstanz.*

19 *Fachwerkwand mit spätgotischem Türstock in einem Nürnberger Bürgerhaus (Untere Krämersgasse, 1980 freigelegt).*

20 *Gotische Säule in einem Bürgerhaus am Grünen Markt zu Rothenburg o. T.*

21 Holzdecke im Festsaal des Patrizierhauses »Zum Delphin«, Konstanz, spätes 15. Jh.
22 *Spätmittelalterliche Holzwände mit Pforte (Stubeneinbau), erstes Obergeschoß des Keplerhauses, Regensburg.*
23 *Holzvertäfelter Raum mit gewölbter gotischer Decke.*
Ravensburg, Heimatmuseum Vogthaus
24 *Spätgotische Holzdecke eines Bürgerhauses, Hauptstraße in Lindau.*
25 *Schrank, Niedersachsen, 16. Jh. – Mittelalterlicher Typus mit zweigeteilter Tür, spätgotisches Faltwerk, H 180 cm, B 112 cm, T 55 cm.*
Hannover, Historisches Museum am Hohen Ufer
26 *Hohe norddeutsche Erdgeschoßhalle mit offenem Gebälk; auf der Galerie ausgebaute Kammern.*
Goslar, Annenhaus

22

23 △ 25 ▽

24 △ 26 ▽

28 △ 29 ▽

Stelle. Die Halle war gewerblich genützt. Links vorne kleine Fachwerkstube, die vermutlich als Kontor diente.

27 *Küche im ersten Obergeschoß des Dürerhauses Nürnberg. – Hoher aufgemauerter Herd mit hölzernem Schlotmantel, der von innen besteigbar war; verschiedene Geräte für das Kochen am offenen Feuer; links ein Verschlag, der das »heimliche Gemach« verbarg.*

28 *Erdgeschoßhalle im Dürerhaus, typisch für die Nürnberger Bürgerhausarchitektur. – Wuchtiger Holzpfeiler, schwerer Unterzugsbalken, Treppe an der ursprünglichen Stelle. Die Halle war gewerblich genützt. Links vorne kleine Fachwerkstube, die vermutlich als Kontor diente.*

29 *Albrecht-Dürer-Haus in der Altstadt Nürnbergs, vom Meister 1509 bis 1528 bewohnt. – Fachwerk über steinernem Unterbau; links vom Portal der Kellerzugang.*

30 *Vornehmer Renaissance-Raum, Bett mit säulengetragenem Himmel und starker geometrischer Gliederung. Lindau, Städtische Kunstsammlungen*

30

31 *An den Innenhöfen italienischer Palazzi orientierten sich die Arkadenhöfe der Renaissance-Bürgerhäuser. – Lerchenfelder-Hof in der Unteren Bachgasse, Regensburg: aus zwei gotischen Anwesen zusammengewachsen und 1551 zur Vierflügelanlage umgestaltet; Galerie mit Ziegelornament.*
32 *Mehrstöckiger Arkadenhof eines typischen Inntalhauses, Wasserburg a. I.*
33 *Prächtige Renaissance-Galerie im Innenhof eines Bürgerhauses, Krems a. d. D.*
34 *Durchgang mit Lichtschacht in einem tiefen Patrizierhaus, Heidelberg.*
35 *Aufgang vom Hof zu den Wohnräumen, 16. Jh., Krems a. d. D.*
36 *Reich verzierter Eckerker, 16. Jh., Krems a. d. D.*
37 *Hofanbau mit Architekturteilen der Renaissance in der Pfladergasse, Augsburg.*

31 △ 33 ▽

32 △ 34 ▽

35

36 △

37 ▽

39 △

41 △

40 ▽

42 ▽

38 *Keplerhaus (heute Museum), Regensburg. Hier wohnte (und starb 1628) der Astronom Johannes Kepler als Gast des Eisenhändlers Billi. – Gotischer Bau, im 16. Jh. umgestaltet. Hinter dem Tor unter dem Erker führte eine Gasse zu den rückwärtigen Stallungen; sie diente auch als Feuergasse und zur Ableitung des Wassers.*

39 *Das Treppenhaus im Keplerhaus, Regensburg, erhielt – wie in der Stadt üblich – sein Licht von einem hochsitzenden Fenster im dritten Obergeschoß.*

40 *Keplerhaus, Regensburg, Eingang zum Festsaal im zweiten Obergeschoß; Renaissance-Tür von 1626.*

41 *Keplerhaus, Regensburg, Erdgeschoßhalle mit rückwärtigem Aufgang zu den Wohnräumen. Rechts wurde im 16. Jh. ein von Fachwerkwänden umschlossenes Kontor eingebaut.*

42 *Keplerhaus, Regensburg, Wohnraum im zweiten Obergeschoß: verputzte Fachwerkwände, Einrichtung aus der 1. Hälfte 17. Jh.*

43 *Hieronymus im Gehäuse, Gemälde von Lukas Cranach, 1525. – Typische Gelehrtenstube des 16. Jh.: quadratischer Tisch mit Lesepult, Schragenbänke mit Kissen, Truhe, Wandborde, Nische für Wassergießer, rechts vorne ein Bett. Darmstadt, Hessisches Landesmuseum*

43 ▷

44 △

45 ▽

44–46 *Die soziale Wohnsiedlung der Fuggerei in Augsburg geht auf die Privatinitiative des Kaufherrn Jakob Fugger zurück; sie wurde 1516–1521 errichtet. – Abb. 44: Straßenzug in der Fuggerei. – Abb. 45: Eingang zu einer Kleinwohnung der Fuggerei. – Abb. 46: Küche in der Fuggerei. Aufgemauerter Herd mit offener Feuerstelle; Einrichtungsgegenstände nicht original. Augsburg, Fuggerei-Museum (Haus Nr. 13)*

47 *Halle mit tiefem Brunnen in Meersburg am Bodensee; Schöpfanlage mit Seilzug.*

◁ 46 47 △

49 △ 50 ▽

48 Renaissance-Schlüssel für Türen bzw. schwere Möbel. – Schmiedeeisen, Halm mit angesetztem Bart, Gesenk durch Messingzierring unterbrochen. München, Sammlung Heinrich Pankofer

49 Annengang, Lübeck, Hinterhofsiedlung mit Kleinwohnungen für arme Leute, gegründet 1510 von J. Bruskow.

50 Zwischen den verputzten Fassaden der Bürgerhäuser in der Wahmstraße, Lübeck, die schmale Eingangspforte (Backstein) zu den rückwärts gelegenen »Gängen«.

51 Bürgerstube, Lüneburg, ausgehendes 16. Jh.; aus verschiedenen Ausstattungsstücken der Zeit zusammengefügt. Lüneburg, Museum

52 Niederdeutsche Diele in einem Kaufherrenhaus mit eingebautem Kontorraum und Galerie; davor Warenaufzug zu den Lagerräumen in den Giebelgeschossen. Hamburg, Historisches Museum

◁ 51

52 ▽

53–55 *Hirsvogelsaal, Nürnberg (aus dem im Zweiten Weltkrieg zerstörten Anwesen Hirschelgasse 21); 1534 von dem Patrizier Leonhard Hirsvogel in Auftrag gegeben, Meisterwerk der Frührenaissance von Peter Flötner. – Säulen und Wandpfeiler sind mit feingeschnitzten antiken Motiven, Handwerksgerät, Musikinstrumenten, Fruchtgirlanden usw. versehen; plastische Wappenschnitzerei auf mit Arabesken bemalter Wand. – Nürnberg, Stadtmuseum (Fembohaus, Rückgebäude)*

56 *Charakteristische Wandvertäfelung im Festsaal eines oberschichtlichen Bürgerhauses (zweites Obergeschoß), Nürnberg 1591/92; reich gegliedert und ornamentiert, geflammte ungarische Esche, H 370 cm. – Zwischen Vertäfelung und Decke Gemälde: die sieben Werke der Barmherzigkeit vom Nürnberger Maler Franz Hein; Kachelofen mit Darstellungen der Planetengottheiten nach Vorlagen Peter Flötners (nach 1620). – Nürnberg, Germanisches Nationalmuseum*

53 △

54 △

55 ▽

56

57 △ 59 ▽

58 △ 60 ▽

57 Detail aus Abb. 30: Waschbecken mit Wasserbehälter aus Zinn, Spätrenaissance.
Lindau, Städtische Kunstsammlungen
58 *Bürgerstube mit schlichtem Renaissance-Getäfel, vermutlich 1586 entstanden. – Alte Balkendecke, später kaschiert; dreiteilige Fenster mit Butzenscheiben, die durch Wappenscheiben aus dem 16./17. Jh. dekoriert sind.*
Schaffhausen, Museum zu Allerheiligen
59 *Klappstuhl, wie er um und nach 1500 in Benützung war.*
Regensburg, Städtisches Museum

60 *Tafelrunde des Jobst Tetzel, Malerei aus dem Tetzelschen Gästebuch, 16. Jh. – Patrizier an festlich gedeckter Tafel. Renaissance-Stube mit Holzvertäfelung, die zwei Drittel der Wand einnimmt; auf dem Gesims Schaugeschirr; umlaufende Wandbank und Hocker als Sitzgelegenheit; kleine Butzenscheiben-Fenster und gefliester Fußboden.*
Nürnberg, Germanisches Nationalmuseum

61 *Sogenannter Familiensaal, Nürnberg, um 1600; aus dem zweiten Obergeschoß des Pellerhauses am Egidienberg (im Zweiten Weltkrieg zerstört). – Festsaal der Renaissance mit reicher, harmonisch gestalteter Vertäfelung (Eiche, deutsche und ungarische Esche); eingebaute Nischen und Flachschrank; darüber Porträts Nürnberger Patrizier.*
Nürnberg, Stadtmuseum (Fembohaus)

61

62

63 △

64 △

65 ▽

62 *Festsaal (vgl. auch Abb. 56), aufwendig ausgestattete Portalanlagen, durch freistehende Säulen, Giebelfelder, Nischen und Figuren reich gegliedert. Gemälde zwischen Vertäfelung und Decke: Das Opfer Abrahams von Franz Hein, um 1600.*
Nürnberg, Germanisches Nationalmuseum

63 *Detail aus der Wandvertäfelung von Abb. 56 und 62: plastisches Porträtmedaillon.*

64 *Prachtvolle Kassettendecke aus verschiedenen Holzarten, plastische geometrische Gestaltung (vgl. auch Abb. 56, 62).*

65 *Spätrenaissance-Raum aus einem Nürnberger Patrizierhaus mit schwerer Kassettendecke und Vertäfelung. – Der schwarzglasierte Kachelofen (1620/30) von der Ofenfirma Leupold, Nürnberg: gemodelte Kacheln mit Herkulesmotiven und plastischen Herrschergestalten.*
Nürnberg, Germanisches Nationalmuseum

66 *Überreich dekorierte Wandvertäfelung mit Tür aus dem Familiensaal des Pellerhauses (Abb. 61), 1. Hälfte 17. Jh., Detail an der Südwand. Nürnberg, Stadtmuseum (Fembohaus)*

67 *Renaissance-Stube mit reichem Getäfel und Kassettendecke; Schragentisch mit verschiedenen Stuhltypen der Zeit; vorne Scherenstuhl, um 1500. Zürich, Schweizerisches Landesmuseum*

68 *Geschnitztes Leuchterweibchen, 16. Jh., Halbfigur über einem Geweih mit Wappen im Rathaus von Sterzing/Südtirol.*

69 *Prunkvoller Kachelofen, datiert 1566, aus dem Eckzimmer der Rosenburg in Stans. Zürich, Schweizerisches Landesmuseum*

70 *Detail der Vertäfelung von Abb. 67; Waschnische mit Zinngarnitur, daneben Handtuch. Zürich, Schweizerisches Landesmuseum*

67

68 △

69 ▽

71–73 *Fredenhagensches Zimmer im »Haus der Kaufmannschaft«, Lübeck, 1573–1585 von Hans Dreger für den Großkaufmann Klaus von Berken gearbeitet: schwerer Prunk in der Wandgestaltung, architektonische Gliederung durch korinthische Halbsäulen, vortretende Aufsätze, reiches plastisches Schnitzwerk, Arkaden; Alabasterreliefs; im oberen Teil Gemälde (Leben Jesu) in Goldrahmen.*

74–77 Fensterpfeiler und -säulen, wie sie vom 15. Jh. an vor allem in den rheinischen Städten und um den Bodensee charakteristisch wurden: sie fingen bei Veränderung der Fassade die Mauerlast im Innern ab. – Fensterpfeiler mit spätgotischen (Abb. 74), von der Renaissance (Abb. 75, 76) und vom Barock (Abb. 77) geprägten Schmuckelementen in Bürgerhäusern von Konstanz und Lindau. – Abb. 77: Fenstersäule in der sogenannten Zunftstube (heute Städtische Kunstsammlungen, Lindau).

76 △

77 ▽

78 △

79 ▽

78 *Festlicher Raum in einem vornehmen Patrizierhaus Hamburgs, Übergangsstil von der Renaissance zum Barock. – Wandgemälde mit lebensgroßen figürlichen und architektonischen Darstellungen (antike Ruinen); hoher, schmaler Schrank mit Flachschnitzerei, vermutlich 17. Jh., barocke Fenstersäulen; ältere Balkendecke mit beschnitzten, farbig gefaßten Brettern verkleidet (vgl. auch Abb. 80).*
Hamburg, Museum für Hamburgische Geschichte

79 *Sittichsaal in Schaffhausen, repräsentativer Empfangs- und Festsaal in einem Herrenhaus, 1653–1655 im Spätrenaissance-Stil eingerichtet; Getäfel aus furnierten Edelhölzern und Kassettendecke vom Kunstschreiner Hans K. Mägis gefertigt; blau-weißer Turmofen von Hans H. Pfau aus Winterthur.*
Schaffhausen, Museum zu Allerheiligen

80

80 *Wandfresko mit Darstellung einer großbürgerlichen Dame, Stühle vermutlich 17. Jh. (vgl. auch Abb. 78).*

81 *Sogenannte Strucksche Diele aus einem Haus in der Glockengießergasse in Lübeck, das einem reichen Rotbrauer gehörte; späte Entwicklungsstufe (nach 1700 umgebaut). Die hohe, weite Diele war das Zentrum des Niedersachsenhauses. Vom 15. Jh. ab wurde eine heizbare »Dornse« abgetrennt, später über der Galerie noch weiterer Wohnraum geschaffen. Die alte Balkendecke mit ihrem schweren Unterzug wurde von Pfeilern oder Säulen gestützt, die seitlich standen, damit der Warenverkehr nicht behindert wurde. In barocker Zeit hat man sie mit farbigen Brettern verschalt, die hier mit wuchtigen Akanthusranken versehen sind; Treppenpfosten, Baluster des Geländers und der Galerie mit Schnitzwerk; am Säulensockel allegorisches Figurenprogramm (Vier Jahreszeiten); Arbeitsgerät (links eine Waage), Tische, Sitzmöbel, Truhen und Schränke wurden an den Wänden entlang aufgestellt. – Lübeck, St. Annen-Museum*

81

82 *Vorplatz, zweiter Stock im Haus des Nürnberger Bürgers Johann Wilhelm Behaim: über einer schlichten Holzvertäfelung der Spätrenaissance eine prächtige Stuckdecke, ab 1674 von Carlo Brentano geschaffen.*
Nürnberg, Stadtmuseum (Fembohaus)
83 *Leichter Stuck von J. U. Schnetzler, 1733.*
Schaffhausen, Museum zu Allerheiligen

83 △ 84 ▽

85 ▷

84 *Decke aus einem Bürgerhaus der Katharinenstraße: hochbarocker Akanthusstuck umfaßt ein Deckenfresko. Hamburg, Museum für Hamburgische Geschichte*
85 *Barock stuckierte Decke über einer doppelflügeligen Renaissance-Tür. Lindau, Schneeberggasse (Haus Stettner)*

86 △

87 ▽

88

86 *Versilberte Kranenkanne für Kaffee, Form um 1725. Remscheid, Heimatmuseum*
87 *Spätbarocker Vogelkäfig, Bretterkasten mit vergitterter und beschnitzter Vorderseite; der wertvollen Ausstattung entsprechend für kostbare Vögel. – Basel, Kirschgartenmuseum*
88 *Bergische Wohnstube mit Mobiliar, um 1770. Vitrinenschrank mit verglastem Oberteil und fein geschnitztem Kopfteil (Tapete und Gardinen nachempfunden). Remscheid, Heimatmuseum*

89 *Große Wohnstube, 1. Hälfte 18. Jh., Zürich. – Weiß gestrichene Felderdecke; Nußbaumvertäfelung in der Art der 1. Hälfte 18. Jh. (1974/75 rekonstruiert); Turmofen mit figürlich bemalten Kacheln (um 1770); runder Tisch mit Schiefereinsatz, Polsterstühle mit gedrechselten Beinen (grüne Velours-Bezüge nach erhaltenen Vorbildern erneuert). Zürich, Wohnmuseum Bärengasse*

89

90 △

91 ▽

90 *Fensterkorb, Rothenburg o.T. 1772. Derartige Schmiedeeisenarbeiten schmücken und schützen zahlreiche Bürgerhäuser in den Städten Süddeutschlands und Österreichs.*
91 *Barocke Hausmadonna an einem Heidelberger Haus, Ecke Hauptstraße und Kettengasse.*

92 *Barocker Treppenaufgang in einer Gaststätte in Großholzleute bei Isny; er führt in die Privaträume des Wirtes.*
93 *Aufgang aus dem Parterre-Flur, Treppe mit verzierten Holzteilen, 1779.*
Remscheid, Heimatmuseum

92

93 △ 94 ▽

94 *Plastisch geschnitzte Ornamentaufsätze eines reich gearbeiteten Treppengeländers in der Karolinenstraße zu Bamberg, aus der Zeit der Umgestaltung des Treppenhauses, 1770/72.*

95 *Treppenhaus in einem als Posthalterei 1702 errichteten Haus in Bamberg (Baumeister Küchel); Geländer aus Eichenholz über drei Stockwerke mit spätbarocker Durchbruchsschnitzerei; auf den Zwischenpfeilern plastisch geschnitzte Urnen.*

96 *Vorzimmer im Drägerhaus zu Lübeck, Flügelbau. – Eiserner Ofenkasten (17. Jh.), Füße und Aufsatz in Fayence (Stockelsdorffer Manufaktur, sign. 1763); verziert mit plastischen Figuren, Gehängen und Musikinstrumenten. Stuhl und Porträts Lübecker Patrizier, Mitte 18. Jh.*
Lübeck, St. Annen-Museum
97 *Näh- oder Toilettenkästchen, barocke Form, 2. Hälfte 18. Jh.*
Zürich, Wohnmuseum Bärengasse
98 *Familienszene, Gemälde von Daniel Chodowiecki, 2. Hälfte 18. Jh. – Barock geschwungener Kachelofen, Himmelbett, davor Stuhl (18. Jh.), rechts Kabinettschrank und große Flügeltür.*
Berlin, Staatliche Museen Preußischer Kulturbesitz
99 *Schlafzimmer, um 1740, Wien. – Bett mit verschiedenen Hölzern intarsiert, Kopfteil geschnitzt mit eingearbeiteter älterer Kreuzdarstellung. Grünglasierter Kachelofen aus der Zeit, Nachtkästchen (19. Jh.).*
Privatbesitz (bewohnt)
100 *Toilettentischchen im Schlafzimmer des holsteinischen Gutshofes Kortum (1801/02) aus Schipphasterfeld, spätbarocke Formgebung.*
Molfsee b. Kiel, Schleswig-Holsteinisches Freilichtmuseum

96

97 △

98 △

99 ▽

100 ▽

101 *Zimmer im Schlößchen Thierberg/Hohenloher Land, Schauplatz des Romans »Die Heilige und ihr Narr« von A. Günther; spätbarocke Einrichtung.*
102 *Blauer Salon im ersten Stock des Roten Hauses, Monschau. Das Haus bezeugt den bürgerlichen Wohlstand der Stadt im 18. Jh. Der Tuchfabrikant und Kaufmann Johann Heinrich Scheibler ließ es um 1760 errichten. – Rokoko-Sitzgruppe, Lütticher Louis-seize-Vitrine; Familienporträts in Goldrahmen. Monschau, Scheibler-Museum*
103 *Spätbarocker Schreibsekretär im Kabinett des Roten Hauses zu Monschau; gemalte Bildtapete: Muschel, von Blumenvase bekrönt. Monschau, Scheibler-Museum*
104 *Kabinett im ersten Obergeschoß des Roten Hauses zu Monschau, geschlossener Eindruck einer Ausstattung um 1780; elegante Sitzgruppe vor einem geschnitzten Sockelpaneel; darüber Leinentapete mit gemalten Landschafts- und Jagdszenen sowie Blumengirlanden. Monschau, Scheibler-Museum*

101

102 △

103 ▽

104 ▽

105 *Aufwendig verzierter barocker Ständer für Waschgelegenheit; Zinnschüssel mit darüberhängender Wasserblase aus Zinn. – München, Stadtmuseum*

106 *Das Treppenhaus im Roten Haus zu Monschau hält noch an der Grundform der alten Spindeltreppe fest. – Prachtvolles Schnitzwerk am Geländer, um 1765, Rocaillen und Bildkartuschen; Stuckdecken mit Kristallüster; rechts an der Wand Familienbilder und gemalte Supraporte. Monschau, Scheibler-Museum*

107 *Herrenzimmer im Roten Haus zu Monschau. – Schreibtisch und Sesselgarnitur nachempfundenes Rokoko (nach 1900); kostbar ist die auf eine Leinwandtapete aufgemalte Bildergalerie: 73 Kopien berühmter Meister des 17. Jh. mit gemalten Rahmen und Aufhängern, 2. Hälfte 18. Jh. Monschau, Scheibler-Museum*

108 *Silberleuchter, 18. Jh., hergestellt von J. H. Smith, Vilborg/Dänemark. Privatbesitz*

◁ 107 108 △

109 △ 110 ▽ 111 △ 112 ▽

109 *Küche, Zürich, 18. Jh., Detail: Schüttstein mit seitlich angeschlossenem Geschirrtropfbrett; Butzenscheiben-Fenster aus der Zeit.*
Zürich, Wohnmuseum Bärengasse
110 *Kohleofen, vermutlich 18. Jh., mit Anstellflächen zum Aufheizen der Bügeleisen in der Wäschekammer.*
Zürich, Wohnmuseum Bärengasse
111 *Wäsche- und Glättkammer: Bügeltisch und großes Gestell zum Aufhängen der Wäsche, vermutlich 18. Jh.*
Zürich, Wohnmuseum Bärengasse
112 *Kücheninterieur mit Biertrinkerin, Gemälde von Peter Jakob Horemans, München 1765. – Aufgemauerter Herd mit Pfanne über dem offenen Feuer, allerlei Gerät; rechts Hackstock, dahinter Aufsatzkasten für Geschirr.*
München, Alte Pinakothek
113 *Detail vom Sparherd (sogenannte Kunst), um 1800; Geschirrschrank mit holzvergitterter Tür; Mörser, Gewürzmühle, Geschirr- und Vorratsbehälter; auf dem Boden Hühnerkäfig, auf dem Kaminsims Beleuchtungsgerät.*
Zürich, Wohnmuseum Bärengasse

113 ▷

114 *Die Küche, Gemälde von Wolfgang Heimbach, 2. Hälfte 17. Jh. – Magd auf niederem Stuhl an der offenen Feuerstelle; Hausherr gibt Anweisungen; spärliche Möbel entlang der Wände, Regale für Schau- und Gebrauchsgeschirr. – Nürnberg, Germanisches Nationalmuseum*

115 *Küche im Haus zum Kirschgarten, Basel. Das Haus wurde von Rudolf Burckhardt ab 1755 errichtet, die Küche aus dem 1935 abgebrochenen Segerhof übertragen: vom Herd ist nur der mittlere Teil mit dem kupfernen Aufsatz aus dem 18. Jh. – Reiche Ausstattung mit altem Küchengerät, vor allem aus Kupfer; rechts Schüttstein.*
Basel, Kirschgartenmuseum

116 *Friedbergzimmer, Schaffhausen, um 1774. Rokoko-Raum, für das Landhaus »Zum Friedberg« geschaffen; Getäfelmalerei mit bunten, heiteren Phantasielandschaften, von gemalten Imitationen der Gesimse und gewundenen Säulen eingefaßt (vgl. auch Abb. 117, 118). Schaffhausen, Museum zu Allerheiligen*

114 △

115 ▽

116

117 △

118 ▽

119 △

120 ▽

121 ▷

117 *Barockes Himmelbett, blauer Kachelofen mit Kuppel, durchgehender Nische und Vasenbekrönung; Wärmegeräte. Schaffhausen, Museum zu Allerheiligen*

118 *Getäfelmalerei aus dem Friedbergzimmer in Schaffhausen (vgl. auch Abb. 116, 117).*

119 *Holzverkleidung mit aufgemalten romantischen Landschaften in Rokoko-Kartuschen (ähnlich Abb. 116–118); bemalte Holzdecke, durch profilierte Leisten unterteilt und zum Mittelfeld hin angeordnet.*
Stein a. Rh., Privathaus in der Hauptstraße

120 *Am Klavier, Gemälde eines unbekannten Schweizer Malers, Mitte 18. Jh. – Supraporte in einem Luzerner Haus. Musiziersalon mit spätbarocker Einrichtung; die holzverkleideten, hellgetönten Wände mit zierlichen Blütenranken bemalt. Parkettboden aus verschiedenen Hölzern.*
Luzern, Privatbesitz

121 *Schlafgemach im Heydenreichschen Hof, 1757. – Das Rokoko-Himmelbett und der blau auf Grau gemalte Rocaille-Dekor des Paneels zeigen, daß der Zeitgeist auch die alten wohlhabenden Höfe der Marschenbauern für die bürgerliche Mode vereinnahmte.*
Molfsee, Schleswig-Holsteinisches Freilichtmuseum

122

122 *Rokoko-Saal, entworfen für den Kaufmann Wohlert Conrad Kohpeis, um 1756, Entwurf wohl von Stadtbaumeister J. A. Soherr. – Mobiliar Lübecker Rokoko; Stockelsdorfer Teetisch; Kronleuchter von 1755; Ofen aus Fayence; Wandbekleidung Stuck und Stucco lustro (farbig).*
Lübeck, Drägerhaus
123 *Historismus-Salon, um 1870/80, ausgestattet im Stil Ludwigs XV.; Stuck von heimischen Meistern; Mobiliar: weißer Schleiflack mit Vergoldungen, rote Seidenbespannung der Polster; alle Einrichtungsstücke 19. Jh.*
Oldenburg, Stadtmuseum
124 *Detail aus dem Raum der Abb. 123: venezianischer Lüster, farbiges Muranoglas, 19. Jh.*

◁ 123 124 △

125 △

126 ▽

128 △ 129 ▽

125 *Haus Monheim am Hühnermarkt zu Aachen, 1786 von Jakob Couven unter Beibehaltung älterer Bausubstanz umgestaltet und eingerichtet. Die strenge Architektur mit den hohen, symmetrisch eingesetzten Fenstern weist Züge eines frühen Klassizismus auf, während im Innern des Hauses die bürgerliche Variante des Barock glanzvollen Ausdruck findet. – Aachen, Couven-Museum*
126 *Raum mit Fliesendekor aus einem Lütticher Haus, 18. Jh. Ein Teil der kostbaren Fliesensammlung des Museums ist hier zu einer eleganten Treppenhausvertäfelung gestaltet: Bilderzyklus mit Schäferszenen (Jahreszeiten), Farbgebung Manganblau; Möbel aus der Zeit. – Aachen, Couven-Museum*
127 *Sogenanntes Gaginizimmer im Louis-seize-Stil, von P. N. Gagini 1778 für ein Landhaus bei Aachen geschaffen; prachtvoll stuckierter Kamin, Kaminschirm mit chinesischer Seidenstickerei; dahinter ein mit Intarsien verzierter Sekretär. – Aachen, Couven-Museum*
128 *Alt-Aachener Küche im Haus Monheim: gekachelter Rauchfang, gußeiserner Herd mit zwei seitlichen Backröhren (frühes 19. Jh.); Schür- und Kochgeräte.*
Aachen, Couven-Museum
129 *Detail aus der Küche von Abb. 128: Wasserpumpe neben dem Herd, Steinbecken.*

130 *Kohleofen in gekachelter Nische. Aachen, Couven-Museum*
131 *Treppe mit barockem Balustergeländer aus einem abgebrochenen Aachener Bürgerhaus; Fliesendekoration aus einem Lütticher Haus (vgl. auch Abb. 126).*
Aachen, Couven-Museum
132 *Rosenboudoir im »Kirschgarten«, Basel 1780. Eleganter und intimer Raum mit ursprünglicher Ausstattung; zarte Blumengirlanden, gemalt von Matthias Klotz, Straßburg; Tischchen und Fauteuils im Louis-seize-Stil.*
Basel, Kirschgartenmuseum
133 *Polsterstuhl im Louis-seize-Stil. Monschau, Scheibler-Museum*

131

◁ 132 133 △

134 *Türgriff und -blatt in der Formgebung des ausgehenden 18. Jh.*
Basel, Kirschgartenmuseum
135 *Visitenstube aus dem abgebrochenen Segerhof mit Aubusson-Tapisserien und dazu passenden Stuhlbezügen, um 1790.*
Basel, Kirschgartenmuseum
136 *Diele und Aufgang im Drägerhaus zu Lübeck, Königstraße 9; Treppenpfosten vor 1800.*
137 *Kleiner Binnenhof, auf den sich die Fenster des Vorder- und Hinterhauses öffnen. Hintergrund des Brunnens: Marmorinkrustationen des 18. Jh.; eiserne Reliefvasen zu beiden Seiten; Gartenfigur, Allegorie des Herbstes (Kind mit Früchtekorb).*
Aachen, Couven-Museum
138 *Landschaftszimmer im Flügelbau des Drägerhauses zu Lübeck, um 1760; Wandbespannung z.T. bemalt nach Francesco Zuccarelli; Mobiliar 2. Hälfte 18. Jh.*
139 *Detail aus Abb. 137: bronzener Delphin als Wasserspeier.*

135

136 △

137 △

138 ▽

139 ▽

140 *Kommode und Stühle im Zopfstil, Ende 18. Jh.*
Münnerstadt, Museum
141 *Betten aus einer Schlafzimmereinrichtung Münchener Bürger, beschnitzt und graugrün gefaßt (um 1790).*
München, Stadtmuseum
142 *Wohnzimmer aus dem Bergischen Land, um 1780; niederbergische Eichenholzmöbel; Tapete und Bezugsstoff aufeinander abgestimmt, wie in der Zeit üblich.*
Düsseldorf, Stadtmuseum
143 *Salon in einem klassizistischen Bürgerhaus der Oberen Sandstraße in Bamberg. Flügeltür und Mobiliar in eleganter Ausführung, um 1800.*
144 *Eßzimmer aus dem Segerhof (vgl. auch Abb. 115, 135, 192) in Basel, Ausstattung Ende 18. Jh. – Schlichte Eichenholzvertäfelung, Auszugstisch mit feinen Louis-seize-Schnitzereien.*
Basel, Kirschgartenmuseum

140 △

142 △

141 ▽

143 ▽

144 ▷

145

146 △

145 *Speisezimmer im Erdgeschoß des Roten Hauses zu Monschau, Ende 18. Jh. – Mobiliar im Louis-seize-Stil, Papiertapete in Schablonenmalerei; typisch rheinische Glasschränke mit zierlichem Sprossenwerk und geschmeidiger Linienführung von Gesims und Stützen. Monschau, Scheibler-Museum*
146 *Musiziersalon im Goesmannschen Haus zu Plauen. Raumgestaltung (Decke, Nische) klassizistisch, Mobiliar (Schreibsekretär) Biedermeier. Plauen, Vogtländisches Kreismuseum*
147 *Festsaal im Goesmannschen Haus, Plauen. Harmonisch gestalteter Raum, Decke und Paneele reich verziert mit zarten Blumengirlanden, Putten und anderen antikisierenden Motiven. Plauen, Vogtländisches Kreismuseum*

147 ▽

148 *Detail der »pompejanischen« Malerei von Carl Julius Milde im Zimmer des Nolbingschen Hauses, Lübeck 1836/37.*
Hamburg, Museum für Kunst und Gewerbe
149 *Balkonzimmer aus dem Abendrothschen Haus. Hamburger Empire, Entwurf und Mobiliar von Alexis de Chateauneuf, Wandmalerei von Erwin Speckter, um 1830/35.*
Hamburg, Museum für Kunst und Gewerbe
150 *Das Speckter-Kabinett aus dem Sievekingschen Landhaus in Hamburg-Hamm; Paneel-Malerei (»Tageszeiten«) von Erwin Speckter, 1830.*
Hamburg, Museum für Kunst und Gewerbe
151 *Abendgesellschaft in einem Haus am Dönhoffplatz in Berlin um 1826, Gemälde von Julius Schoppe.*
Berlin, Märkisches Museum
152 *Hartwigsches Gartenzimmer, Tapete (1735) aus einem Sommerhaus vor den Toren der Stadt. Mobiliar im englischen Geschmack, um 1780/90. – Lübeck, St. Annen-Museum*

149

150 △

151 △

152 ▽

153 *Lessinghaus am Schloßplatz zu Wolfenbüttel, in dem der Dichter von 1777 bis 1781 lebte. Eingeschossiger, dreiflügeliger Barockbau, 1777 renoviert.*
Wolfenbüttel, Lessinghaus
154 *Gartenzimmer, um 1780, in dem Lessing seine Gäste empfing und bewirtete; heitere Atmosphäre des hellen Raumes, Stuck original, Mobiliar nachempfunden.*
Wolfenbüttel, Lessinghaus
155 *Voght-Jenisch-Zimmer im ersten Obergeschoß des Jenischhauses in Hamburg-Altona. Einrichtung aus dem Besitz der Familie Jenisch 1820–1835, später Klassizismus. Prächtiger Fußboden mit großer intarsierter Rosette. Porträt über dem Sofa: Caspar Voght (Vorbesitzer des Grundstücks).*
Hamburg-Altona, Jenischhaus (Museum)

153 △

154 ▽

156 △ 157 ▽

158

156 *Außenansicht des Jenischhauses im Parkgelände, 1828–1834 für den Hamburger Senator Martin Johann Jenisch errichtet. Klassizistisch-klare Architektur von F. G. Forsmann. Mitteltrakt durch Pfeilervorbau und Balkon hervorgehoben, prächtige Eisengitter an den Balkonen und als Gesimsabschluß.*
Hamburg-Altona, Jenischhaus (Museum)
157 *Eingangshalle des Jenischhauses (vgl. Abb. 156) mit Treppenhaus; Plastik von Berthel Thorvaldsen, um 1830.*
158 *Unterer Elbsalon im Jenischhaus, französisches Empire, Sitzmöbel mit rotem Damast bezogen, Arbeiten des Pariser Ateliers Percier und Fontaine, um 1800 (aus dem Haus des Altonaer Konferenzrates G. F. Baur); Marmorplastiken um 1830/40.*
Hamburg-Altona, Jenischhaus (Museum)

159 *Weißer Saal im Jenischhaus (vgl. Abb. 156), Stuck und Parkettboden aus der Erbauungszeit; Möbel 1775–1790 aus Altona und Schleswig-Holstein, großer Ausziehtisch von 1825 mit Tafelaufsatz von 1811; Kronleuchter nach einem Entwurf von K. F. Schinkel.*
160 *Klassizistische Flügeltür mit geschnitzten Gesimsen, Säulen und Rosetten.*
Hamburg, Museum für Hamburgische Geschichte

◁ 159 160 △

161 *Gartenzimmer im Erdgeschoß des Flügelbaues, um 1800. – Einer der schönsten von dem in Lübeck wirkenden Dänen J. Ch. Lillie im Geschmack der Zeit gestalteten Räume. Gliederung durch Rundbogenöffnungen auf der Gartenseite, der anderen Wände durch scheinbare (aufgemalte) Rundbogenfenster mit Brüstungen und Blumen. Sparsames Mobiliar, an den Wänden aufgereiht; Kronleuchter, um 1800.*
Lübeck, Behnhaus
162 *Diele mit Treppenaufgang im ersten Stock des Behnhauses, hallenartiger Raum, von dem aus die Zimmer der Beletage zu erreichen sind.*
Lübeck, Behnhaus
163 *Schreibtisch von David Roentgen, Neuwied, um 1785/90. – Klassizistisch-strenges Möbel in Eichen- und Birkenholz; Aufsatz mit erhöhtem Mitteltrakt, Säulchen, durchbrochenen Galerien.*
Karlsruhe, Badisches Landesmuseum
164 *Polstersessel, weitverbreitete Form (vgl. auch Abb. 161, 177).*
München, Stadtmuseum
165 *Tischgruppe mit Etagère, um 1800, vermutlich Österreich.*
Privatbesitz

161

162 △ 164 ▽ 163 △ 165 ▽

167 △

168 ▽

169

166 *Visite-Zimmer, nach 1800: Tisch mit Sofa und Sessel sowie Spiegel, Schmuckvokabular der Empire-Zeit.*
Remscheid, Heimatmuseum
167 *Sogenanntes Empire-Zimmer mit Mahagonimöbeln des frühen 19. Jh.; Eckschränkchen ältere Form, Schreibschrank mit kubischen Formen und vergoldeten Bronzeappliken, eingebautes Orgelspielwerk; Stuhl biedermeierlich.*
Aachen, Couven-Museum
168 *Elegantes Toilettenkästchen mit Spiegel, klassizistischer Dekor.*
Regensburg, Stadtmuseum
169 *Wohnzimmer aus der Napoleonzeit. – Mahagonimöbel mit plastischen, vergoldeten Applikationen im Zeitdekor (Pferdeköpfe und -füße).*
Regensburg, Stadtmuseum

170 △ 172 ▽

171 △ 173 ▽

174 △

170 *Vulpiuszimmer im Goethehaus mit Fensterplatz auf einem Antritt, eingerichtet ab 1788, 1954 neu gestaltet; Mobiliar in klassizistisch-biedermeierlichen Formen.*
Weimar, Goethehaus
171 *Goethehaus auf dem Frauenplan in Weimar, ein Barockhaus mit klassizistischen Neuerungen.*
172 *Goethes Gartenhaus in Weimar.*
173 *Goethe diktiert seinem Schreiber John, Gemälde von Johann Josef Schmeller, 1831. – Schlichte Gebrauchsmöbel, um 1800.*
Weimar, Zentralbibliothek der deutschen Klassik
174 *Wohnzimmer des Turnvaters und Freiheitskämpfers Friedrich Ludwig Jahn; Mobiliar mit klassizistischen und biedermeierlichen Zügen; wuchtiger Schreibtisch (Empire).*
Freyberg/Unstrut, Jahnmuseum
175 *Arbeits- und Sterbezimmer des Dichters Friedrich Schiller; schlichte klassizistische Ausstattung.*
Weimar, Schillerhaus (Museum)

175 ▽

176 *Detail aus Abb. 177: Gestickter Klingelzug, eine beliebte Handarbeit der Damen.*
177 *Sofa und Polsterstühle, um 1815, bezogen mit gelbgestreiftem Damast (aus Wittelsbacher Residenzen).*
München, Stadtmuseum
178 *Detail aus Abb. 179: Scherenschnitte (sogenannte Silhouetten), wie sie in der Goethezeit sehr beliebt waren. Sie ersetzten die teueren Miniaturmalereien. – Am Tischchen sitzt die Dame mit Handarbeit, während der Kavalier vorliest.*

179 *Kostbar furniertes und intarsiertes Schreibbureau, klassizistische Schmuckelemente; in der Ecke hölzerner Spuckkasten mit Klappe.*
Regensburg, Stadtmuseum
180 *Zylinderbureau aus Kirschbaum mit Messingleisten, um 1805; an der Wand halbrunder Konsoltisch, um 1810 (aus Wittelsbacher Besitz).*
München, Stadtmuseum

176 △

177 ▷

178 △ 179 ▽

181 △ 183 ▽ 182 △ 184 ▽

185

181 *Nähzimmer, 1. Hälfte 19. Jh. – Am Fenster Tisch mit zwei Polstersesseln, Stickrahmen und Klöppelkissenständer; an den Wänden Kommode und Polsterbank (Kirschholz).*
Zürich, Wohnmuseum Bärengasse

182 *Bemalte bürgerliche Kredenz, um 1800; Aufsatz: Ölgemälde aus dem 16. Jh.*
Hall in Tirol, Privatbesitz

183 *Wohnzimmer mit biedermeierlichem Nähplatz am Fenster (Stickrahmen und Nähkästchen).*
Überlingen, Städtisches Heimatmuseum

184 *Stiefelknecht, um 1800; Lyraform im Holzrahmen angedeutet, Mittelteil textile Bespannung, mit Blumenmotiv bestickt.*
München, Stadtmuseum

185 *Sogenanntes »Italienisches Zimmer« im Haus der Dichterin Annette von Droste-Hülshoff. In dem als Sommersitz (um 1745) errichteten Haus lebte die Dichterin ab 1826. – Das zu kleinen Teegesellschaften und zur Aufbewahrung von Sammlungen dienende Zimmer ist mit handgedruckten Tapeten, auf denen italienische Landschaften dargestellt sind, verkleidet.*
Münster, Rüschhaus

187 △

188 ▽

189 △

190 △

191 ▽

186 *Schreibtisch im Wohn- und Arbeitszimmer der Annette von Droste-Hülshoff (sogenanntes »Schneckenhäuschen«), einem schmalen, niederen Raum mit karger Einrichtung.*
Münster, Rüschhaus

187 *Stube mit Selbstbildnis, Gemälde von Friedrich Georg Kersting, 1811.*
Weimar, Kunstsammlungen

188 *Ohrensessel mit Fußschemel im Dachstübchen der Wohnung des romantischen Musiker-Dichters E. T. A. Hoffmann, Bamberg, um 1810.*
Bamberg, E. T. A.-Hoffmann-Haus

189 *Gartenzimmer im Rüschhaus (vgl. auch Abb. 185, 186) mit eingebautem Hausaltar (barockes Gemälde), an Sonntagen als Hauskapelle benützt. Mobiliar um 1810; Tisch und Stühle mit Füßen in Empire-Schnitzerei, Lüster aus venezianischem Glas.*
Münster, Rüschhaus

190 *Biedermeierliche Musizierecke im sogenannten »Fürstenhäusle«, dem Wohnsitz der Annette von Droste-Hülshoff in Meersburg, heute Privatbesitz; Tafelklavier vor eingebautem Wandschrank.*

191 *Wohnzimmer im »Fürstenhäusle« mit Biedermeier-Mobiliar (vgl. Abb. 190), zwischen 1820 und 1840 angefertigt; am Fenster zwei Lithophanien (vgl. auch Abb. 235).*
Meersburg, Privatbesitz

192 *»Grauer Saal« aus dem Segerhof (vgl. auch Abb. 115, 135, 144), um 1800. – Weißglasierter Kachelofen; die Tapete, aus marmoriertem Papier englischer Herkunft (1790) zusammengesetzt und mit schwarzweißen Figuren-Medaillons geschmückt, ist abgelöst und übertragen worden. Vorne Wiener Hammerflügel (Kirschbaum), um 1800. Basel, Kirschgartenmuseum*

193 △

194 ▽

195 △ 196 ▷

193 *Musiksalon im Jenischhaus, Möbel zwischen 1815 und 1850; lyraförmiges Klavier; halbkugelförmiges Nähkästchen im Empire-Stil. – Hamburg-Altona, Jenischhaus (Museum)*
194 *Baseler Familienkonzert, Gemälde von Sebastian Gutzwiller, 1849. Typische Biedermeierszene mit Familie in der gemütlichen Wohnstube. – Mobiliar um 1830/40, Holzdecke und einfacher Dielenboden; als Wandschmuck zahlreiche Porträts und religiöse Bilder.*
Basel, Öffentliche Kunstsammlung

195 *Giraffenklavier, um 1820; davor Sessel (Tabouret) mit Klauenfüßen und Löwenkopfknäufen, originaler Seidendamastbezug, um 1810.*
München, Stadtmuseum
196 *Biedermeierlicher Musiziersalon, um 1830. – Flügel, daneben vierteiliger Notenständer für Quartettspieler; Ecketagère mit Porzellan.*
Wien, Bundessammlung alter Stilmöbel

197 △

198 ▽

200 △

201 ▽

197 *Verschiedene Möbel bürgerlicher und höfischer Herkunft, 1800–1830: Bodenstandspiegel, auf der Rückseite (hier) Temperamalerei (Amor und Psyche), München 1810; rechts Nachtstuhl, um 1820; links Kleiderschrank mit Intarsien und Schwarzlotmalerei, um 1810; daneben Reisebidet und Waschtisch, um 1820.*
München, Stadtmuseum

198 *Die um 1815 gefertigten Möbel aus bayerischer Schloßausstattung weisen bereits biedermeierliche Züge auf (ähnlich Abb. 197).*
München, Stadtmuseum

199 *Sitzgarnitur, um 1815 (Wittelsbacher Besitz): Polsterbank mit sechs Stühlen, in schwarzer Schablonenmalerei verziert, blaue Samtbezüge; runder Tisch, um 1820; Sekretär, bekrönt vom bayerischen Löwen, aufgeklappte Schreibplatte, sechzehn Schübe und Nische im Innern; über dem Sofa Gemälde mit Münchener Motiven in schweren Goldrahmen.*
München, Stadtmuseum

200 *Detail aus Abb. 199: Kronleuchter in Bronze.*

201 *Das Mobiliar, bereits in den Jahren 1800 bis 1810 für bayerische Residenzen geschaffen, nimmt das bürgerliche Biedermeier vorweg.*
München, Stadtmuseum

202 △ 203 ▽

202 *Waschgelegenheit auf hohem, elegant geschwungenem Ständer in der Schlafstube von Abb. 204.*
203 *Detail aus Abb. 204: Nachtkästchen in klassizistischem Stil mit kannelierten Beinen und Rosetten aus Bronze.*

204 *Schlafstube aus dem Haus »Zum Kirschgarten«, nach 1800, mit Erinnerungsstücken an den Bauherrn Johann Rudolf Burckhardt. – Im ovalen Rahmen: Porträt der Mutter; Himmelbett mit geblümtem Bezug und Vorhangstoff; Holzvertäfelung aus dem alten Bestand des Hauses. Basel, Kirschgartenmuseum*

204

205 △ 207 ▽ 206 △ 208 ▽

205 *Aus der »Küche«: Vorrats- und Backgerät in Kupfer und Messing, z. T. 19. Jh.; Möbel aus einem bürgerlichen Speisezimmer (Nachlaß der Münchener Wachszieher- und Lebzelterfamilie Ebenböck), graugrün maseriert, um 1790; Anrichte mit Aufsatz, Bodenstanduhr, Buffet mit Tellerrahmen. München, Stadtmuseum*

206 *Kücheninterieur, Gemälde von Martin Drollinger, 1815. – Handarbeitende Frauen mit spielendem Kind; Einfachmöbel und Wandbretter für Gerät, gefliester Fußboden. Paris, Musée National du Louvre*

207 *Detail aus der »Küche« (vgl. Abb. 205): sehr einfache Anrichte mit Schublade und Hühnergatter; Küchengerät, 19. Jh. München, Stadtmuseum*

208 *Kochherd in einer bergischen Küche, um 1800: sehr tiefe Brennstelle, darüber verstellbarer Kesselhaken (Hehl), an dem Kessel und Töpfe übers Feuer gebracht werden; Küchengerät wie Milchseiheimer, Ofenbesteck, Waffeleisen, Wassereimer aus Leder. Remscheid, Heimatmuseum*

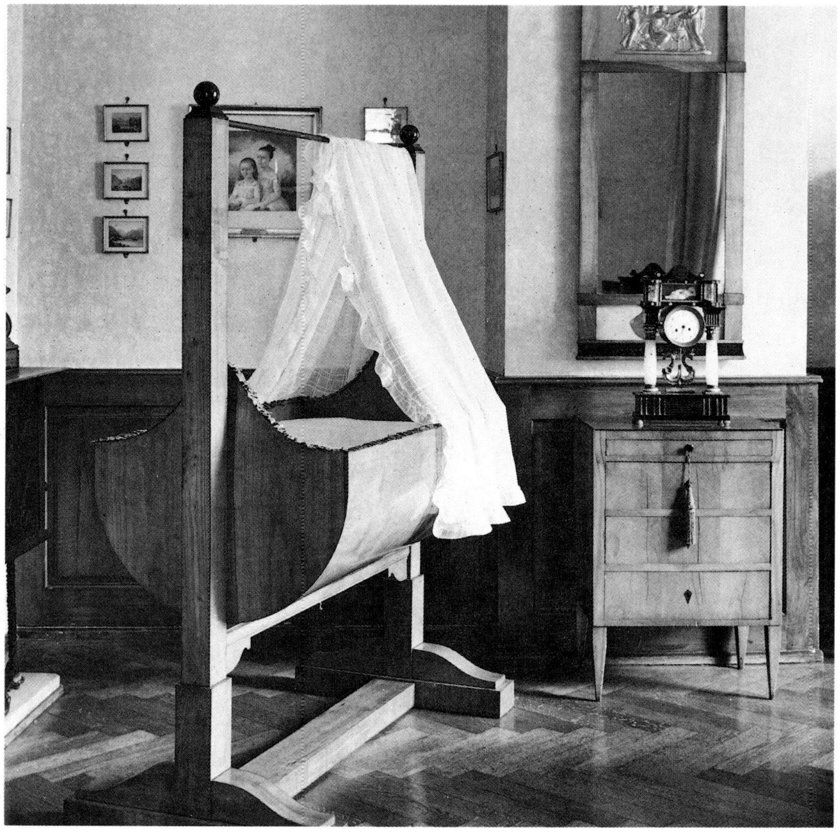

209 △ 210 △ 211 ▽

209 *Die Morgenstunde, Gemälde von Moritz von Schwind, um 1840. – Wohnraum mit Schlafalkoven, Möbel nach traditioneller Art: Kommode mit barokken, Stuhl und Nähtisch mit biedermeierlichen Zügen.*
München, Schackgalerie
210 *Frühbiedermeierliche Schlafzimmermöbel in Kirschholz, um 1820/30; Schubladenkästchen mit Spiegel (klassizistisches Motiv); Querschwingerwiege.*
Lindau, Städtische Kunstsammlungen
211 *Schlafzimmer in Mahagoniholz, um 1800. – Mächtiges Himmelbett in strenger Formgebung; Nachtkästchen in Zylinderform, nach oben verjüngt; als Toilettentisch einfacher Rechtecktisch mit aufgestelltem Spiegel.*
Wien, Bundessammlung alter Stilmöbel
212 *Detail aus Abb. 197: Bidet, Toilettentisch, um 1820; versenktes Waschgeschirr, Spiegel im Deckel.*
München, Stadtmuseum
213 *Himmelbett (»Lit bateau«, d.h. Bett in Form eines Schiffes), um 1815.*
München, Stadtmuseum
214 *Biedermeierliches Damenschlafzimmer, vor dem Himmelbett Sitzgruppe zum Einnehmen des Frühstücks.*
Wien, Bundessammlung alter Stilmöbel

212 △ 213 ▽

215

216 △ 217 ▽

215 *Verschiedene Kirschbaummöbel, 1800–1815 (aus Wittelsbacher Residenzen), klassizistisch-biedermeierliche Formen in nobler Ausführung. Links Kinderbett mit Himmel in Voile, um 1815; rechts hinten Kinderbett mit Intarsien, dazwischen Konsoltisch, darüber verglastes Hängekästchen, um 1820; rechts vorne Kinderstuhl aus der Münchener Residenz, um 1815.*
München, Stadtmuseum
216 *Wohnzimmer, um 1810/20. – Empire-Tisch mit Klauenfüßen; Scherenschnitte, sehr beliebt in dieser Zeit; Uhr im Louis-seize-Stil.*
Solingen, Bergisches Museum Schloß Burg
217 *Nähtisch zum Andenken an König Max I. Joseph von Bayern mit Ansichten seiner Aufenthaltsorte Bad Kreuth, Tegernsee, Egern und Berchtesgaden, München 1830 (signiert M. Pickl). – München, Stadtmuseum*

218 *Biedermeierzimmer, um 1840/50. – Über der Sitzecke dicht gehängte Porträts; links Zylinderbureau.*
Lindau, Städtische Kunstsammlungen

219 *Detail aus Abb. 223: Gußeiserner Wärmeofen für Teekessel, Empire-Dekor.*
220, 223 *Wohnzimmer aus dem Hause Cremon 38 in Hamburg. – Einrichtung um 1825; Mahagonimöbel, Sofa und Sessel mit grünem Samt bezogen, ovaler Tisch; geblümte Streifentapete in gelblichem Farbton mit dunkler Abschlußborte.*
Hamburg, Museum für Hamburgische Geschichte
221 *Schreibschrank aus dem Wohnzimmer von Abb. 223: aufgeklappte Schreibplatte, Öllampe mit Schreibgeschirr vor acht kleinen Schüben und verschließbarer Tür; verglaster Aufsatz mit schwarzen Kreuzsprossen.*
222 *Die gute Stube des Schlossermeisters Hauschild, Gemälde von Eduard Gärtner, Berlin 1843. – Der selbstbewußte Handwerker pflegt mit seiner Großfamilie einen gehobenen Lebensstil ohne übertriebenen Luxus.*
Berlin, Märkisches Museum

220

221 △

222 △

223 ▽

224 △

225 ▽

224 *Biedermeierzimmer mit kostbar intarsiertem Schreibtisch, vermutlich 1810; die Sessellehne zeigt eine der vielen phantasievoll gestalteten Varianten von Sitzmöbeln des Wiener Biedermeier.*
Wien, Bundessammlung alter Stilmöbel
225 *Damenschreibtisch in ovaler Form, Wien, um 1820: über die Schreibplatte hochgezogene Holzteile; auf den seitlichen Säulen Messingeinsätze für Blumentöpfe; rückwärts mehrstöckiger Blumenständer.*
Wien, Bundessammlung alter Stilmöbel
226 *Biedermeierzimmer mit Schreibsekretär und Fauteuils, Wien, um 1830.*
Wien, Bundessammlung alter Stilmöbel
227 *Zimmer aus der Wohnung Franz Grillparzers, in der der Dichter von 1849 bis 1872 lebte. Schlichte Bürgerstube aus dem vierten Stock der Spiegelgasse, originalgetreu ins Museum übertragen – auch Tapeten, Wandfries und Fußboden »stimmen«; Bösendorfer-Flügel; einfacher, glatter Kleiderschrank.*
Wien, Historisches Museum
228 *Geschlossene Schrankwand im Bibliothekszimmer Grillparzers; Vasenaufsatz: Geschenk zum 70. Geburtstag; Fenster mit Scheibengardinen und Faltvorhängen (vgl. auch Abb. 227).*

227 △

228 ▽

229

229 *Spätbiedermeierliches Wohnzimmer eines wohlsituierten Augsburger Bürgers, Mobiliar etwa Jahrhundertmitte. Augsburg, Maximilianstraße (Privatbesitz)*
230 *Detail aus Abb. 232: Haar-Bouquet aus echten Haaren der Familie Kirch, 1850; umrandet von Blüten aus dem Haar benannter Familienmitglieder. Diese Art Andenken war im 19. Jh. als Wandschmuck sehr beliebt.*
231 *Salonmöbel aus Wittelsbacher Besitz: runder Tisch mit Marmormosaikeinlagen, darauf Petroleumlampe, vor 1820; im Hintergrund Schubladenschrank, um 1820. München, Stadtmuseum*
232 *Biedermeierkommode mit drei Schubladen, Kirsche furniert, Teile aus schwarzem Holz (Halbsäulen an den Ekken); darüber typischer Wandschmuck der Zeit. Münnerstadt, Museum*

230 △ 231 ▽

233 *Bürgerlich - biedermeierliches Wohnzimmer aus der 1. Hälfte 19. Jh. im holsteinischen Gutshof Kortum aus Schipphasterfeld.*
Molfsee, Schleswig-Holsteinisches Freilichtmuseum
234 *Salon der Gründerzeit, Düsseldorf, um 1880 (Rekonstruktion nach Vorbild); Mobiliar in Neo-Barock.*
Düsseldorf, Stadtmuseum

233

234

235 *Lichtschirm aus Porzellan, Berlin, um 1837/40; gotisierender Gußeisenrahmen und -ständer. – Solche Lithophanien erfreuten sich gegen die Jahrhundertmitte in bürgerlichen Kreisen großer Beliebtheit.*
Hamburg, Altonaer Museum
236 *Detail des großen Schrankes aus Abb. 240: neugotische Zierformen (Spitzbogen, Fischblase, Plastik), 1853.*
237 *Regulierofen, um 1880, aus der Eisenhütte Westfalia in Lünen.*
Lünen, Museum der Stadt
238 *Stuhl im neogotischen Stil, Norddeutschland, um 1870/80.*
Flensburg, Städtisches Museum
239 *Tortenheber, Dortmund, um 1850; im Spitzbogenrahmen das Motiv »Die gute Mutter«.*
Dortmund, Museum der Stadt
240 *Neugotisches Wohnzimmer, gefertigt vom Kunstschreiner Wild, Regensburg 1853, nach Entwurf des Bildhauers Anton Blank. – Schwere, dunkle Eichenholzmöbel, Sitzmöbel mit Seidendamast bezogen; über der Sitzgarnitur in aufwendig geschnitztem Holzrahmen Erbprinz Maximilian A. von Thurn und Taxis mit Gemahlin, Regensburg, um 1860.*
Regensburg, Stadtmuseum

236

237 △

238 △

240 ▽

239 △

242 △ 243 ▽

244

241–244 *Historistische Einrichtung, Wien, um 1880, geschaffen von der Firma Ludwig für das Haus der Familie im Stil der Neo-Renaissance. Das Haus wird von den Nachkommen noch bewohnt. – Abb. 241: Reichgeschnitzte Wandvertäfelung im Arbeitszimmer, Eckschränkchen und Bücherborde eingebaut; davor Sitzgruppe mit Schachtisch. – Abb. 242: Bei aller ornamentalen Vielfalt zweckmäßig gestaltete Wand mit eingepaßter Liege. – Abb. 243: Schreibtisch mit Lampe; in den von üppigen Schnitzereien gerahmten Nischen glasierte Tonfiguren; bleiverglaste Fenster mit Farbakzenten. – Abb. 244: Repräsentatives Speisezimmer; pompöse Renaissance-Vertäfelung mit plastischem Dekor, breiten Gesimsen, Rundbogenabschlüssen, Nischen; Tisch und Stühle mit gedrechselten Balusterbeinen; schwere Kassettendecke, nachempfundenes 16. Jh.*

24.

245 *Eßzimmer des Bürgermeisters von Rüsselsheim, 1901. – Mobiliar der Gründerzeit mit Formen der Neo-Renaissance; Buffet Eiche furniert, gediegene Handwerkerarbeit; Parkettboden.*
Rüsselsheim, Museum der Stadt

246–249 *Rekonstruktion der »guten Stube« einer gehobenen Arbeiterfamilie, Rüsselsheim, um 1910. Das gründerzeitliche Mobiliar ähnelt formal dem des Bürgermeisterzimmers (Abb. 245), z. B. in den gedrechselten Teilen, ist aber aus billigem Material hergestellt, so das Vertiko aus Fichtenholz mit aufgemalter Furnierimitation. Die Opel-Nähmaschine konnte in der Opel-Stadt Rüsselsheim sicher preiswert erworben werden. Öldruck, wuchtig gerahmter Spiegel und aufmunternder (gestickter) Trostspruch als Wandschmuck.*
Rüsselsheim, Museum der Stadt

OPEL

246 △

247 △

248 ▽

Wenn Trübsal einkehrt
nicht
Verzage
es kommen
wieder bess're Tage!

250 △ 251 ▽ 252 △ 253 ▽

254 ▷

250 *Wohnzimmer nach »altdeutscher« Art mit frühen industriell gefertigten Möbeln, um 1890.*
Hamburg, Museum für Hamburgische Geschichte
251 *Schlafzimmer im Neurenaissance-Stil, Herstellung Fa. Ludwig, Wien, gezeigt auf der Weltausstellung 1873. – Mahagoni mit Einlagen aus Palisander- und Ebenholz.*
Privatbesitz
252 *Holzdecke in der 1884 von Bernhard Ludwig d. Ä. erfundenen Technik der Pyrotypie mit zweifarbigen plastischen Reliefs.*
Wien, Haus Ludwig (Privatbesitz)
253 *Herrenzimmer in der Villa Schroedl in Kronberg im Taunus; im Stil der Neo-Renaissance vertäfelter Raum mit zahlreichen Sammler- und Erinnerungsstücken.*
Historisches Foto um 1895
254 *Buffet mit überreicher Renaissance-Dekoration, Entwurf von Joseph Durm (?), Karlsruhe 1880.*
Karlsruhe, Badisches Landesmuseum

255 *Wohn- und Empfangszimmer, um 1900, sogenannte kalte Pracht, in der die Familie für den Fotografen posiert. Barocke Reminiszenzen durch gedrechselte und gewundene Möbelteile; Buffet und Wände überladen mit Erinnerungsstücken.*
Historisches Foto um 1920
256 *Repräsentatives Zimmer in Berlin-Steglitz, Ende 19. Jh. – Einrichtung in großbürgerlicher Neo-Renaissance; wuchtiger Kachelofen und Holzdecke, dem 16. Jh. nachempfunden; zahlreiche Handarbeitsdeckchen, Nippes und Schaugerät.*
Historisches Foto um 1900
257 *Im historisierenden Sinne ausgestatteter Salon mit Einrichtungsgegenständen des »niederdeutschen Barock«: Leinenschrank, um 1700; Stollenschrank, 19. Jh.; Tisch 17. Jh.; Gemälde von Wolfgang Heimbach, 2. Hälfte 17. Jh.*
Oldenburg, Stadtmuseum
258 *Dreiteiliger Tafelaufsatz von Friedrich Wilhelm Wilkens, Bremen 1862. Silber gegossen, gepreßt, getrieben und graviert; Sockelfelder mit Lübecker Senatswappen.*
Lübeck, Museum für Kunst und Kulturgeschichte

255 △

256 ▽

◁ 257

258 △

260 △ 261 ▽

262 △ 263 ▽

259 *Wohnhalle in der Jürgenschen Villa, Oldenburg 1863; 1912 historisierend im Stil von 1700 eingerichtet: Anrichte mit Prunktellern; auf der Truhe Leuchter und Vortragelampe; altdeutscher Tisch mit Stühlen; Fensterverglasung im Jugendstil.*
Oldenburg, Stadtmuseum

260 *Bewohnter Raum eines spätgotischen Bürgerhauses in Hall in Tirol. – Decke und Einbauschrank 16. Jh.; Kleider- und Schreibschrank aus dem Biedermeier, Flügel spätes 19. Jh.; Tischgruppe mit Stühlen des Innsbrukker Hoftischlers Geyer, Mitte 19. Jh.*
Privatbesitz

261 *Arbeitszimmer des Geheimen Regierungsrates Professor Dr. v. Kaufmann, Berlin.*
Historisches Foto um 1900

262–264 *Wohnzimmer im ersten Stock eines spätmittelalterlichen Hauses in Hall in Tirol. Zur Stilvielfalt haben mehrere Jahrhunderte beigetragen: Die Decke im Erker (Abb. 263) stammt aus der Renaissance (später übermalt); Wandvertäfelung vermutlich dem 16. Jh. nachempfunden, im frühen 19. Jh. mit Rokoko-Bemalung versehen.*
Privatbesitz

265 *Im Stil des »Régence« (Anfang 18. Jh.) eingerichteter Raum von 1912: Wände mit Seidenbespannung; Marmorkamin mit Porzellanuhr und Spiegel (19. Jh.); Polstermöbel nach 1900, Tischdecke in chinesischer Seidenstickerei; Fürstenporträts.*
Oldenburg, Stadtmuseum
266 *Takenofen mit Hinteröfchen, Ende 19. Jh.*
Remscheid, Heimatmuseum
267 *Aufwendig geschnitzte Historismusmöbel in einer Wiener Privatwohnung: rechts Sessel in Neo-Barock, Tischchen mit Stuhl, dahinter Renaissance-Imitation; Stuhl links dem Empire (?) nachempfunden.*
268 *Musiksalon mit Blüthner-Flügel, für die »Deutsch-Nationale Kunstgewerbeausstellung«, München 1888, entworfen, ausgeführt von Anton Pössenbacher und Joseph Wagner im Stil des Neo-Rokoko.*
München, Stadtmuseum
269 *Mit Versatzstücken aus der 2. Hälfte 18. Jh. ausgestatteter Salon; Damenbildnis von J. M. David, 1799; Delfter Balustervase 17. Jh.*
Oldenburg, Stadtmuseum

265 △

267 △

266 ▽

268 ▽

269 ▷

270 △

271 ▽

272 △

273 △

274 ▽

270 *Salon, Zweites Rokoko. – Sitzgarnitur, Konsole und Schreibtisch um 1850; verglaste Etagère, oben mit Rocaille-Stützen, unten mit flankierenden Säulen von Anton Bembé, um 1840. Regensburg, Stadtmuseum*

271 *Wohnzimmer aus einem Münchener Bürgerhaus, um 1860. – Sofa, vier Polsterstühle und Armsessel in neubarockem Stil, roter Plüschbezug; ovaler Ausziehtisch, Ecketagère; über der Sitzgruppe Bürgerporträts in ovalen Goldrahmen. – München, Stadtmuseum*

272 *Glasermeister Achelius mit Frau beim Frühstück, Gemälde von Adolph D. Kindermann, Lübeck 1858. – Wohnmilieu des gehobenen Mittelstandes: typisches Wangensofa mit hochgeschwungenem Mittelteil, Möbel und Tapete im gleichen Muster. Lübeck, Behnhaus*

273 *Wohnzimmer im Gutshof Kortum; Mobiliar um 1860/70: Sitzgruppe in Neubarock, Schreibschrank Biedermeier. Molfsee, Schleswig-Holsteinisches Freilichtmuseum*

274 *Schlichtes Wohnzimmer mit neobarockem Mobiliar aus den Hamburger »Krameramtswohnungen«. Das Budenensemble wurde 1670 erbaut (1960 renoviert) und stellt ein Dokument berufsständischer Sozialfürsorge dar; es umfaßte vierzehn Witwenwohnungen. Hamburg, Krayenkamp 10*

275 △ 276 ▷

277

275 *Mehrstöckiges Vogelhaus in Art eines chinesischen Tempels, geschnitztes und ausgesägtes Holzwerk, Eisenstäbe; auf die Türen sind u. a. biedermeierliche Liebesszenen gemalt oder aufgeklebt.*
Münnerstadt, Museum

276 *Wohnstube aus der Gründerzeit, nach 1870. – Tischdecke, Möbelbezug und Vorhänge aus rotem Plüsch; Mobiliar in Neo-Barock.*
Münnerstadt, Museum

277 *Einrichtungsgegenstände aus dem Atelier und Wohnraum des Malers Franz von Lenbach, München, um 1880/90. Runder Tisch mit Sesseln im Stil des französischen Barock; Kabinettschrank mit Schildpattauflagen im Stil des 17. Jh.; Ziertischchen und -ständer in verschiedenen Stilarten.*
München, Stadtmuseum

278 *Atelier des Genremalers Oskar Freiwirth-Lützow, München, Ende 19. Jh. – Vielfalt von Stilrichtungen vom Gotischen bis zum Mauresken, Sammelstücke und eigene Gemälde des Künstlers in theaterhafter Aufmachung.*
Historisches Fotos um 1900
279 *Künstleratelier in München, Ende 19. Jh. – Hugo Engel inmitten seiner großformatigen Gemälde; malerische Unordnung, Sammelstücke, auf dem Buffet Makart-Sträuße.*
Historisches Foto um 1900
280 *Atelier des Malers Heinrich Lossow, München, Ende 19. Jh. – Pluralistische Einrichtung mit malerischen Pflanzengehängen und reicher textiler Drapierung.*
Historisches Foto um 1900
281 *Atelier des Münchener Genre- und Historienmalers August Frind, Ende 19. Jh. – Auf dem Barockschrank großes Makart-Bukett.*
Historisches Foto um 1900

278

279 △

280 ▽

281 ▽

282 *Gründerzeitlicher Salon, Neo-Renaissance, um 1880; Mahagonimobiliar, Tisch lt. Musterbuch von G. Hirth; italienische Tapisserien (rot) mit gemalten Rändern (grün); farbiger Stuck-Fries mit Vergoldungen, Plafondmalerei; Fensterbehang in rotem Samt; rotgrundiger Teppich, Brüssel, 19. Jh.; Gemälde »Abels Tod« von Ernst Hemken, 19. Jh.*
Oldenburg, Stadtmuseum
283 *Hauseingang, klassizistischer Stil, 1910/12; Tür mit Oberlichte und Laterne; stuckierte Kassettendecke, teilvergoldete Felder.*
Oldenburg, Stadtmuseum
284 *Flurraum mit Eingangstür und Treppenaufgang; Entstehungszeit des inneren Erscheinungsbildes 1910/12.*
Oldenburg, Stadtmuseum
285 *Verbindungsgang zwischen der Francksen-Villa (1877) und der sogenannten Jürgenschen Villa (1863), Entstehungszeit 1910/12; plastische vergoldete Wandglieder; Spiegel mit feuervergoldeten Bronzeleuchtern; Gemälde oldenburgischer Provenienz, 19. Jh.; Plastik »Psyche« von F. A. Högl, 1. Hälfte 19. Jh.*
Oldenburg, Stadtmuseum

282

283 △

284 ▽

286 △

287 ▽

286 *Ländliche und städtische Arbeits- und Wohnweise verbanden sich bei den Bamberger Gärtnern und Häckern (Handel und Anbau von Gemüse, Sämereien, Gewürzkräutern) durch Jahrhunderte. Nur noch wenige der ebenerdigen oder einstöckigen Ackerbürgerhäuser am Rande der Stadt haben das alte Aussehen bewahrt. Die breite Tordurchfahrt schafft die berufsnotwendige Verbindung von Straße, Hof und Garten.*
Bamberg, Gärtner- und Häckermuseum

289 △ 290 ▽

287 *Schlafzimmer in einem Bamberger Ackerbürgerhaus, nach 1900. – Klein und bescheiden sind die Wohnräume, schmal der Platz zwischen den einzelnen Möbelstücken.*
Bamberg, Gärtner- und Häckermuseum
288 *Küche (vgl. Abb. 286): einfaches, weiß gestrichenes Mobiliar, 1. Viertel 20. Jh.; Aufsatzbuffet, Stuhl und Wandbord mit Spuren von klassizistischer und barocker Ornamentik; glatte Zweckmäßigkeit herrscht vor.*
289, 290 *Wohnstube (vgl. auch Abb. 286–288): schlichtes Mobiliar mit barocken Reminiszenzen, Sofa mit Elementen der Neo-Renaissance, gehäkeltes Schondeckchen; Tapete mit chinesischem Motiv, wie sie Ende des 19. Jh. in Bürgerkreisen beliebt war. Kachelofen mit Durchreichen zum Warmhalten von Kaffee und Speisen; als Wandschmuck Öldrucke und gerahmte Familienbilder; eine wichtige Errungenschaft der Hausfrau: die Nähmaschine.*

Nicht im Alleshaben liegt des Lebens
Wert.
Im Zufriedensein ist uns das Glück
beschert.
AVE
MARIA
ECCE
HOMO

291 △

292 ▽

Gute
Nacht

291 *Kommode im Schlafzimmer einer alten »Herberge«, darauf Flügelspiegel; an der Wand gerahmte Öldrucke nach den weitverbreiteten frommen Motiven von Guido Reni. An der hell gestrichenen und gerollten Wand ein gestickter Wandbehang, der die Zufriedenheit als Leitlinie des Lebens hervorhebt. – München, »Üblacker-häusl« (dem Stadtmuseum angeschlossen)*
292 *Schlafzimmer (wie Abb. 291) mit schlichten, weiß gestrichenen Doppelbetten, Tagesdecke aus Maschinenspitze.*
293 *Wohnküche (wie Abb. 291): emaillierter Herd, darunter Kohlenkasten; Geräte an offenen Halterungen, geschlossenes Kästchen für Töpfe.*
294 *Kleinbürgerliche Küche, 1. Viertel 20. Jh. – Spätgotisches Haus mit Fenstersitzen; an der gewölbten Decke Haken, durch die man Stangen zog, an denen Feuereimer hingen. – Hall in Tirol*

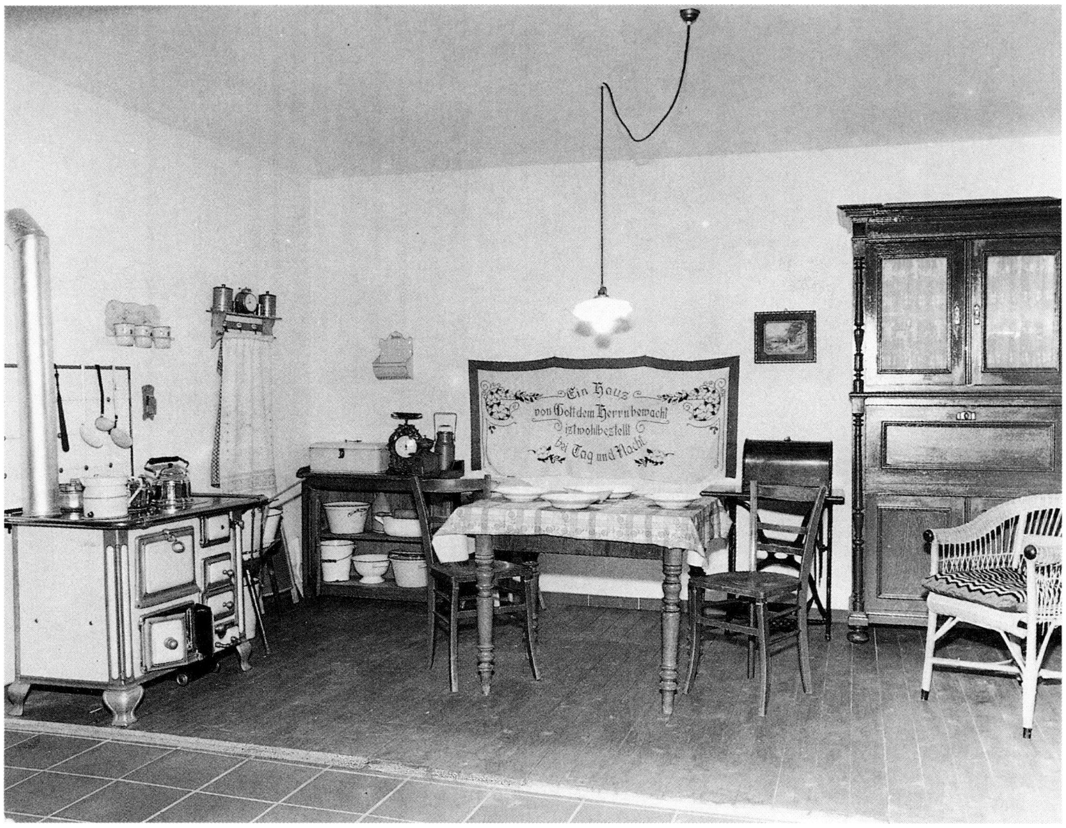

295 △

296 ▽

297

295 *Wohnküche als Mehrzweckraum in einer »Kolonie« des Ruhrgebiets (Lünen-Süd), authentischer Zustand aus der Zeit zwischen 1900 und 1910. Industriell gefertigtes Mobiliar, einzeln gekaufte Stücke wie Korbsessel, Wasserbank, Emailherd.*
Lünen, Museum der Stadt
296 *Emailherd, letztes Viertel 19. Jh.*
Vreden, Heimatverein
297 *Hängeboden in einer Altberliner Wohnung, Foto aufgenommen nach dem Zweiten Weltkrieg. Winziger lichtloser Schlafraum für Dienstboten, nur über eine Leiter erreichbar.*

298 △ 299 ▽ 300 ▽

298–300 *Aufnahmen aus der Wohnungs-Enquête der Ortskrankenkasse Berlin mit ungeschminkter Wiedergabe des Arbeiterwohnmilieus; Mobiliar aus billigen, uneinheitlichen Fabrikmöbeln. – Abb. 298: Die Dachwohnung in Berlin-Rixdorf (Foto 1906) besteht aus dieser Schlafkammer und einer kleinen verräucherten Küche; Wände schwarz, Löcher mit Pappe übernagelt. Der Kranke teilt das Bett mit seinem Bruder. – Abb. 299: Küche in Berlin-Ost (Foto 1911). Im Raum (4 × 2,75 m) schläft ein lungenkrankes 16jähriges Mädchen. Die Mutter fertigt in Heimarbeit Knallbonbons, wobei auch die Schulkinder helfen müssen. – Abb. 300: Küche in NW-Berlin (Foto 1913/14), dient als Schlafstelle für vier Personen; das 15jährige lungenkranke Mädchen teilt das Bett mit der achtjährigen Schwester. Der hintere Teil des länglichen Raumes mit Kochstelle ist völlig düster.*

301 *Herrenzimmer, Jugendstil-Möbel von Richard Riemerschmid, München, 1907 für das Haus Sultan in Berlin-Grunewald geschaffen. – Wandbilder von Arthur Illies, Hamburg 1907/08; Gobelin »Weiher im Mondschein«, Entwurf von Otto Eckmann, um 1896/97, Schreibtischlampe von Louis Comfort Tiffany, New York.*
Hamburg, Museum für Kunst und Gewerbe

302 *Damenzimmer in der Villa Kuntze, Berlin-Steglitz, nach einem Entwurf von Joseph M. Olbrich, Darmstadt.*
Historisches Foto nach 1900

303 *Buffet von Majorelle Nancy, um 1898, Ahorn furniert mit reicher Marketerie in Eiche, Palisander und Edelhölzern. Teil einer Eßzimmereinrichtung, worauf auch die Ikonographie der Gänse, Schnecken und Edelkastanien hinweist. Links neben dem Buffet eine Bodenvase von Edmond Lachenal 1900. Im Buffet weitere Jugendstil-Schöpfungen. Das intarsierte Buffet ist typisch für die Möbel der Schule von Nancy.*
Karlsruhe, Badisches Landesmuseum

304 *Detail aus Abb. 303: Schubladengriff (Bronze) in Form eines Ganskopfes mit Schlangen.*

305 *Speisezimmer, Wien 1904. – Inneneinrichtung einer Wohnung von Kolo Moser (Mitbegründer der Wiener Werkstätte, ab 1903). An der Wand ein kupfergetriebenes Relief von Friedrich König, Wien 1902; auf dem Tisch Tafelaufsatz aus Steingut von Michael Powolny 1909. Das Ensemble ist ein Beispiel für die strenge, sich an geometrischen Grundformen orientierende Wiener Richtung des Jugendstils.*
Karlsruhe, Badisches Landesmuseum

301

302 △

303 △

304 △

305 ▽

307 △ 308 ▽

306 *Erkerzimmer, ausgeführt vermutlich für die Pariser Weltausstellung 1900 von der Firma Damon et Colin, Paris, um 1899. Eichenholz mit Intarsien; Sitzgruppe umschlossen von fast bühnenartiger Konstruktion mit bleiverglastem Fenster. Ähnlich prachtvolle Möbel und Ensembles wurden auch schon für die Weltausstellungen des Historismus ausgeführt und gelangten von diesen Ausstellungen unmittelbar in große Museen.*
Hamburg, Museum für Kunst und Gewerbe
307 *Schlafzimmer, Jugendstil, hergestellt durch die Firma Ludwig, Wien 1896. – Kirschholz mit dunklen Intarsien, gearbeitet vom Pariser Intarsisten Giraud.*
Privatbesitz
308 *Wandschrank mit Vitrinentür, Entwurf von Richard Riemerschmid, München, um 1900.*
München, Stadtmuseum

309 ▽

310 ▷

309 *Wandbrunnen in Steingut, um 1899, nach einem Entwurf von Grandl durch die Firma Villeroy und Boch in Mettlach ausgeführt. Für den Jugendstil bezeichnende Fließbewegung im Wasser-, Fisch- und Seerosenmotiv. Hamburg, Museum für Kunst und Gewerbe*

310 *Speisezimmer aus der Großen Berliner Kunstausstellung 1902, entworfen von Hermann Friling, Berlin. Historisches Foto Anfang 20. Jh.*

312 △ 313 ▽

311 *Wohnzimmer, vom steirischen Jugendstilarchitekten Forabosco für ein Haus in Bruck a. d. Mur 1903 hergestellt. Leicht geschwungene Formen bei den Sitzmöbeln, Zinnapplikationen, altrosa Bezüge.*
Wien, Bundessammlung alter Stilmöbel
312 *Speisesaal in der Villa Tobler, Zürich, entworfen von H. E. von Berlepsch, München. Möbel z. T. wandfest gearbeitet, am Pfeiler Wandbrunnen.*
Historisches Foto Anfang 20. Jh.
313 *Möbel aus der Wohnung des Architekten Georg Honold, Berlin, Barwaldstraße 46 (entworfen vom Künstler).*
Historisches Foto Anfang 20. Jh.
314 *Jugendstilzimmer, Lindau, um 1905. – Kredenzartige Umbauung des Sofas, florale Ornamentik von Teppich und Tapete.*
Lindau, Städtische Kunstsammlungen

314 ▷

315 △

316 △

317 ▽

315 *Speisezimmer des Bildhauers Curt Stoeving, Berlin, Lützowstraße 9. Entwurf vom Künstler.*
Historisches Foto Anfang 20. Jh.
316 *Salon im Bonner Palais Schaumburg, Einrichtung um 1905, rheinischer Jugendstil.*
317 *Wohn- und Speisezimmer im Haus Thieme, München 1902/03, entworfen von Richard Riemerschmid. – Mobiliar in Buche, auf Mahagoni dunkelrot gebeizt, Messingbeschläge; auch die Beleuchtungskörper, die Wandsäulen, Fliesen und Teppiche sind auf die Gesamtraumwirkung hin angelegt.*
Historisches Foto Anfang 20. Jh.
318 *Treppenhaus im Haus Fränkel, Hamburg 1920. Vertäfelung in finnischer Birke, gegliedert durch schwarz gebeizte Leisten.*
Hamburg, Museum für Kunst und Gewerbe
319 *Zimmer eines »möblierten Herrn« in fremder Einrichtung, Foto 1918; wenig Platz zwischen den notwendigen Möbeln.*
320 *Jugendstilmöbel, München 1899, aus der Villa Obrist, Entwurf Richard Riemerschmid, Ausführung Vereinigte Werkstätten. – Buffet mit offenem Aufsatz, Konsoltisch, Abstelltisch mit zwei Polstersesseln; Teppich um 1900.*
München, Stadtmuseum

318 △

319 △

320 ▽

321 △

322 △

323 ▽

321 *Bürgerliches Wohnzimmer mit einfachem Mobiliar. Entwurf von Heinrich Tessenow, Berlin.*
Historisches Foto um 1920
322 *Wohnzimmer mit Kamin von Adolf Loos, Wien, nach 1900. Entwurf vom Künstler.*
Privatbesitz
323 *Bürgerliche Möbel, von Heinrich Tessenow im Auftrag des Sächsischen Heimatschutzes für die Dresdener Jahresschau 1925 erstmalig ausgeführt.*
Historisches Foto um 1920

Anhang

Anmerkungen

Einführung

[1] Vgl. Kluge–Götze S. 87: »Mit Ausbildung einer deutschen Stadtverfassung im 12. Jh. erhält B. neben der umfassenden Bed. ›Stadtbewohner‹ die engere ›vollberechtigtes Gemeindemitglied‹.«
[2] Rothe, Ratsgedicht, S. 82
[3] RLK, Bd. III, Sp. 174 f.
[4] Stein, Schlesien, S. 6
[5] RLK, Bd. III, Sp. 180–221; Reihe »Das Deutsche Bürgerhaus«, erschienen ab 1954
[6] v. Wilckens, Innenräume, S. 23
[7] Raabe S. 10
[8] v. Dürckheim S. 470
[9] Stender S. 124
[10] Schmidt S. 13
[11] Heidegger S. 160 f.; »So ist der konkrete Raum des menschlichen Lebens im zweckhaften Handeln durchorganisiert, das jedem Ding in ihm seinen Platz zugewiesen hat. Diese räumliche Ordnung ist nur zum kleinsten Teil vom einzelnen Menschen selber geschaffen. Zum größten Teil findet er sie schon als eine überindividuelle Ordnung vor, in die er hineingeboren ist. Aber auch diese ist schon als das Ergebnis einer zweckmäßigen menschlichen Tätigkeit entstanden.« (Bollnow S. 209)
»Wohnen unterliegt in starkem Maße der geschichtlichen Wandlung, der Typisierung, der Mode, der Sitte und damit wieder auch der persönlichen Unfreiheit... Wohnen schließt Demonstrationen von Geltungsansprüchen ein und wendet sich insofern auch nach außen.« (Schlee 1971, in: Spies S. 9)
[12] Plath S. 60
[13] »Die Stimmung, die im Raum lebt, ist gewiß durch die Gegenstände, die ja erst diesen bestimmten Raum für mich schaffen, und ihre Formen bedingt. Aber sie ist nicht bedingt durch die Form des Einzelnen, sondern durch die Weise, wie die Gegenstände im Raum zusammen sind, und sozusagen innerlich Zwiesprache halten, Zwiesprache unter sich oder mit Luft und Licht, in jedem Falle im Raume oder durch ihn hindurch. – Und das Raumgefühl, das ich nun hier im Auge habe, ist die Anteilnahme an dieser Zwiesprache. Wir finden, daß mit dem Bilde der ›Zwiesprache der Dinge untereinander‹ in besonders glücklicher Weise ein bestimmter Zug des als Wesensraum erlebten Ganzen getroffen wird.« (v. Dürckheim S. 441)
[14] Vgl. Niethammer, Anmerkungen
[15] Kluge–Götze S. 697
[16] Praz S. 17
[17] Ders. S. 19

Ausgehendes Mittelalter

[1] Vgl. u.a. Spindler S. 518 ff.; Jacob S. 6 ff.
[2] Sage S. 15 f.
[3] Pfeil S. 25
[4] Moser S. 208, 212 ff. u. 218; Lipp S. 34
[5] Moser S. 221 f.
[6] Ders. S. 227; vgl. Hähnel S. 336
[7] RLK, Bd. III, Sp. 180 ff.
[8] Vogts, Bd. 1, S. 88
[9] RLK, Bd. III, Sp. 186
[10] Hasse S. 13 ff.
[11] Stender S. 68
[12] Schwemmer S. 35; Sage S. 18 ff.
[13] Strobel S. 48: »Der Stadtadel, dessen Herkunft noch nicht eindeutig geklärt ist, versuchte wohl mit dem Turm als gedrängtem Abbild der ›Burg‹ ritterbürtig zu werden, Ansprüche des landsässigen Adels auf die neue Situation des Handelspatriziats zu übertragen und ihm baulichen Ausdruck zu verleihen.«
[14] Vogts, Bd. 1, S. 192 ff.
[15] v. Brandt S. 23 f.
[16] Strobel S. 99 u. 107 f.
[17] Fricke S. 25 f.
[18] Die Fehlböden, also der Raum zwischen dem Boden des darüberliegenden Stockwerks und der darunterliegenden Decke, waren mit Lehm oder Sand aufgefüllt. Vgl. Ossenberg S. 46
[19] Sarne S. 6
[20] Wurmbach S. 15
[21] Sarne S. 22, Abb. 1, u. S. 24, Abb. 3
[22] Baer S. X
[23] Fricke S. 24 ff., vgl. die Grundrisse Abb. 25 u. 30 a
[24] Völkers S. 38
[25] Rudhard S. 35
[26] Stender S. 124
[27] Winter S. 51; vgl. auch Vogts, Bd. 1, S. 277 ff.
[28] Strobel S. 102
[29] Fricke S. 124
[30] Heyne S. 276 f.
[31] Bachelard S. 29 ff.
[32] Vgl. auch Kreisel I, S. 30 f. u. 38 ff.
Das älteste Mobiliar produzierende Handwerk der Zimmerer gliedert sich seit dem 14. Jh. in Schreiner, Tischler, Kistler, wie immer sie regional benannt wurden. »Erst jetzt kam es zur Ausbildung jener Handwerklichkeit, die aus den natürlichen Eigenschaften des Materials ein eigenes struktives Verfahren geschaffen hat. Man begann auf ›Füllung‹ zu arbeiten, indem man durch klare Unterscheidung von Rahmenbau und Wandung mit schreinermäßigen Verbindungen, wie sie bis auf den heutigen Tag material- und werkgerecht geschaffen werden (Nuten, Fälzen, Federn, Zinken, Überplatten usw.), ein konstruktives System schuf, das den Lebensgesetzen des Holzes Rechnung trug...« (Müller-Christensen S. 19)
[33] Hinze S. 18
[34] Giedion S. 309
[35] Csilléry S. 22 ff.
[36] Wurmbach S. 18
[37] Schwarz S. 44
[38] Wurmbach S. 19
[39] Giedion S. 296
[40] Völkers S. 56 f.
[41] Schwarz S. 47
[42] Wurmbach S. 26
[43] Schwarz S. 49
[44] Heyne S. 264
[45] Jaritz S. 180
[46] Siegfried Giedion behauptet in seinem Werk »Die Herrschaft der Mechanisierung«, daß die Spärlichkeit des mittelalterlichen »Möbels«, also der gesamten beweglichen Ausstattung, ihren Ursprung in dem »nomadenhaften Charakter« des mittelalterlichen Lebens, in der Unsicherheit der Lebensverhältnisse, habe (S. 305). Es ist jedoch nicht belegt, daß der Bürger die Stadt, die sich ja gerade im Spätmittelalter mit mächtigen Befestigungsanlagen umgab, im Kriegsfall verließ. Es ist unwahrscheinlich, daß er sich mit seiner gesamten Habe auf die Flucht begab. Dies mag eher für die Adelsgesellschaft zutreffen, die sich mit Familie und Troß zu ihresgleichen flüchten konnte, um bessere Zeiten abzuwarten. »Man war sozusagen immer auf dem Sprung« (Giedion

S. 306) – dies konnte doch nur für exponierte Personen zu gewissen Zeiten zutreffen und nicht den Charakter der Einrichtung überhaupt bestimmen. Dieser mag eher von der geistigen Haltung der Zeit herrühren, von einer asketischen Lebenseinstellung, die Bequemlichkeit und Luxus nicht kannte.

47 Kießling S. 44f.: Neben der Masse der Habenichtse gab es eine kleinbürgerliche Schicht (ca. 9,4%) mit einem zu versteuernden Vermögen von bis zu 75 Gulden (etwa ein Viertel des Jahreseinkommens), der die bürgerliche Mittelschicht mit 17,7% (Vermögen zwischen 75 und 450 Gulden) auf der sozialen Stufenleiter folgt. – Belege über mittelalterliche Kleinwohnungen auch bei Heyne, S. 226ff.; vgl. auch Maschke u. Sydow.

48 Angaben nach Ropertz S. 23ff.

49 Ders. S. 64

50 Ders. S. 5

51 Ders. S. 108

52 Ders. S. 96ff.; Belege für Köln, Aachen, Mainz bei Vogts, Bd. 1, S. 58ff.

Beginn der Neuzeit

1 Weinsberg S. 246

2 Brosthaus S. 63; vgl. Zeeden S. 347ff.

3 Ravensburg S. 278

4 Ossenberg S. 40

5 Mohrmann S. 241

6 Wurmbach S. 11ff.

7 Nach Schwemmer T 25, a b (Stadtarchiv, Reichsstädt. Bauamt IIIa, Nr. 158)

8 Hansen S. 100f.

9 Ders. S. 128

10 Jacob S. 8f.

11 Hübler S. 50

12 Brosthaus S. 74, Anm. 22

13 Junker S. 12

14 Nach Brosthaus S. 76

15 Hauke, Ost- u. Westpreußen, S. 84

16 Götzger S. 25

17 Armbruster S. 14

18 Vogts, Bd. 1, S. 274

19 Hauke, Ost- u. Westpreußen, S. 30

20 Junker S. 14

21 Sage S. 74f.

22 Heine S. 1032

23 Rumpf S. 104

24 Vogts, Bd. 1, S. 71f.

25 Götzger S. 64

26 Nach Mohrmann S. 242

27 Was die weithin bekannten örtlichen Eigentümlichkeiten anlangt, so muß Sigrid Müller-Christensen beigepflichtet werden, »daß die eingebürgerten schlagwortartigen Bezeichnungen wie ›Lüneburger Truhe‹, ›Kölner Überbauschrank‹, ›Ulmer Fassadenschrank‹ oder ›Thurgauer Intarsia‹ jeweils nur eine durch den Zufall der Überlieferung und den Zugriff der Forschung bekanntgewordene lokale Pflegestätte einer handwerklichen Besonderheit hervorheben, von der nicht auszuschließen ist, daß sie ähnlich ehedem nicht auch anderswo vorkam«. (S. 66)

28 Vogts, Bd. 1, S. 320

29 Vgl. Savage S. 80

30 Meier–Oberist S. 130

31 Vogts, Bd. 1, S. 280ff.

32 Nach Mohrmann S. 246

33 Als bedeutende Schnitzer sind bekannt: Heinrich Ringelingk, Jürgen Gower, Andreas Salgen, Hans Gudewerth. (Hinz S. 24)

34 Grohe S. 110

35 Gefördert wurden solche Arbeiten durch den sich ausbreitenden Verkehr mit fremden, auch überseeischen Ländern; er brachte neben vielerlei Moden auch die Vorliebe für ausländische Hölzer. Neben die einheimischen Arten (Fichte, Tanne, in den Alpen Arve, Eiche, Buche, Esche und Nußbaum) traten bisher unbekannte Holzarten wie Ebenholz, Zypresse und vor allem die kostbare ungarische Esche. Durch wechselweises Einfügen heller und dunkler Holzstückchen (Intarsia) wurden die Muster belebt; sie fanden zudem eine Bereicherung durch die neuen Materialien Schildpatt, Elfenbein, Perlmutt, Achat, Lapislazuli u.a. An hervorragenden Stücken bürgerlicher Möbel wurden Silber- und Goldauflagen angebracht, was diese in die Nähe des Schloßmobiliars rückte. »Man hat den Eindruck, daß alle Kunstschreiner in der kunstvollen Anwendung der Ein- und Auflagen wetteiferten, sie durch bunte Färbung der Hölzer und Schattierung mittels heißem Sand zu differenzieren suchten und, nachdem nun die Architektur die Form des Möbels beherrschte, sie auf diesem ihrem eigensten Gebiet ihr technisches Können und ihre künstlerische Phantasie unter Beweis stellen wollten.« (Kreisel II, S. 81f.)

36 Während man in der Schweiz bis zum Ende des 16. Jahrhunderts fast nur die einheimischen Hölzer (Tanne, Arve, Eiche) verwendet hatte, zeigt sich ab ca. 1580 eine zunehmende Vorliebe für Nußbaum und ausländische Holzarten. So hat auch Johannes Waser, als er den Umbau der »Rosenburg« zu Stans für seine Bedürfnisse in Auftrag gab, die Holzarbeiten an Decke, Wänden und Mobiliar überwiegend in Nußbaum mit Füllungen aus Eschen- und Ahorn-Fournier fertigen lassen. Übrigens war Waser Jurist – in diplomatischer Mission auch auf dem großen Augsburger Reichstag tätig – wie jener Patrizier Dr. Fortunatus Sprecher, den C. F. Meyer in seinem »Jürg Jenatsch« darstellt. Die Geschichte spielt zu Beginn des 17. Jahrhunderts. Sie wurde zwar erst Anfang des 20. Jahrhunderts niedergeschrieben, ist aber aus der Kenntnis des Schweizer Dichters und der Anschauung solcher Spätrenaissance-Stuben gespeist. Meyer schildert eine festliche Mittagstafel in Chur um 1600.

37 Wurmbach S. 18f.

38 Unter der Bezeichnung »Kutze« wird anscheinend regional Unterschiedliches verstanden. Vgl. Vogts, Bd. 1, S. 317: »Das große Bett wird auch als Kutze oder Kotze bezeichnet; ich bin nicht der Ansicht E. Wurmbachs, daß damit nur eine Liege (wie bei unserer ›couch‹) gemeint ist, sondern halte sie in erster Linie für die im Bauernhaus auch später noch allgemein übliche Bettnische, den Alkoven oder Bettschrank, entsprechend der holländischen Kutze, denn wie kann anders das als ›fultrum incisum undique clausum gesnitzelt Koitz‹ ausführlich beschriebene Bett des Kölner Domprobstes (1524) gewesen sein, das an drei Seiten umschlossen und nur von vorn zugänglich war?«

39 Schmidt S. 121

40 Guarinonius S. 1278

41 Ders. S. 485

42 Ders. S. 489f.

43 Ders. S. 498

44 Wurmbach S. 31

45 Bücking S. 159

46 Vogts, Bd. 1, S. 320f.; vgl. Fehring S. 20 u. Frank S. 14

Das barocke Ensemble

[1] Vgl. Savage S. 12f.
[2] Büttner S. 225
[3] Schwenderius S. 18
[4] Erbe S. 88f.
[5] Vogts, Bd. 1, S. 266
[6] »... die höfisch-aristokratische Menschenmodellierung mündet in dieser oder jener Form in die berufsbürgerliche ein und wird in ihr aufgehoben und weitergetragen. Man findet diese Imprägnierung breiterer Schichten mit Verhaltensformen und Triebmodellierungen, die ursprünglich der höfischen Gesellschaft eigentümlich waren, besonders stark in Regionen, in denen die Höfe groß und reich und ihr Vorbild daher von großer Durchschlagskraft war. Paris und Wien sind Beispiele dafür.« (Elias S. 418)
[7] Teynac S. 16
[8] Meyer P. S. 77
[9] Griep S. 204
[10] Dieses Erscheinungsbild betonen am Mobiliar auch holzfremde Materialien, die auf einen Holzkern furniert werden. Das Furnieren der Möbel ist nun die vorherrschende – in den besseren Stücken mit Perfektion betriebene – Technik der Oberflächenbehandlung. Zumeist wird eine dünne Schicht Nußbaumholz auf massives Weichholz aufgeleimt und mit einer Politurschicht haltbar gemacht.
[11] Das Charakteristische am Frankfurter Schrank sind die gewulsteten Rundleisten im Wechsel mit tiefen Hohlkehlen; sie betonen die Senkrechte. Dieser Typus spricht durch seine besonders stimmigen Proportionen an und wirkt trotz aller Schwere nicht überladen.
Der Ulmer Schrank behält das architektonische Element des Renaissance-Fassadenschrankes bei: gedrehte Säulen, Blattkonsolen, Nischen, Blendrahmen und Akanthusaufsätze bestimmen den zwei- oder dreigeschossigen hohen Aufbau. Nußbaumholz überwiegt.
[12] Das barocke Motiv der gedrehten Säulen bemächtigt sich aller Stützen an Möbeln. So werden durch das reizvolle Spiel von Licht und Schatten auch die unteren Teile des Mobiliars belebt. Beine, Zargen und Stege sind mit plastischen Ornamenten bedeckt, so daß ihre konstruktive Funktion oft kaum erkennbar ist. »Das Holz als solches sollte in seinen ihm gemäßen Eigenschaften hervorgehoben und in seiner Wirkung differenziert werden durch Brechungen vielerlei Art, durch Profilierung, durch den Wechsel konkaver und konvexer Teile, kurz durch Nutzung aller Möglichkeiten, die der Werkstoff hergab. Das war schreinermäßig gedacht...« (Kreisel II, S. 157)
[13] Bräuer S. 158
[14] Grohne S. 105
[15] Griep S. 205
[16] Denkmalpflege Informationen, München, 18. März 1981
[17] StA Wunsiedel. Die Archivauszüge aus Wunsiedel besorgte Dr. Friedrich W. Singer, dem an dieser Stelle herzlich gedankt sei.
[18] Grohne S. 117
[19] Griep S. 53
[20] Guarinonius S. 481
[21] Grohne S. 124
[22] Schmidt S. 65f.
[23] Savage S. 173ff.
[24] Keller, Novellen, S. 109
[25] Comenius, der ursprünglich der Mährischen Brudergemeinde angehörte, wurde mehrmals seiner Weltanschauung wegen vertrieben und kam als Pädagoge durch ganz Europa. Seine Werke fanden größte Verbreitung und Nachahmung; noch Goethe berichtet in »Dichtung und Wahrheit« (Bd. I), daß der »Orbis Pictus« in seiner Kindheit das bevorzugte Lehrbuch war.
[26] v. Wilckens S. 34f.
[27] Grimmelshausen S. 474ff.
[28] Savage S. 173ff. Der Untertitel des Werkes lautet bezeichnenderweise: »Wegweiser für hochgeborene Herren und für Kunstschreiner, eine reichhaltige Sammlung der elegantesten und brauchbarsten Entwürfe in gotischem, chinesischem und modernem Geschmack«.
[29] Ossenberg S. 43
[30] Baumeier S. 82
[31] Schramm, Generationen, S. 239
[32] Schramm, Generationen, S. 236f.
[33] Klöden S. 179
[34] Griep S. 208
[35] Stephan S. 98
[36] Baumeister S. 82
[37] Hauke S. 84
[38] Bräuer S. 148
[39] Möller S. 116
[40] Nach Möller S. 121f.
[41] Ders. S. 123
[42] Alle Angaben über Traunstein nach B. Brückner S. 157
[43] Gierl S. 120–124
[44] Möller S. 320

Klassizismus und Napoleonzeit

[1] Vgl. Müller-Christensen S. 126
[2] Goethe, Briefe, S. 32
[3] Kreisel III–Himmelheber S. 132
[4] Friedell S. 197. Man bezeichnet den frühen Klassizismus auch als »Zopfstil« – zunächst spottend gebraucht wie fast alle Stilbegriffe – nach der vor der Französischen Revolution üblichen Haarmode der Männer; anderer Auffassung nach war das Zopf-Ornament stilbildend.
[5] Kommer, Klassizismus, S. 14
[6] Vgl. Ottomeyer, Sitzmöbel, S. 149
[7] Roentgen spezialisierte sich auf die Techniken des Holzfärbens und -härtens und auf mechanische Kuriositäten, wie sie dann im Laufe des 19. Jahrhunderts in allen Bereichen des privaten und öffentlichen Lebens aufkamen bzw. von Amerika und England als sogenannte Patentmöbel übernommen wurden.
[8] Kommer, in: Schadendorf S. 26
[9] Schramm S. 96f.
[10] Mayer S. 218
[11] Stampfer S. 27
[12] A. Koch S. 4; 1791 gründete Bertuch eine Art von Warenhaus, ein »Industrie Comptoir«, in dem es alles gab von der Wohnungseinrichtung bis zur Spielkarte. Dieser nahezu geniale »Manufakturist« trug nicht wenig dazu bei, daß die Kenntnis aller irgendwo in Europa aufkommenden Moderichtungen rasch zur Anschauung und Verbreitung gelangten.
[13] Friedell S. 276
[14] Als sich aber unter König Ludwig I. (1816–1848) das Staatsbewußtsein bereits konsolidiert hatte, genügte diese Art nicht mehr: Das Königtum wollte sich auch nach außen repräsentieren. Der Neubau der Residenz in München mit seiner Einrichtung sollte nach dem Willen des Königs auch auf die Bildung und Veredelung des Bürgers zurückwirken. (nach Schaefer S. 6f.)
[15] Schaefer S. 9

[16] »Extrem ausgedrückt könnte man behaupten, daß durch wirtschaftliche Zwänge bedingt, die arbeitsaufwendigen Formen des Rokoko durch die Schlichtheit des Klassizismus ersetzt wurden, zumindest kamen sich hier Ökonomie und Stilwandel auf ideale Weise entgegen.« Parenzan S. 26; hier wird auch die stilbildende Wirkung des Hofes und des »Hofmobilieninspektors« gewürdigt. Die Sammlung ging 1918 in die Bundesmobilienverwaltung in Wien, Mariahilferstr. 88, über. Die kaiserlichen Bestände wurden um bürgerliches Mobiliar erweitert (z. B. um ein Jugendstilzimmer). Außergewöhnlich vielseitig und geistreich variierte man Formen und Zierate. Unter Kaiser Joseph II. war ein Gesetz erlassen worden, das für jeden Handwerksmeister den Besuch auf der Akademie der Bildenden Künste und Fähigkeiten im Zeichnen vorschrieb. Die Auswirkungen dieser qualitätsfördernden Maßnahme waren erst jetzt nach 1800 spürbar.
In einmaliger Weise haben sich in der »Bundessammlung Alter Stilmöbel« Einrichtungen aus dem ehemaligen k. u. k. Hofmobiliendepot, das für Verwaltung und Instandsetzung des hof-ärarischen Mobiliars zuständig war, erhalten. Unmodern gewordene Möbel der fürstlichen Schlösser wurden seit den Zeiten Maria Theresias an Beamte privat und für Kanzleien abgegeben, ab 1899 aber wieder zentral gesammelt. 1924 eröffnete die Schausammlung, die dem Handwerk Anregungen geben und die Öffentlichkeit auf die Tradition der österreichischen Wohnkultur aufmerksam machen sollte. Es werden vorwiegend Ensembles aus kaiserlichen Beständen gezeigt, die allerdings mehr und mehr auch Bürgerkreisen zur Verfügung gestellt wurden.

[17] Qualitätvolle Empire-Möbel stammen fast durchweg aus Schloßbesitz, wie bei Kreisel III–Himmelheber nachgewiesen wird; Abb. 300–350.

[18] Schramm, Generationen, Bd. 2, S. 232

[19] Aus der Beethoven-Biographie von Marek, S. 196

Biedermeier

[1] Viktor v. Scheffel veröffentlichte 1848 zwei Gedichte in den »Fliegenden Blättern«: »Bummelmeiers Klage« und »Biedermanns Abendgemütlichkeit«. In Reminiszenz dazu verwandte der Heidelberger Arzt Adolf Kußmaul 1853 in karikaturistischer Weise zum ersten Mal den Namen »Biedermaier«.

[2] Für den Hinweis bin ich Herrn Dr. Hans Ottomeyer, Stadtmuseum München, zu Dank verpflichtet. Kurz vor Drucklegung dieses Buches hat er veranlaßt, daß die Beschriftung der Räume »Münchner Wohnkultur« im Stadtmuseum dem neuen Erkenntnisstand angepaßt wurde. Diesem folgen im Abbildungsteil die Unterschriften zu Abb. 177, 180, 195, 197–201, 215, 231.

[3] Roh S. 15

[4] Elias S. 344

[5] Praz S. 36

[6] Zuerst wurden diese Gedanken in Aufsätzen von P. Kluckhohn, G. Weydt, K. Simon, W. Bietak, H. Pongs u. a. in den 30er Jahren geäußert, in: DVS, 13. u. 14. Jg., Halle 1935/36.

[7] Franz Grillparzer, Werke Bd. IV, S. 184

[8] Pötschner S. 29

[9] Bahns S. 29

[10] Nach Kreisel III–Himmelheber S. 90

[11] »Bezeichnend für ihn sind ... die Fadeneinlagen, die in stilisierten Blatt- und Knospenformen enden und die immer wiederkehrenden Punkte zwischen zwei Streifen. Die ›gebogene Form‹ wird hier in besonderer Fülle zur Anwendung gebracht. Wie selbstverständlich wandeln sich nun die Biegungen in C- und S-Schwünge. Hier hat das Biedermeier wirklich sein Ende gefunden.« (Kreisel III–Himmelheber S. 111)

[12] Hochenegg S. 77

[13] Endler S. 45 ff.; vgl. auch Ausstellungskatalog »Das Werk Michael Thonets«, Wien 1965; Giedion S. 533 f.

[14] Vgl. Weber-Kellermann, Familie, S. 96 f. u. 112 ff.

[15] »Unerschöpflich in ihrer Vielfältigkeit sind die Formen der Kleinmöbel, so z. B. der Nähtische, die man gegen die vierziger Jahre gern auf einen erhöhten Platz am Fenster, den ›Thron‹ stellte. Hier genoß die häusliche Frau ungezählte Stunden beschaulicher Seelenruhe, während ihre Hand unermüdlich die Nadel auf und nieder fliegen ließ, um Heim und Gewand in mannigfaltiger Weise zu zieren; um Mull- oder Tüllstickereien entstehen zu lassen, etwa wie sie von Lottes Hand die Fenster in Goethes Gartenhaus schmücken, oder Aufnäh-, Seiden-, Perl- und Petitpointarbeiten zu Stellschirmen, Kissen, Möbelbezügen zu fertigen, deren bunte Muster einen heiteren Ton in die Schlichtheit der bürgerlichen Stuben fügte. Belebend kam die Wandbehandlung hinzu, die zu dieser Zeit zunächst schlichten farbigen Anstrich in lebhaften, aber feingestimmten blauen, roten, grünen und anderen Tönen brachte, bis später die gedruckte Tapete mehr und mehr Allgemeingut wurde.« (Behme S. 25)

[16] Behme S. 27. Die Schubladenfronten zeigen regelmäßige Anordnung, die Schübe sind meistens durch Zwischenstege getrennt. Das Brett als Konstruktionselement tritt – wie bei allen Biedermeiermöbeln – deutlich in Erscheinung. Immer ist die Schauseite betont, d. h. nur sie wird mit einigen Schmuckformen versehen. Manchmal besetzen gedrechselte Halbsäulen die Ekken des Möbels, und die Deckplatten sind seitlich und nach vorne gefällig abgerundet.

[17] Bahns S. 120

[18] Ders. S. 108

[19] Pieske, Wandschmuck, S. 253; vgl. auch: dies. in: Niethammer S. 253

Historismus des 19. Jahrhunderts

[1] Meier–Oberist S. 276

[2] Behme S. 28

[3] Dies. S. 24 f.

[4] Coing, in: Grote S. 19; zur Historismusproblematik s. auch Kreisel III–Himmelheber S. 4 ff.; vgl. zum Thema Stilrezeption: Gudrun Stoletzki, Eine Epoche in neuem Licht. Das gewandelte Verständnis für den Klassizismus, in: Kunst u. Antiqu. 1/1983, S. 62 f.

[5] Linnenkamp S. 103 u. 127

[6] Elias S. 430 ff.

[7] Behme S. 28

[8] Linnenkamp S. 51

[9] Behme S. 29

[10] Eckermann S. 164

[11] Schwemmer S. 49; vgl. Schramm, Generationen, S. 238

[12] Nach Götz S. 185

[13] Götz S. 192

[14] Baur S. 220

[15] Linnenkamp S. 38

[16] Pieske, Wandschmuck 1979, S. 259. Das Thema Wandschmuck ist von Pieske in mehreren Untersuchungen behandelt worden, auf deren Ergebnisse sich der Text besonders in bezug auf das 19. Jahrhundert weitgehend stützt.

[17] Pieske, wie Anm. 16, S. 162

[18] Kreisel III–Himmelheber S. 192
[19] Schlee S. 81; »Die beiden Museen in Kiel und Flensburg verstanden sich, einer allgemeinen Tendenz folgend, als Kunstgewerbemuseen und betrachteten die Sammlungsstücke vornehmlich als Vorbilder für praktisch tätige Kunsthandwerker. Der Gründer und erste Leiter des Flensburger Museums, Heinrich Sauermann, verband denn auch mit dem Museum sowohl eine Werkstatt für Möbelbau wie eine Schule für Handwerker; praktisch bildeten beide eine Einheit.« (Jedding S. 142)
[20] Wagner–Rieger S. 281
[21] Dies. S. 219
[22] Jedding S. 143
[23] Seine 1862 gegründete Zeichen- und Bildhauerschule wirkte bahnbrechend für das Kunstgewerbe. Mit seiner eigenen Firma führte er Großaufträge (Villenausstattung, Einrichtung von Ringstraßen-Bauten, Salonwagen) aus, die auf das Gesamtkunstwerk Haus zielten. 1873 beteiligte er sich mit großem Erfolg an der Wiener Weltausstellung.
[24] Alle Angaben nach Unterlagen aus dem Besitz der Nachfahren Ludwig–Hanreich.
[25] Tauch S. 39; Aquarell-Entwürfe der Fa. Pallenberg in der Graph. Sammlung, Köln.
[26] Fontane S. 926 (Nachwort)
[27] Ders. S. 395
[28] Ders. S. 157
[29] Koch S. 161
[30] Müller S. 180
[31] Stillich S. 200
[32] Müller S. 184
[33] Weber-Kellermann u. a., Marburg, S. 5; hier wird auch das Problem der Definition des Kleinbürgers aufgerissen.
[34] Vgl. Brückner, Elfenreigen 1974 u. Die Bilderfabrik 1977
[35] Hauke S. 100
[36] Stender S. 90
[37] Ropertz S. 18
[38] Weber-Kellermann u. a., Marburg, S. 7
[39] Wie Anm. 38
[40] Stein S. 125 f.
[41] Löffler S. 124
[42] Kocks S. 35
[43] Kunstwart 1905/06, 19, S. 130

Die Arbeiterwohnung

[1] Vordtriede S. 54 f.
[2] Dießenbacher, in: Asmus S. 14
[3] Wie Anm. 2, S. 15
[4] Wohnungs-Enquête der Berliner Ortskrankenkasse 1906 (Hrsg. Albert Kohn), Fotomaterial veröffentlicht und in fünf Beiträgen behandelt bei G. Asmus.
[5] Wie Anm. 2, S. 16
[6] Beier, in: Asmus S. 256 u. 296 ff.; vgl. auch Kuczynski S. 175
[7] Eberstadt S. 185 f. Ausführliche Lit. zum Wohnungsproblem der Zeit auf den Seiten 219 ff. u. 615. Lit., bei Asmus S. 296 ff.
[8] Fielhauer u. a. S. 54
[9] Doderer S. 30
[10] Erdmannsdorfer S. 114 ff. Weitere Angaben nach L. Brentano S. 8–10.
[11] Vgl. Sachße u. Tennstedt, in: Asmus S. 271 ff.

Neuerungen auf technischem Gebiet

[1] Bahns S. 93 ff.
[2] Angemeldete und registrierte Patente gab es in Deutschland erst ab 1877, in England, Frankreich und Amerika bereits um 1800. Ab 1798 veranstaltete Frankreich regelmäßige Industrieausstellungen; auch in verschiedenen deutschen Städten liefen in den nächsten Jahrzehnten solche Ausstellungen an, die zum allgemeinen Regulativ für Handwerker, Künstler, Gewerbelehrer und Verbraucher wurden.
[3] Giedion S. 436. Siegfried Giedion kommt aus der Tradition Jakob Burckhardt–Heinrich Wölfflin, bei dem er 1922 in München promoviert wurde. Seine beiden Hauptwerke »Space, Time and Architecture« (1941) und »Mechanization Takes Command« (1948) sind mit Jahrzehnten Verspätung in deutscher Sprache, in der sie ursprünglich geplant waren, erschienen.
[4] Ders. S. 434
[5] Ders. S. 448 u. Abb. 239, nach J. J. Schübler: Nützliche Vorstellung, Nürnberg 1730
[6] Kreisel III–Himmelheber S. 3
[7] Nach Reineking v. Bock S. 71
[8] Giedion S. 745
[9] Meyer–Oberist S. 309
[10] »Die elektrifizierte Küche war der Wunschtraum der Hausfrau, aber nur wenigen wurde dieser Traum erfüllt.« (Stille–Beitlich S. 13) Hier zahlreiche Details u. Abb. aus Küchen um 1900. Diese finden sich auch in der immens anwachsenden Kochbuch-Literatur der zweiten Hälfte des 19. Jahrhunderts (vgl. Katalog der Sammlung Horn–Arndt: Schöne alte Kochbücher, München 1983); vgl. auch Brigitte Ten Kate-von Eicken: Küchengeräte um 1900, Weil der Stadt 1981.

Beginn des 20. Jahrhunderts: Jugendstil, Neues Wohnen, Ausblick

[1] Loos, in: Dekorat. Kunst 1/1898, S. 235
[2] Grönwoldt S. 14
[3] Klaus Berger bei der Historismus-Diskussion, in: Grotius S. 96
[4] Sänger S. 7
[5] Katalog Riemerschmid S. 114 f., und darin Himmelheber S. 28
[6] Friedrich Naumann hatte das Programm formuliert. Vgl. P. Bruckmann: Die Gründung des Deutschen Werkbundes 6. Okt. 1907 (1932), in: Katalog »Zwischen Kunst und Industrie«, S. 24 ff.; Deutsche Kunst und Dekoration, Bd. XXII, 1908, S. 335 ff. und L. Burckhardt (Hrsg.): Der Werkbund in Deutschland, Österreich und der Schweiz, Stuttgart 1978.
[7] Auch sie ging von England aus: »Gartenstadt in Sicht« heißt ein 1896 erschienenes Buch von E. Howard. Mehrere Arbeitersiedlungen waren bei den großen englischen Industriestädten errichtet worden. Vgl. Nerdinger, in: Katalog Riemerschmid S. 400 ff.
[8] Günther, in: Katalog Riemerschmid S. 34 f.
[9] Haag S. 63
[10] Muthesius: Kontroverse mit Henry van de Velde 1914
[11] Taut S. 33
[12] Ders. S. 122
[13] Mitscherlich, zitiert nach Sack, S. 141
[14] Heidegger S. 162
[15] Vgl. Hoimar v. Ditfurth: Die Marionette der Gene? In: Geo, April 1983, S. 38–54
[16] Sack S. 15
[17] Ders. S. 8

Literaturverzeichnis

Primärquellen sind kursiv gesetzt

Amaranthes: Nutzbares, galantes und curiöses Frauenzimmer-Lexicon, Leipzig 1715
Andritzky, Michael, u. Selle, Gert (Hrsg.): Lernbereich Wohnen, Bd. 1 u. 2, Reinbek b. Hamburg 1979
Anheißer, Roland: Das mittelalterliche Wohnhaus in den deutschstämmigen Landen, Stuttgart 1935
Appuhn, Horst: Beiträge zur Geschichte des Herrschersitzes im Mittelalter, I. Teil, Gedrechselte Sitze, in: Aachener Kunstbl. 48, 1978/79, S. 25–52
Arnim, Bettina v.: s. Vordtriede
Arnold, K.-P.: Gestaltete Form in Vergangenheit und Gegenwart. Möbel aus Hellerau (= Katalog), Dresden 1973

Bachelard, G.: La poétique de l'espace, Paris 1958 (dt. Übers.: Poetik des Raumes, München 1960)
Baer, C. H. (Hrsg., Einleitung): Deutsche Wohn- und Festräume, Stuttgart o.J. (um 1920)
Bahns, Jörn: Biedermeier-Möbel. Entstehung – Zentren – Typen, München 1979
Balet, Leo: Die Verbürgerlichung der deutschen Kunst, Literatur und Musik im 18. Jahrhundert, Leipzig–Straßburg–Zürich 1936
Baumeier, Stefan: Das Bürgerhaus in Warendorf. Ein volkskundl. Beitrag zur Geschichte d. Profanbaus in Westfalen, Münster 1974
Bausinger, Hermann: Verbürgerlichung – Folgen eines Interpretaments, in: Kultureller Wandel im 19. Jahrhundert, Göttingen 1973, S. 24–49
Bebel, August: Die Frau und der Sozialismus, Stuttgart 1896, 26. Aufl. (1879)
Bedal: s. Wiegelmann
Behme, Theda: Schlichte deutsche Wohnmöbel, München 1928
Beier, Rosmarie: Leben in der Mietskaserne, in: Asmus S. 244f.
Benjamin, Walter: Berliner Kindheit um Neunzehnhundert, Frankfurt a.M. 1975 (1950)
Bernt, Adolf: Art. »Bürgerhaus«, in: Reallexikon d. dt. Kunstgesch., Bd. III, Stuttgart 1951
– Deutsche Bürgerhäuser, Tübingen 1968
Bertuch, Friedrich Justus, und Kraus, G. M.: Journal des Luxus und der Moden, Weimar 1786, 4 Bde. (bis 1827)
Beutler, Christian (Hrsg.): Weltausstellungen im 19. Jahrhundert. Mit einem Beitrag von Günter Metken (Kataloggestaltung Klaus-Jürgen Sembach), München 1973
Beyer-Fröhlich, Marianne (Hrsg.): Aus dem Zeitalter des Humanismus und der Reformation (Reihe: Deutsche Selbstzeugnisse), Bd. 4/5 (Hrsg. G. Melchior Kraus), Leipzig 1931/32
Bietak, Wilhelm: Das Lebensgefühl des »Biedermeier« in der österreichischen Dichtung, Wien 1931
Bimmer, Andreas, u. Weber-Kellermann, Ingeborg (Hrsg.): Sozialkultur der Familie (= Hess. Bl. f. Volks- u. Kulturforschung, Bd. 13), Gießen 1982 (zit. Bimmer)
Blank, Richard (Hrsg.): Das häusliche Glück. Vollständiger Haushaltsunterricht nebst Anleitungen zum Kochen für Arbeiterfrauen, Leipzig 1882 (Neuausgabe München 1973)
Böhmer, Günter: Die Welt des Biedermeier, München 1977
Bönisch, Alfred, u. Reichelt, Dieter: Bürgerliche Gesellschaftskonzeption und Wirklichkeit, Frankfurt a.M. 1976
Bollnow, Otto Friedrich: Mensch und Raum, Stuttgart 1963
Bräuer, Karl: Studien zur Geschichte der Lebenshaltung in Frankfurt a.M. während des 17. und 18. Jahrhunderts, Frankfurt a.M. 1915
Brandes, J. Chr.: Meine Lebensgeschichte, Berlin 1899
Brandt, Ahasver v.: Deutsche Bürgerhäuser vom Mittelalter bis zur Neuzeit, in: Tagungsbericht d. dt. Ges. f. Hausforschung, Münster 1951
– Bürgertestamente. Neuerschlossene Quellen zur Geschichte der materiellen und geistigen Kultur, Heidelberg 1973
Brecheis, Günter u. Dieter: Wohnen im Wandel in Hof, in: Kulturwarte, XXIX. Jg., Hof 1983, H. 7 u. 8
Brentano, Lujo: Wohnungszustände und Wohnungsreform in München, München 1904
Bronner, Franz Xaver: Leben, von ihm selbst beschrieben, Bd. I–III, Zürich 1795/97
Brosthaus, Ursula: Bürgerleben im 16. Jahrhundert. Die Autobiographie des Stralsunder Bürgermeisters Bartholomäus Sastrow als kulturgeschichtliche Quelle, Köln–Wien 1972
Brückner, Barbara: Die Traunsteiner Inventarien (1520–1860) als kulturgeschichtliche Quelle, in: Bayer. Jb. f. Vkde. 1951, S. 154–160
Brückner, Wolfgang: Elfenreigen – Hochzeitstraum. Die Ölbilderfabrikation 1880–1940, Köln 1974
Brunner, Otto: Das »ganze Haus« und die alteuropäische Ökonomik, in: Fam. u. Ges., Tübingen 1966, S. 23–56
Buerkel, Luigi: Vom Rindermarkt zur Leopoldstraße. Jugenderinnerungen aus dem München König Ludwig II., aus dem Nachlaß hrsg. v. Marie Romeis, München o.J. (ca. 1960)
Büttner, Horst, u. Meißner, Günter: Bürgerhäuser in Europa, Stuttgart 1981
Buhr, Elise: Der städtische Haushalt, Hannover 1885
Burckhardt, Carl Jacob: Memorabilien. Erinnerungen und Begegnungen, München 1977, 2. Aufl.
Burgemeister, Ludwig: Das Bürgerhaus in Schlesien, Berlin 1921

Chodowiecki, Daniel (1726–1801): Bürgerliches Leben im 18. Jahrhundert, Zeichnungen und Druckgraphik (= Kat. d. Städelschen Kunstinst. u. d. Städt. Galerie), Frankfurt a.M. 1978
– Von Berlin nach Danzig, Leipzig 1937 (s. Oettingen)
– s. Strübel, s. Schmitt
Christiani, Franz-Josef: Schreibmöbelentwürfe zu Meisterstücken Braunschweiger Tischler aus der 1. Hälfte des 19. Jahrhunderts, Braunschweig 1979
Coing, Helmut, in: Grothe
Comenius, Johann Amos: Orbis sensualium pictus, Osnabrück 1964 (Faksimile d. Ausg. von 1658)
– s. Oettingen, s. Strübel
Csillery, Klára K.: Die Bank mit der umlegbaren Lehne, in: Volkskunst 1/1978 (Kurzfassung eines Aufs. in d. ung. Zs. Neprajizi Ertesitö, LVII, 1975, S. 1–65)
Culetto, Kurt: Das Werk Michael Thonets, Bugholzstühle, Basel 1970
Czok, Karl: Die Stadt. Ihre Stellung in der deutschen Geschichte, Leipzig–Jena–Berlin 1969

Davidis, Henriette: Die Hausfrau. Praktische Anleitung zur selbständigen und sparsamen Führung von Stadt- und Landhaushaltungen, Leipzig 1861 (hier: Ausgabe von Regensburg 1911)
Deneke, Bernward, in: Spies
Deuerlein, Ernst: Gesellschaft im Maschinenzeitalter, Reinbek b. Hamburg 1970
Devrient, Therese: Jugenderinnerungen, Stuttgart 1924
Dexel, G. u. Walter: Das Wohnhaus von heute, Leipzig 1928
Dießenbacher, Hartmut, in: Asmus
Doderer, Heimito v.: Die Wasserfälle von Slunj, München 1963

Dürckheim, Karlfried Graf v.: Untersuchungen zum gelebten Raum, in: Neue Psychol. Studien, 6. Bd., München 1932, S. 383–480
Dürer, Albrecht: Schriften und Briefe, Leipzig 1971

Eberstadt, Rudolf: Handbuch des Wohnwesens und der Wohnungsfrage, Jena 1920, 4. Aufl. (1909)
Eberty: Jugenderinnerungen eines alten Berliners, Berlin 1925
Ebinghaus, Hugo: Das Ackerbürgerhaus der Städte Westfalens, Dresden 1912
Eckermann, Johann Peter: Gespräche mit Goethe in den letzten Jahren seines Lebens (Hrsg. H. H. Houben), Wiesbaden 1949
Egg, Erich: Der Einfluß des Bergbaues im Spätmittelalter auf die Struktur des städtischen Bürgertums in Tirol, in: Krems 1976, S. 135–146
Eisenlohr, Roland: Das Arbeitersiedlungswesen der Stadt Mannheim (Diss.), Karlsruhe 1921
Eitzen, Gerhard: Zur Geschichte des südwestdeutschen Hauswesens im 15. und 16. Jahrhundert, in: Zs. f. Vkde., 59. Jg., 1963, S. 79 ff.
Eliade, Mircea: Das Heilige und das Profane. Vom Wesen des Religiösen, Hamburg 1957
Elias, Norbert: Über den Prozeß der Zivilisation, Bern u. München 1969, 2. Aufl., Bd. 2
Emmerich, Wolfgang (Hrsg.): Proletarische Lebensläufe, Bd. 1, Hamburg 1975
Endler, Franz: Wien im Biedermeier, Wien 1978
Erdmannsdorfer, Karl: Das Bürgerhaus in München, Tübingen (1972)
Erffa, Wolfram v.: Das Bürgerhaus im westlichen Oberfranken, Tübingen (1977)
Evers, Hans Gerhard: Vom Historismus zum Funktionalismus, Baden-Baden 1967

Faba, Alfred: Entwicklungsstufen der häuslichen Heizung, München 1957
Falke, Otto v.: Deutsche Möbel des Mittelalters und der Renaissance, Stuttgart 1924
Falkenhorst, C.: Das Buch von der gesunden und praktischen Wohnung, Leipzig 1891
Fehring, Günter P.: Lübeck, Archäologie einer Großstadt des Mittelalters, in: Lübecker Schriften zur Archäologie und Kulturgeschichte. Hrsg. v. d. Amt f. Vor- und Frühgeschichte der Hansestadt Lübeck, Lübeck 1976
– u. Neugebauer, Manfred: Der Beitrag der Archäologie zum »Leben in der Stadt des späten Mittelalters«, in: Krems 1976, S. 9–36
Feige, Wolfgang: Die Sozialstruktur der spätmittelalterlichen Stadt im Spiegel der historischen Statistik – mit besonderer Berücksichtigung der niederen Schichten der Bevölkerung und mit einem Exkurs in das Leipzig des 16. Jahrhunderts (Diss.), Leipzig 1965
Fellmayer, Johanna, u. Hammer, Heinrich: Die profanen Kunstdenkmäler der Stadt Innsbruck, Wien (1972)
Fielhauer, Helmut Paul: Der einfache Alltag um die Jahrhundertwende, in: Alltag in Wien seit 1848 (Katalog), Wien 1979
Finder, Ernst: Hamburgisches Bürgertum in der Vergangenheit, Hamburg 1930
Fischart, Johannes: Werke, Stuttgart 1894
Flesche, Klaus Peter: Die Kemenaten der Stadt Braunschweig (Diss.), Braunschweig 1949
Fließ, Ulrich: Das Hauswesen der Nürnberger Handwerker um 1500 (Diss.), Göttingen 1957
Folnesics, Josef: Innenräume und Hausrat der Empire- und Biedermeierzeit in Österreich–Ungarn, Wien 1920
Folz, Hans: s. Hampe
Fontane, Theodor: Romane, München 1969
Freckmann, Klaus: Das Bürgerhaus in Trier und an der Mosel, Tübingen (1983)
Fred, W.: Die Wohnung und ihre Ausstattung, Bielefeld–Leipzig 1903
Freudenthal, M.: Gestaltwandel der städtischen bürgerlichen und proletarischen Hauswirtschaft (1760–1910) (Diss.), Frankfurt 1934
Freytag, Gustav: Aus einer kleinen Stadt, Berlin o. J. (ca. 1935)
Fricke, Rudolf: Das Bürgerhaus in Braunschweig, Tübingen (1975)
Friedell, Egon: Kulturgeschichte der Neuzeit, München 1961
Friedrich, Richard: Grundriß einer Theologie des Wohnhauses, München 1967
Fugger und Welser: Oberdeutsche Wirtschaft, Politik und Kultur im Spiegel zweier Geschlechter, Augsburg 1950 (= Ausstellungskat., wiss. Bearb. N. Lieb u. a.)

Gierl, Irmgard: Die Einrichtung der Weilheimer Bürgerhäuser von 1650–1724, in: Bayer. Jb. f. Vkde. 1969
Glaser, Hermann: Ein kulturelles Curriculum für Stadtentwicklung, in: Urbanistik, München 1974, S. 156–162
Gleichmann, P. R.: Wandel der Wohnverhältnisse, Verhäuslichung der Vitalfunktion, Verstädterung und siedlungsräumliche Gestaltungsmacht, in: Zs. f. Soziol. 5 (1976), S. 319–329
Göbel, Heinrich: Das süddeutsche Bürgerhaus, Dresden 1908
Goebl, R.: Innenraumgestaltung, in: Klassizismus in Wien. Architektur und Plastik, Wien 1978 (= Kat. der 56. Sonderausstellung d. Hist. Mus. d. Stadt Wien, Okt. 1978)
Goethe, Johann Wolfgang: Briefe, München o. J. (1958)
– Gesammelte Werke, Gütersloh 1953
Götz, Norbert: Um Neugotik und Nürnberger Stil, Erlangen–Nürnberg 1979/80
Götz, Wolfgang: Historismus. Ein Versuch zur Definition des Begriffes, in: Zs. d. dt. Vereins f. Kunstwiss. 24, 1970
Götzger, Heinrich: Das Bürgerhaus der Stadt Lindau im Bodensee, Tübingen (1969)
Gollisen: Aus meinem Leben in zwei Welten, o. O. (Lübeck) 1929
Goltz, Bogumil: Buch der Kindheit, 3. Auflage 1869, hrsg. von Friedhelm Kemp, München (1964)
Goos, Berend: Erinnerungen aus meiner Jugend, Bd. I, Hamburg 1896
Greverus, Ina-J. M.: Kultur und Alltagswelt, München 1978
Griep, Hans-Günther: Das Bürgerhaus in Goslar, Tübingen (1959) (zit. Griep, Goslar)
– Das Bürgerhaus der Oberharzer Bergstädte, Tübingen (1975) (zit. Griep)
Grimm, Ludwig: Erinnerungen aus meinem Leben, in: Dt. Lit., Reihe Selbstzeugnisse, Leipzig 1938, Bd. 11 (Hrsg. E. Volkmann)
Grimmelshausen, Hans Jacob Christoffel v.: Das wunderbarliche Vogelnest, in: Dt. Dichter d. Barock, München 1961
Grönewoldt, Ruth: Art Nouveau. Textil-Dekor um 1900 (= Ausstellungskat. Württ. Landesmus. Stuttgart), Stuttgart 1980
Grohne, Ernst: Kulturgeschichtliches aus alten Bremischen Bürgerhäusern, in: Bremisches Jb. 37, 1937, S. 98–124
Grothe, Ludwig (Red.): Historismus und bildende Kunst. Vorträge

und Diskussion im Okt. 1963 in München u. Schloß Anif, München 1965
Grotte, A.: Das Bürgerhaus in den Posener Landen, Breslau 1932
Gruber, K.: Die Gestalt der deutschen Stadt, Leipzig 1927
Gruber, Otto: Deutsche Ackerbürgerhäuser, Karlsruhe 1926
Gründler, Johann, u. Feuchtmüller, Rupert (Bearb.): Barock und Biedermeier im niederösterr. Donauland (Ausstellungskat.), Berlin (1969)
Guarinonius, Hippolytus: Die Grewel der Verwüstung menschlichen Geschlechts, Ingolstadt 1610
Günther, Sonja: Interieurs um 1900, München 1971
Gutzkow, Karl: Gesammelte Werke, Jena o. J.

Haag, Maria: Erinnerungen aus meinem Leben, fünf Generationen, Zangberg 1975 (Privatdruck)
Hähnel, Joachim: Wort- und sachgeschichtliche Beiträge zur historischen Hausforschung (= Schr. d. volkskdl. Komm. d. Landschaftsverb. Westf.-Lippe 21), Münster 1975
– Zur Methodik der hauskundlichen Gefügeforschung, in: Rhein.-westf. Zs. f. Vkde. 16, 1969, S. 51–69
Hammer, Heinrich: s. Fellmayer
Hampe, Theodor (Hrsg.): Gedichte vom Hausrat aus dem XV. u. XVI. Jh. (Faksimile-Ausgabe), Straßburg 1899
Harcksen, S.: Wohnräume der Biedermeierzeit (Kat.), Potsdam 1970
Hasse, Max: Lübeck Sankt Annen-Museum: Bilder und Hausgerät, Lübeck 1969
Hauke, Karl: Das Bürgerhaus in Ost- und Westpreußen, Tübingen (1967)
– Das Bürgerhaus in Mecklenburg und Pommern, Tübingen (1975)
Hauptmann, Gerhart: Sämtliche Werke (Hrsg. H.-E. Hass), Bd. VII, Frankfurt a. M. 1962
Heidegger, Martin: Bauen, Wohnen, Denken, in: Vorträge und Aufsätze, Pfullingen (1954)
Heine, Heinrich: Werke (Hrsg. Paul Stapf), München o. J. (ca. 1975)
Heinitz, Hans: Das Bürgerhaus in Lübeck, Tübingen (1968)
Heinitz, Oscar: Das Bürgerhaus zwischen Schwarzwald und Schwäbischer Alb, Tübingen (1970)
Heller, Hermann: Michael Thonet, der Erfinder und Begründer der Bugholzmöbel-Industrie, Brünn o. J.
Helm, Rudolf: Das Bürgerhaus in Nordhessen, Tübingen (1967)
Hermann, Georg: Kubinke, Berlin 1951, 2. Aufl.
Herre, F.: Das Augsburger Bürgertum im Zeitalter der Aufklärung, Augsburg–Basel 1951
Hesse, Hermann: Kinderseele, in: Deutsche Erzähler, 2. Bd., Frankfurt a. M. 1979
Hetzer, H.: Kindheit und Armut, Leipzig 1937
Heyne, Moriz: Das deutsche Wohnungswesen, Leipzig 1899
– Fünf Bücher deutscher Hausaltertümer, Leipzig 1899 ff., Bd. 1
Himmelheber, Georg: Biedermeiermöbel, Düsseldorf (1978)
– s. Kreisel
Hinz, Sigrid: Innenraum und Möbel von der Antike bis zur Gegenwart, Berlin 1976
Hirth, Georg, u. Rosner, Karl: Das deutsche Zimmer vom Mittelalter bis zur Gegenwart, München/Leipzig 1899
Historismus, Kunsthandwerk und Industrie im Zeitalter der Weltausstellungen, Berlin 1973
Hochenegg, Hans: Der Innsbrucker Kunsttischler Johann Nepomuk Geyer, in: Tiroler Heimatblätter, 1970, H. 7/9, S. 73–78
Hoffmann, Edith: Die Darstellung des Bürgers in der deutschen Malerei des 18. Jahrhunderts (Diss.), München 1934
Hoffmann, Julius: Die »Hausväterliteratur« und die Predigten über den christlichen Hausstand, Weinheim–Berlin 1959
Horb, Felix: Das Innenraumbild des späten Mittelalters, Zürich 1938
Hübler, Hans: Das Bürgerhaus in Lübeck, Tübingen (1968)
Hundsbichler, Helmut: Stadtbegriff, Stadtbild und Stadtleben des 15. Jahrhunderts nach ausländischen Berichterstattern über Österreich, in: Krems 1976, S. 111–133
Hundt, Robert: Bergarbeiter-Wohnungen im Ruhrrevier (hrsg. v. Verein f. d. bergbaul. Interessen im Oberbergamtsbezirk Dortmund), Berlin 1902
Huxhold, Erwin: Das Bürgerhaus zwischen Schwarzwald und Odenwald, Tübingen (1980)

Jacob, Frank-Dietrich: Die Görlitzer bürgerliche Hausanlage der Spätgotik und Frührenaissance, Görlitz 1972
Jäger, Clemens (Hrsg.): Die Chroniken der deutschen Städte, Stuttgart 1929, 34. Bd. (Augsburger Schusterzunft 1536; Weberzunft 955–1545)
Jaritz, Gerhard: Die realienkundliche Aussage der sogenannten »Wiener Testamentsbücher«, in: Krems 1976, S. 171–190
Jedding, Hermann u. a.: Hohe Kunst zwischen Biedermeier und Jugendstil: Historismus in Hamburg und Norddeutschland (= Ausstellungskat.), Hamburg 1977
– Das schöne Möbel. Ein Handbuch für Sammler und Liebhaber, München 1978
Jung-Stilling, J. H.: Henrich Stillings Jugend. Eine wahrhafte Geschichte, Berlin–Leipzig 1777
– Henrich Stillings häusliches Leben. Eine wahrhafte Geschichte, Berlin–Leipzig 1789, in: Lebensgeschichte, München 1968 (Neuausgabe)
Junker, Almut u. a.: Frankfurt um 1600. Alltagsleben in der Stadt (= Kl. Schriften d. Hist. Mus. 7), Frankfurt 1976

Kalkschmidt, Eugen: Biedermeiers Glück und Ende, München 1957
Kamphausen, Alfred: Bürgerhäuser zwischen Elbe und Königsau, Heide i. Holst. (1963), 2. Aufl.
– Bürgerhäuser in Nordelbingen, Heide i. Holst. 1979, 3. Aufl.
Keller, Gottfried: Gesammelte Briefe in 4 Bd. (Hrsg. Carl Helbling), Bern 1950 ff.
– Züricher Novellen, Frankfurt a. M. 1980, 2. Aufl.
Kießling, Rolf: Bürgerliche Gesellschaft und Kirche in Augsburg im Spätmittelalter, Augsburg 1971
Klöden, Karl Friedrich v.: Jugenderinnerungen, in: Dt. Lit., Reihe Dt. Selbstzeugnisse, Leipzig 1938, Bd. 11 (Hrsg. E. Volkmann)
Kluckhohn, Paul: Biedermeier als literarische Epochenbezeichnung, in: Dt. Vierteljahrsschr. f. Lit. wiss. u. Geistesgesch. 13, 1935, S. 1–43
Kluge, Friedrich, u. Götze, Alfred: Etymologisches Wörterbuch der deutschen Sprache, Berlin 1948, 14. Aufl.
Kneile, Heinz: Bürgerliche Wohnarchitektur in den Städten des Großherzogtums Baden, Freiburg 1976
Koch, Alexander: Handbuch neuzeitlicher Wohnungskultur, Leipzig 1922
Koch, Christiane: Hausfrau und Dienstmädchen in der zweiten Hälfte des 19. Jahrhunderts, in: Hess. Bl. f. Volks- u. Kulturforschung, Bd. 13, Gießen 1982, S. 160–179

Kocka, J. v. (Hrsg.): Arbeiterkultur im 19. Jahrhundert, in: Gesch. u. Gesellsch. 5 (1979), H. 1
Kocks, Dirk: Medaillon des Neo-Klassizismus, in: Kunstchronik 1981, H. 1
Koelbl, Herlinde, u. Sack, Manfred: Das deutsche Wohnzimmer, Luzern u. Frankfurt a.M. 1980 (mit einem Beitrag von A. Mitscherlich)
Koenig, H.: Auch eine Jugend, Leipzig 1852
Kohn, Hans: Wege und Irrwege. Vom Geist des Bürgertums, Düsseldorf 1962
Kommer, Björn R.: Blick ins lübsche Haus, Wohn- und Festräume des 18. und 19. Jahrhunderts, Lübeck 1974
– Klassizismus in Norddeutschland. Hintergründe und Verflechtungen am Beispiel Lübeck, in: Kunst u. Antiqu. II/1983, S. 14–20 (= Kommer, Klassizismus)
– s. Schadendorf
Kommune 2, Alltag in der Kommune, in: Das Ende der Höflichkeit, München 1970
Konviarz, Richard: Alt-Schlesien, Architektur – Raumkunst – Kunstgewerbe, Stuttgart o.J.
Korff, Gottfried: Puppenstube als Spiegel bürgerlicher Wohnkultur, in: Niethammer S. 28–43
Kramer, Karl-Sigismund: Das Haus als geistiges Kraftfeld im Gefüge der alten Volkskultur, in: Rhein.-westf. Zs. f. Vkde. 11, 1964, S. 30–34
– Bauern und Bürger im nachmittelalterlichen Unterfranken, Würzburg 1957
Kramm, Heinrich: Besitzschichten und Bildungsschichten der mitteldeutschen Städte im 16. Jahrhundert, in: Vierteljahresschr. f. Sozial- u. Wirtschaftsgesch., 51. Bd. (1964), S. 454–491
Kreisel, Heinrich: Die Kunst des deutschen Möbels, München 1968/73: 1. Bd. Von den Anfängen bis zum Hochbarock, 2. Bd. Spätbarock und Rokoko, 3. Bd. Himmelheber, Georg: Klassizismus/Historismus/Jugendstil
Krems = Internationaler Kongreß Krems a.d. D., 20.–23. Sept. 1976 (Österr. Ak. d. Wiss., Phil.-histor. Klasse, Sitzungsberichte, 325. Bd. = Veröffentl. d. Inst. f. ma. Realienkunde Österr. Nr. 2), Wien 1977 (zit. Krems)
Kretschmar, Frank, u. Wirtler, Ulrich: Das Bürgerhaus in Konstanz, Meersburg und Überlingen, Tübingen (1977)
Krünitz, J.: Oekonomisch-technische Enzyklopädie, Berlin 1791
Kuczynski, Jürgen: Die Geschichte der Lage der Arbeiter unter dem Kapitalismus, Frankfurt/M. 1972
Kügelgen, Wilhelm v.: Jugenderinnerungen eines alten Mannes, Leipzig 1911
Kühnel, Harry: Realienkunde des Mittelalters und der frühen Neuzeit, in: Jb. f. Landeskde. v. NÖ 37, 1967, S. 215–247
– (Hrsg.): Das Leben in der Stadt des Spätmittelalters, Wien 1980, 2. Aufl.
Kußmaul, Adolf: Jugenderinnerungen eines alten Arztes, Stuttgart 1922

Lange, Emil: Fränkische Möbel um 1600 (Diss.), Erlangen 1940
Laube, Heinrich: Reise durch das Biedermeier um 1830, Wien 1946 (Neuaufl.)
Laufer, Fritz: Das Interieur in der europäischen Malerei des 19. Jahrhunderts (Diss.), Zürich 1960 (Teilabdruck)
Lauffer, Otto: Das deutsche Haus in Dorf und Stadt, in: Sammlung Wissensch. u. Bildung Nr. 152, Leipzig 1919
– Dorf und Stadt in Niederdeutschland, Berlin u. Leipzig 1934/37
– Ausstattung nach Stand und Rang, in: Wirtsch. u. Kultur, Festschr. f. Alphons Dapsch, Baden b. Wien–Leipzig 1939, S. 12–34
– Deutsche Lebensformen der Familie, Bremen 1943
Lehmann, Gustav: Die Einrichtung der Bürgerlichen Wohnung, München 1924
Lehnemann, Wingolf: Zur Geschichte und Funktion der Wohnküche im Ruhrrevier, in: Der Ausschnitt, Zs. f. Kunst u. Kultur im Bergbau, 1/1982, S. 24–30
Leinhaas, G. A.: Wohnräume des 15. und 16. Jahrhunderts nach Darstellungen auf Gemälden, Berlin 1901
Lewald, Fanny: Meine Lebensgeschichte, Berlin 1871
Lichtwern, M. G.: Das Recht der Vernunft, Leipzig 1758
Liedke, Volker: Das Bürgerhaus in Altbaiern, Tübingen (1983)
Linnenkamp, Rolf: Die Gründerzeit 1835–1918, München 1976
Lipp, Franz: Oberösterreichische Stuben. Bäuerliche und bürgerliche Innenräume, Linz 1966
Lipps, Holger: Englische Möbel, München 1973, 2. Aufl.
Löbert, Horst: Das Keramische Inventar einer Abfallgrube des 16. Jahrhunderts aus Göttingen, in: Zs. f. Archäol. d. Ma., Köln 1980
Löffler, Fritz: Das alte Dresden. Geschichte seiner Bauten, Dresden 1955
Löwenthal, Leo: Erzählkunst und Gesellschaft. Gesellschaftsproblematik in der deutschen Literatur des 19. Jahrhunderts, Neuwied (1971)
Loose, H.-D.: Hamburger Testamente 1351–1400 (= Veröff. aus d. Staatsarch. d. Fr. Hansestadt XI), Hamburg 1970
Lorenz, J. G.: Verbesserte häusliche Bürgererziehung als Beitrag zur Bildung des gemeinen Mannes, Berlin 1787
Lowe, John: Möbel von Thomas Chippendale, Darmstadt o.J. (um 1960)
Luckhaus, W.: Das Bürgerhaus des Barock in Braunschweig (Diss.), Hannover 1919
Ludewig, Hans: Damals bei uns zu Haus, o.O. 1957
Lüthi, Max: Die bürgerlichen Innendekorationen des Spätbarock und Rokoko in der deutschen Schweiz, Zürich u. Leipzig o.J. (1927)
Lutz, Max: Die Schweizerstube 1330–1930, Bern 1931
– 212 alte Schweizer Bürger- und Bauernstuben, Bern (1946)

Maass, Joachim: Die unwiederbringliche Zeit, Frankfurt/M.–Hamburg 1953
Mang, Karl: Thonet. Bugholzmöbel, Wien 1982
Mann, Thomas: Gesammelte Werke, Berlin 1956, 8. Bd. (Bekenntnisse des Hochstaplers Felix Krull)
Marek, George R.: Ludwig van Beethoven, München 1970
Markowsky, Walter: Das niederdeutsche Bürgerhaus, Leipzig 1916
Maschke, Erich, u. Sydow, Jürgen (Hrsg.): Gesellschaftliche Unterschichten in den südwestlichen deutschen Städten, Stuttgart 1976
– (Hrsg.): Städtische Mittelschichten, Stuttgart 1972
Mayer, Eugen: Das Bürgerhaus zwischen Ostalb und oberer Tauber, Tübingen (1978)
Meier-Oberist, Edmund: Kulturgeschichte des Wohnens im abendländischen Raum, Hamburg 1976
Meringer, Rudolf: Das deutsche Haus und sein Hausrat, Leipzig 1906
Meyer, Conrad Ferdinand: Jürg Jenatsch, Leipzig 1921
Meyer, Peter: Das Schweizerische Bürgerhaus und Bauernhaus, Basel 1946
Michelsen, P., in: Spies
Mielke, Friedrich: Das Bürgerhaus in Potsdam, Tübingen (1972)
Mitgau, Hermann: Das Biedermeier und die Umformung des Bürgertums, Wolfenbüttel–Hannover 1947

Mitscherlich, Alexander: Konfession zur Nachwelt. Was macht eine Wohnung zur Heimat? In: Koelbl–Sack S. 135–143
Möller, Helmut: Die kleinbürgerliche Familie im 18. Jahrhundert, Verhalten und Gruppenkultur, Berlin 1969
Mörike, Eduard: Werke, 2. Bd. (Maler Nolten), Leipzig o. J.
Möser, Justus: Patriotische Phantasien, 1. u. 2. Teil (1774–1786), Berlin 1842
Mohrmann, Ruth-E.: Volksleben in Wilster im 16. und 17. Jahrhundert, Münster 1977 (= Stud. z. Vkde. u. Kulturgesch. Schlesw.-Holsteins, Bd. 2)
Moser, Oskar: Zum Aufkommen der Stube, in: Krems 1976, S. 207–228
Müller, Heidi: Dienstbare Geister. Leben und Arbeitswelt städtischer Dienstboten (= Schriften d. Mus. f. Dt. Vkde. Berlin, Bd. 6), Berlin 1981
Müller-Christensen, Sigrid: Alte Möbel vom Mittelalter bis zum Biedermeier, München 1950, 2. Aufl.
Münch, Johann Philipp: Lebens-Memorial, in: Dt. Lit., Reihe Dt. Selbstzeugnisse, Leipzig 1938, Bd. 11 (Hrsg. E. Volkmann)
Mummenhoff, E.: Die Handwerker in der deutschen Vergangenheit, Leipzig 1901
Musil, Robert: Die Amsel, in: Deutsche Erzähler, 2. Bd., Frankfurt/M. 1979
Muthesius, Hermann: Wo stehen wir? In: Jb. d. Dt. Werkbundes 1/1912
– Kleinhaus und Kleinsiedlung, München 1918
– Die schöne Wohnung. Beispiele neuer deutscher Innenräume, München 1922

Nerdinger, Winfried (Hrsg.): Richard Riemerschmid. Vom Jugendstil zum Werkbund, Werke und Dokumente, München 1982
Niethammer, Lutz (Hrsg.): Wohnen im Wandel. Beiträge zur Geschichte des Alltags in der bürgerlichen Gesellschaft, Wuppertal 1979
– Anmerkungen zur Alltagsgeschichte, in: Geschichtsdidaktik, Düsseldorf 1980, S. 231–242 (zit. Anmerkungen)

Oberg, Peter: Der Beischlag des deutschen Bürgerhauses (Diss.), Danzig 1935
Oettingen, Wolfgang: Von Berlin nach Danzig. Eine Künstlerfahrt im Jahre 1773 von Daniel Chodowiecki, Leipzig 1937
Ossenberg, Horst: Das Bürgerhaus im Bergischen Land, Tübingen (1963)
– Das Bürgerhaus in Oberschwaben, Tübingen (1979)
Ostwald, Hans: Kultur- und Sittengeschichte Berlins, Berlin 1910
Ottomeyer, Hans (Hrsg.): Das Wittelsbacher Album – Interieurs Königlicher Wohn- und Festräume 1799–1848, München 1979
– Die Ausstattung der Residenzen König Max Josephs von Bayern, in: Ausstellungskat. Wittelsbach und Bayern, III/1, München 1980
– Gebrauch und Form von Sitzmöbeln bei Hof, in: z. B. Stühle. Ein Streifzug durch die Kulturgeschichte des Sitzens, Ausst. 75 Jahre Werkbund, Karlsruhe 1982 (zit. Sitzmöbel)

Parenzan, Peter: Möbel für den Wiener Kaiserhof. Vom josephinischen Stil bis zum Biedermeier, in: Kunst u. Antiqu. II/1983, S. 21–27
Pauly, Georg: Die Raumgestaltung des Altkieler Bürgerhauses, Flensburg 1927
Percier, Charles, u. Fontaine, Pierre François L.: Recueil de décorations intérieurs, Paris 1812 (Tafeln ab 1801)
Peukert, Will-Erich: Volkskunde des Proletariats, Frankfurt 1931
Pevser, Nikolaus: Architektur und Design, München 1971
Pfaud, Robert: Das Bürgerhaus in Augsburg, Tübingen (1976)
Pfeil, Elisabeth: Das Wohnen als soziales Problem, in: Spies
Pichler, Caroline: Denkwürdigkeiten aus meinem Leben, München 1914
Pieske, Christa: Bürgerliches Wandbild (Ausstellungskat.), Göttingen 1977, 2. Aufl.
– Wandschmuck im bürgerlichen Heim um 1870, in: Niethammer (zit. Wandschmuck)
– Das Bild der Familie im Wandschmuck des 19. Jahrhunderts, in: Hess. Bl. f. Volks- u. Kulturforsch., Bd. 13, Gießen 1982, S. 89–113 (zit. Bild)
Plath, H., in: Spies
Pölnitz, G. v.: Fugger und Welser (Ausstellungskat.), Augsburg 1950 (zit. Pölnitz)
– Die Fugger, Tübingen 1970
Pötschner, Peter: Die Wiederherstellung der Alterswohnung Grillparzers im Historischen Museum der Stadt Wien, in: Ö. Zs. f. Kunst u. Denkmalpfl., 1962, S. 15–29
Pohl-Weber, Rosemarie (Hrsg.): Rudolf Alexander Schröder – Wohnräume und Möbel (= Hefte d. Fockemus. Nr. 50), Bremen (1978)
Poppe, Roswitha: Das Osnabrücker Bürgerhaus, Oldenburg 1944
– Alt-Osnabrück, Osnabrück 1966
Popper, Karl R.: Das Elend des Historismus, Tübingen 1965
Praz, Mario: Die Inneneinrichtung von der Antike bis zum Jugendstil, München (1965) (Erstausg. Mailand 1964)
Pusch, H.: Bürgerlicher Hausstand und Hausrat einer Thüringer Bürgerfamilie im 16. Jahrhundert, Meiningen 1901

Raabe, Paul: Das Lessinghaus in Wolfenbüttel, Wolfenbüttel 1978
– u. Piper, Wulf: Gotthold Ephraim Lessing (Ausstellungskat.), Wolfenbüttel 1981
Raabe, Wilhelm: Die Chronik der Sperlingsgasse, Hamm 1956
Rädeker, Wilhelm: Lemgoer Häuser, Lemgo 1955
Redlefsen, Ellen: Städtisches Museum Flensburg, Kat. d. Möbelsammlung, Flensburg 1976
Redslob, Edwin: Daniel Chodowiecki (Ausstellung), Berlin 1965
Reineking v. Bock, Gisela, u. a.: Bäder, Duft und Seife. Kulturgeschichte der Hygiene (Kat. zur Ausst. d. Kunstgewerbemus. Köln), Köln 1976
Reuter, Gabriele: Vom Kinde zum Menschen, Berlin 1921
Rhoden, Emmy v.: Der Trotzkopf, Stuttgart 1893, 12. Aufl.
Richter, Gerd: Die gute alte Zeit – Alltag im Kaiserreich 1871–1914 in Bildern und Zeugnissen, Gütersloh–München 1974
Riehl, Wilhelm Heinrich: Die Familie, Stuttgart 1855, 3. Aufl.
– Die bürgerliche Gesellschaft, Stuttgart 1966, 6. Aufl.
Riemerschmid: s. Nerdinger
Ritz, Josef Maria: Bildquellen zur Volkskunde bes. im späteren Mittelalter, in: Veröff. d. Komm. f. Vkde. d. Dt. Ak. d. Wiss., Bd. II, Berlin 1953
RLK: s. Schmitt (Hrsg.)
Röhrich, Wilfried: Sozialgeschichte politischer Ideen. Die bürgerliche Gesellschaft, Hamburg 1979
Rörig, Fritz: Die europäische Stadt und die Kultur des Bürgertums im Mittelalter, Göttingen (1955), 3. Aufl.

Roh, Franz: Der Wohnraum in der europäischen Malerei, Darmstadt 1955
Roller, O. K.: Die Einwohnerschaft der Stadt Durlach im 18. Jahrhundert in ihren wirtschaftlichen und kulturgeschichtlichen Verhältnissen dargestellt aus ihren Stammtafeln, Karlsruhe 1907
Ropertz, Peter Hans: Kleinbürgerlicher Wohnbau vom 14. bis 17. Jahrhundert in Deutschland und im benachbarten Ausland (Diss.), Aachen 1976
Rosner, Karl: Das deutsche Zimmer im 19. Jahrhundert (mit einem Nachwort von Georg Hirth), München–Leipzig 1898
Rothe, Johann: Johann Rothes Ratsgedicht (Hrsg. Herbert Wolf), in: Texte d. späten Ma. u. d. fr. Neuzeit, Berlin 1971
Rudhard, Wolfgang: Das Bürgerhaus in Hamburg, Tübingen (1975)
Rudolph, Wolfgang: Die Hafenstadt. Eine maritime Kulturgeschichte, Leipzig 1979
Rühle, Otto: Illustrierte Kultur- und Sittengeschichte des Proletariats, Bd. 1, Frankfurt 1971, 2. Aufl. (Bd. 2: Gießen 1971)
Rumpf, Karl: Marburger Bürgerhäuser im ausgehenden Mittelalter, in: Zs. f. hess. Gesch. u. Landeskde. 69, 1958, S. 99–120

Saal, Bernhard: Das Stettiner Wohnungswesen (Diss.), Stettin 1938
Sachs, Hans: Werke, Berlin–Stuttgart 1884; Hausratsgedicht s. Hampe
Sachße, Christoph, u. Tennstedt, Florian: Krankenversicherung und Wohnungsfrage, in: Asmus
Sack: s. Koelbl
Sage, Walter: Das Bürgerhaus in Frankfurt a. M. bis zum Ende des Dreißigjährigen Krieges, Tübingen (1959)
– Einflüsse auf die Herausbildung bürgerlicher Haustypen, in: Arbeit und Volksleben (= Deutscher Volkskundekongreß 1965), Göttingen 1965
Sammer, Harald: Wohnraum und Wohnen im Grazer Bürgerhaus in der Zeit vom 16. bis 18. Jahrhundert (Diss.), Graz 1969
Schade, G.: Deutsche Möbel aus sieben Jahrhunderten, Leipzig 1966
Schadendorf, Wulf; Kommer, Björn u. a.: Museum Behnhaus, Lübeck 1976
Schäfer, Veronika: Möbel und Innenräume Leo v. Klenzes, München 1980
Schepers, Josef: Mittelmeerische Einflüsse in der Bau- und Wohnkultur des westlichen Mitteleuropa (= Festschr. z. 65. Geburtstag v. B. Schiers), Göttingen 1967, S. 1–27
– Sachgüter und Lebensformen. Einführung in die materielle Kulturgeschichte des Mittelalters und der Neuzeit, Berlin (1970)
– Bürger- und Bauernhäuser in Westfalen, in: Arbeitskreis f. dt. Hausforschung, Bericht 1963, Münster 1964, S. 44–97
Schilling, Heinz: Wandschmuck unterer Sozialschichten (= Europ. Hochschulschr., Reihe XIX, Bd. 4), Frankfurt a. M. 1971
Schirmer, Johann Wilhelm: Düsseldorfer Lehrjahre, in: Dt. Lit., Reihe Dt. Selbstzeugnisse, Leipzig 1938, Bd. 11 (Hrsg. E. Volkmann)
Schlee, Ernst: Das Wohnen in volkskundlicher und kulturhistorischer Sicht, in: Spies
– u. a.: Gemaltes Nordfriesland. Carl Ludwig Jessen und seine Bilder, Husum 1983 (darin S. 69–160)
Schmidt, Maria: Das Wohnungswesen der Stadt Münster im 17. Jahrhundert, Münster 1965
Schmitt, Otto (Hrsg.): Reallexikon zur deutschen Kunstgeschichte, Stuttgart 1937 ff. (zit. RLK)
Schmitz, Hermann: Festräume und Wohnzimmer des Deutschen Klassizismus und Biedermeier, Berlin 1920
– Wohnzimmer und Festräume Berliner Baumeister am Ausgang des 18. Jahrhunderts, Berlin 1928
Schneider, Lothar: Der Arbeiterhaushalt im 18. und 19. Jahrhundert, Berlin 1967
Schramm, Percy Ernst: Neun Generationen. Dreihundert Jahre deutscher Kulturgeschichte im Lichte der Schicksale einer Hamburger Bürgerfamilie (1648–1949), Göttingen 1963/64, Bd. 1 u. 2 (zit. Schramm, Generationen)
– Gewinn und Verlust. Die Geschichte der Hamburger Senatorenfamilie Jencquel und Luis (16. bis 19. Jahrhundert), Hamburg 1979 (zit. Schramm)
Schröder: s. Pohl-Weber
Schüssel, Theres: Kultur des Barock in Österreich, Graz 1960
Schultz, Alwin: Das häusliche Leben der europäischen Kulturvölker vom Mittelalter bis zur 2. Hälfte des XVIII. Jahrhunderts, München 1903
Schultze-Naumburg, Paul: Die Einrichtung des Wohnhauses, München 1922
Schulz, Fritz Traugott: Das Nürnberger Patrizierhaus, Wien–Leipzig 1933
– Nürnbergs Bürgerhäuser und ihre Ausstattung, Bd. I, Wien–Leipzig (1909–1913)
Schumacher, Tony: Was ich als Kind erlebte, Stuttgart–Leipzig 1901
Schuster, Max Eberhard: Das Bürgerhaus im Inn- und Salzachgebiet, Tübingen (1964)
Schwarz, Dietrich W. H.: Der Alltag im spätmittelalterlichen Zürich, in: Krems 1976, S. 89–96
– Sachgüter und Lebensformen, Berlin 1970
Schwarze, Wolfgang: Wohnkultur des 18. Jahrhunderts im Bergischen Land, Wuppertal–Barmen 1964
Schwemmer, Wilhelm: Das Bürgerhaus in Nürnberg, Tübingen (1972)
Shorter, E.: Die Geburt der modernen Familie, Reinbek b. Hamburg 1977
Siemens, Georg: Erziehendes Leben. Erfahrungen und Betrachtungen, Urach 1948
Silbermann, Alphons: Vom Wohnen der Deutschen. Eine soziologische Studie über das Wohnerlebnis, Köln 1963
Sittle, Walter: Das Trierer Bürgerhaus, in: Mitt. z. Landesgesch. u. Volkskde. in d. Regierungsbez. Trier u. Koblenz 4, 1959, S. 25–42
Sombart, Werner: Der Bourgeois, München 1923 (Erstauflage 1913)
Spies, Gerd (Hrsg.): Wohnen – Realität und museale Präsentation (Arbeitstagung kulturgesch. Museen 1971), Braunschweig 1971 (zit. Spies)
Stampfer, Helmut: Wohnkultur in Südtirol, Bozen 1982
Stein, Rudolf: Das Breslauer Bürgerhaus, Breslau 1931
– Das Bürgerhaus in Schlesien, Tübingen (1966)
– Das Bürgerhaus in Bremen, Tübingen (1970)
Stender, Friedrich: Das Bürgerhaus in Schleswig-Holstein, Tübingen (1971)
Stengel, Walter: Alte Wohnkultur in Berlin und in der Mark im Spiegel der Quellen des 16.–19. Jahrhunderts, Berlin 1958
Stephan, Ernst: Das Bürgerhaus in Mainz, Tübingen (1974)
Stephani, Carl Gustav: Der älteste deutsche Wohnbau und seine Einrichtung, 2 Bde., Leipzig 1902/03
Stifter, Adalbert: Werke: Nachsommer, Berlin 1946
Stille, Eva, u. Beitlich, Peter: Aus der Küche um 1900, München 1978
Stillich, Oskar: Die Lage der weiblichen Dienstboten in Berlin, Berlin 1902

Stilling: s. Jung-Stilling
Stimmelmayr, Johann Paul: München um 1800. Die Häuser und Gassen der Stadt (Hrsg. G. Dischinger u. R. Bauer), München 1980
Straßburger Hausratgedicht: s. Hampe
Strobel, Richard: Forschungsprobleme des mittelalterlichen Wohnbaus in Regensburg, in: VHO u. Regensburg, 103. Bd. (1963), S. 351–374
– Das Bürgerhaus in Regensburg. Mittelalter, Tübingen (1976)
Strombeck, K. F. v.: Darstellungen aus meinem Leben, Braunschweig 1835, 2. Aufl.
Strübel, Moritz: Chodowiecki in Dresden, Dresden 1920, 2. Aufl.

Tauch, Max: Kunsthandwerk und Kunsthandel im alten Köln, in: Weltkunst 1983/H. 4, S. 391–393
Taut, Bruno: Die neue Wohnung, Leipzig 1924, 2. Aufl.
Tessenow, Heinrich: Der Wohnhausbau, München 1914 (1. Aufl. 1909)
Teynac, Françoise, u. a.: Die Tapete, München 1982
Thomsen, Helmuth: Der volkstümliche Wohnbau der Stadt Braunschweig im Mittelalter. Untersuchungen zur Geschichte des Stadthauses (Diss.), Borna–Leipzig 1937 (Teildruck)
Thonet: Bugholzmöbel – Das Werk Michael Thonets (Ausstellungskat.), Wien 1965
Treue, Wilhelm: Illustrierte Kulturgeschichte des Alltags, München 1952

Ullmann, Ernst (Hrsg.): Albrecht *Dürer.* Schriften und Briefe, Leipzig 1971
Unglaub, F.: Die Diele im niederdeutschen Bauernhaus und norddeutschen Bürgerhaus, Lübeck 1911

Veltheim-Lottum, Ludolf: Kleine Weltgeschichte des städtischen Wohnhauses, Heidelberg 1952
Völckers, Otto: Wohnraum und Hausrat, Bamberg 1949
Vogt, G.: Frankfurter Bürgerhäuser des 19. Jahrhunderts. Ein Stadtbild des Klassizismus, Frankfurt a. M. 1970
Vogts, Hans: Das Bürgerhaus der Rheinprovinz, Düsseldorf 1929
– Das Kölner Wohnhaus bis zur Mitte des 19. Jahrhunderts, 2 Bde., Neuss 1966 (zit. Vogts)
Volmar, Erich: Das Danziger Bürgerhaus, Berlin 1944
Vordtriede, Werner (Hrsg.): *Bettina von Arnims* Armenbuch, Frankfurt/M. 1969
Voß, Johann Heinrich: Idyllen: Luise u. a., in: Das Erbe der Alten, Reihe Dt. Lit. (Hrsg. H. Kindermann), Leipzig 1935

Wagner-Rieger, Renate (Hrsg.): Das Wiener Bürgerhaus des Barock und Klassizismus, Wien 1957
– (Hrsg.): Die Wiener Ringstraße. Bild einer Epoche. Die Entwicklung der inneren Stadt Wien unter Kaiser Franz Joseph, Bd. V (bearb. v. F. Baltzarek, A. Hoffmann u. H. Stekl), Wien 1975
Weber-Kellermann, Ingeborg: Die deutsche Familie, Frankfurt a. M. 1978, 4. Aufl.
– Die gute Kinderstube. Zur Geschichte des Wohnens von Bürgerkindern, in: Niethammer S. 44–64
– s. Bimmer
Weiß, Richard: Häuser und Landschaften der Schweiz, Erlenbach–Zürich 1959
Werfel, Franz: Der veruntreute Himmel, Gütersloh 1959
Werner, Peter: Pompeji und die Wanddekoration der Goethezeit, München 1970
Wernitz, G. (Red.): Historische Möbel und Innenräume, Berlin 1956
Wiegelmann, Günter (Hrsg.): Kulturelle Stadt-Land-Beziehung in der Neuzeit, Münster 1978
Wilckens, Leonie v.: Alte deutsche Innenräume vom Mittelalter bis zum 17. Jahrhundert, Königstein i. T. 1959
– Das Puppenhaus. Vom Spiegelbild des bürgerlichen Hausstandes zum Spielzeug für Kinder, München 1978
Windisch-Graetz, F.: Klassizismus und Empire, Braunschweig 1965
Winkelmann, Friedrich: Wohnhaus und Bude in Alt-Hamburg, Berlin 1937
Winter, Heinrich: Das Bürgerhaus zwischen Rhein, Main und Neckar, Tübingen (1961)
– Das Bürgerhaus in Oberhessen, Tübingen (1965)
Wirth, Irmgard: Wohnen in Berlin, Innenräume der Vergangenheit (Ausstellungskat.), Berlin 1970
– Heinrich Zille. Aus der Zille-Sammlung des Berlin Museums, Berlin 1979, 3. Aufl.
Wurmbach, Edith: Das Wohnungs- und Kleidungswesen des Kölner Bürgertums um die Wende des Mittelalters, Bonn–Köln 1932

Zaske, Nikolaus: Mittelalterlicher Backsteinbau Norddeutschlands als Geschichtsquelle, in: Neue Hanseat. Studien, Berlin 1970, S. 59–81
Zeeden, Ernst Walter: Deutsche Kultur in der frühen Neuzeit, Frankfurt a. M. 1968, Abt. 1
Zimmern, Froben Christof Graf v.: Zimmerische Chronik, Meersburg–Leipzig o. J.
Zinn, Hermann: Entstehung und Wandel bürgerlicher Wohngewohnheiten und Wohnstrukturen, in: Niethammer S. 13–27
Zweig, M.: Wiener Bürgermöbel aus Theresianischer und Josephinischer Zeit, Wien, 1921

Register

Die geraden Ziffern verweisen auf die Seitenzahlen,
die halbfetten auf die Abbildungsnummern

Bildnachweis

Die Aufnahmen von Helga Schmidt-Glassner wurden noch durch folgende Fotos ergänzt:
Basel, Öffentliche Kunstsammlung, Kunstmuseum Basel Abb. 194
Berlin, Archiv für Kunst und Geschichte Abb. 151, 187, 298, 299, 300
Berlin, Hans-Joachim Bartsch (mit freundlicher Genehmigung des Fackelträger-Verlages in Hannover) Fig. 38
Berlin, Bildarchiv Preußischer Kulturbesitz Fig. 36; Abb. 206
Darmstadt, Hessisches Landesmuseum Abb. 43
Dortmund, Museum der Stadt Abb. 239
Dresden, Deutsche Fotothek Abb. 146, 147, 171, 172, 174, 175
Flensburg, Städtisches Museum Abb. 238
Frankenberg-Eder, Gebr. Thonet AG Fig. 30
Frankfurt/M., Sammlung Eva Stille Abb. 255, 319
Hamburg, Altonaer Museum Abb. 235
Hamburg, Historia-Photo Fig. 44
Hannover, Edition »libri rari« Th. Schäfer GmbH (mit freundlicher Genehmigung aus »Jugendstil – Möbel und Zimmereinrichtungen um 1900«) Abb. 302, 310, 312, 313, 315
Köln, Archiv Kunstgewerbemuseum Abb. 253, 261
Kopenhagen, Auktionshaus Anre Brun Rasmussen Abb. 108
Lübeck, Museum für Kunst und Kulturgeschichte Abb. 272
Lünen, Wingolf Lehnemann Abb. 295
Lünen, Wilhelm Schulze Abb. 237
Luzern, Peter Ammon Abb. 120
Marbach, Schiller Nationalmuseum Fig. 28
Marburg, Bildarchiv Foto Marburg Abb. 98, 278, 279, 281
Marburg, Sammlung Ingeborg Weber-Kellermann Abb. 256, 297
München, Architektursammlung der TU-München Abb. 317
München, Bayerische Staatsbibliothek Fig. 11, 13, 24, 25, 26, 39
München, Bayerische Staatsgemäldesammlungen Abb. 10, 209
München, Josef Gerl Abb. 112
München, Foto Nüssel Abb. 48
München, Staatliche Graphische Sammlung Fig. 9
München, Stadtmuseum Abb. 164
Nürnberg, Germanisches Nationalmuseum Fig. 21, 27; Abb. 4, 5, 60, 114
Recklinghausen, Verlag Aurel Bongers (mit freundlicher Genehmigung aus »Die Gottesmutter«) Abb. 17
Vreden, Heimatverein Abb. 296
Weimar, Nationale Forschungs- und Gedenkstätten Abb. 173
Wiesbaden, Liesel Rudolph-Westphal Abb. 170
Zürich, Schweizerisches Landesmuseum Fig. 29